어린이
글쓰기지도와 독서지도법

문학박사 이 노 국 지음

GOLD.COM 골드닷컴

책을 펴내며

요즘 독서교육에 대한 사회 전반적 인식이 고조되고 더불어 수년 전부터 각 학교마다 학교도서관이 설치되면서 학교에서도 어린이 및 청소년들에 대한 다양한 프로그램의 독서지도가 이루어지고 있어 그 열기가 매우 뜨거워지고 있다.

또한 공공도서관이나 문화센터 등에서도 앞 다투어 독서지도나 글쓰기 지도와 관련한 과정들을 개설하여 운영하고 있음을 볼 때 독서교육의 보급·확대 차원에서 매우 고무적인 현상이라 하겠다.

그러나 일선현장에서 이러한 교육을 담당하고 있는 독서지도사나 학교도서관 사서, 심지어 가정에서 자녀들의 독서지도를 하고자 하는 학부모들은 독서지도의 경험 부족뿐만 아니라, 구체적인 독서지도 방법에 익숙하지 못하여 많은 애로를 겪고 있는 것이 현실이다. 그동안 대학에서 독서교육의 실무를 지도하면서 후진들을 양성해 온 경험과 사회교육원의 「어린이 독서지도사」 양성과정에서의 강의 경험, 그리고 독서지도사로서의 경험을 바탕으로 독서지도 담당자들이 현장에서 느끼는 어려움, 그리고 이 분야에 관심이 있는 예비 독서지도사들의 자질 향상에 조금이라도 보탬이 되고자 실무 위주의 독서지도 지침서를 간행하게 된 것이다.

주로 초등학교 어린이들을 지도대상으로 한 본 지침서의 구성은 아래와 같다.

제1부 글쓰기 지도법
- 제1장   글쓰기 지도의 기초
- 제2장   갈래별 글쓰기 지도

제2부 독서 지도법
- 제1장   어린이 독서지도
- 제2장   어린이 문학
- 제3장   이야기를 통한 어린이 독서지도
- 제4장   예술 활동을 통한 어린이 독서지도

제1장은, 일선의 독서지도사들이 가장 애로를 겪는 쓰기지도와 관련된 내용으로서 현행 한글맞춤법의 정확한 사용법, 올바른 원고지 사용법, 문장부호 사용법, 독후감 쓰기 지도법, 첨삭지도 사례 등을 예시와 함께 자세히 설명하였으며, 제2장은 각 문종별 글쓰기 지도로서 갈래별로 구체적인 지도안을 제시함으로써 실제 현장에서의 지도에 많은 보탬이 될 것으로 믿는다.

특히, 제3장, 제4장은 독서교육 현장에서 이루어질 수 있는 독후활동을, 사례를 포괄하여 다양하고도 망라적으로 예시하였다.

그러나 막상 출간을 하게 되니 부족한 부분도 많은 것 같아 부끄럼이 앞서지만 앞으로 계속 보완해 나갈 것이며 관심 있는 조언을 바라는 마음도 간절하다.

마지막으로 본 지침서가 학교나 도서관, 그리고 가정에서 독서교육에 동참하고 있는 여러분들과 독서지도 분야에 관심 있는 문헌정보학 전공 예비 독서지도사들에게 부족하나마 도움이 될 수 있기를 기대하며 정성껏 출판에 임해준 도서출판 골드닷컴에 감사드린다.

2005년 2월
저자 이 노 국

목 차

제1부 글쓰기 지도법

제1장
글쓰기 지도의 기초

제1절 한글 맞춤법 ● *1-3*

   1. 맞춤법, 왜 중요할까? / *1-4*

   2. 어떻게 맞추어 쓸까? / *1-6*

   3. 닿소리(자음)와 홀소리(모음) / *1-9*

   4. 쓰임말 / *1-10*

   5. 소리에 관한 맞춤법 / *1-15*

제2절 띄어쓰기 ● *1-32*

   1. 띄어쓰기는 왜 할까? / *1-32*

   2. 어떻게 띄어 쓸까? / *1-32*

제3절 외래어 · 외국어 표기의 기본 원칙 ● *1-38*

제4절 문장부호 사용법 ● *1-39*

   1. 마침표 / *1-39*

   2. 쉼표 / *1-40*

   3. 따옴표(인용부호) / *1-41*

   4. 묶음표(괄호) / *1-42*

5. 이음표(연결부호) / *1-43*

6. 드러냄표(˚, ˙) / *1-43*

7. 안드러냄표 / *1-43*

제5절 원고지 사용법 • *1-44*

1. 표지의 형식 / *1-44*

2. 표제쓰기의 규칙 / *1-45*

3. 본문쓰기의 규칙 / *1-46*

4. 문장부호쓰기의 규칙 / *1-46*

5. 원고지 쓰기의 예 / *1-47*

제6절 독후감 쓰기 지도 • *1-55*

1. 독후감이란 / *1-55*

2. 독후감에 대한 이해와 오해 / *1-55*

3. 독후감의 형식과 구성 / *1-55*

4. 독후감을 쓸 때 주의해야할 오류의 사례 / *1-58*

5. 독후 감상문 쓰기 지도의 다양한 접근 / *1-62*

6. 독후감의 보기글 / *1-64*

7. 독후감 지도법의 실제 / *1-66*

제7절 첨삭 지도 • *1-69*

1. 첨삭 지도 사례 / *1-69*

제2장
갈래별 글쓰기 지도

제1절 글쓰기 교육의 올바른 길 • *1-83*

1. 글쓰기 교육의 목표 / *1-83*

2. 문장관의 확립 / *1-83*

3. 글쓰기 어떻게 가르칠까 / *1-84*

제2절 일기쓰기 지도 • *1-86*

1. 일기 쓰기의 중요성 / *1-86*

2. 일기 지도 / *1-86*

제3절 생활문 쓰기 지도 • *1-89*

1. 생활문이란 / *1-89*
2. 생활문 지도안 / *1-89*

제4절 시 쓰기 지도 • *1-92*

1. 동시란 / *1-92*
2. 어른 시와 어린이 시는 어떻게 다른가? / *1-92*
3. 시를 쓰는 마음가짐과 목표 / *1-92*
4. 시 쓰기 지도안 / *1-93*

제5절 편지글 쓰기 지도 • *1-97*

1. 편지글의 특징 / *1-97*
2. 편지 종류 / *1-97*
3. 편지 봉투 쓰기 / *1-98*

제6절 설명문 쓰기 지도 • *1-100*

1. 설명이란 / *1-100*
2. 설명문의 특징 / *1-100*
3. 설명문의 짜임 / *1-100*
4. 설명문에서의 문단 / *1-101*
5. 설명하는 방법 / *1-101*
6. 설명문 지도안 / *1-102*

제7절 논설문 쓰기 지도 • *1-106*

1. 논설문이란 / *1-106*
2. 좋은 논설문은 / *1-106*
3. 논설문 지도안 / *1-106*

제8절 견학기록문 쓰기 지도 • *1-110*

1. 견학기록문이란 / *1-110*
2. 견학기록문 지도안 / *1-110*
3. 견학기록문 수업을 할 때 조심해야 할 것들 / *1-112*

제2부 독서 지도법

제1장 어린이 독서지도

제1절 독서의 원리 • *2-3*

1. 독서의 본질 / *2-3*
2. 독서의 효과 / *2-4*
3. 독서교육의 필요성 / *2-5*

제2절 독서지도의 의미 • *2-6*

1. 독서능력 발달 - 독서 레디니스 발달을 중심으로 / *2-6*
2. 독서 흥미의 발달 / *2-7*
3. 독서의 방법 / *2-8*
4. 동기 유발 / *2-9*
5. 독서 동기 유발 프로그램 - 공공도서관 중심 / *2-10*
6. 외국의 독서 동기 유발 프로그램 / *2-15*

제2장 어린이 문학

제1절 동시와 동요 • *2-19*

1. 동시란 무엇인가 / *2-19*
2. 동시의 특성과 제약성 / *2-20*
3. 동요와 동시의 차이점 / *2-23*
4. 동시의 역사 / *2-25*

제2절 그림책 • *2-33*

1. 그림책이란 무엇인가 / *2-33*

2. 그림책과 언어 / *2-33*

3. 그림책의 조건 / *2-34*

4. 그림책의 주제 / *2-34*

5. 우리나라 그림책 / *2-35*

제3절 옛 이야기 ● *2-36*

1. 설화 / *2-36*

2. 신화 / *2-37*

3. 전설 / *2-37*

4. 민담 / *2-38*

5. 신화, 전설, 민담의 비교 / *2-38*

 ※참고-서정오의 옛이야기 들려주기 / *2-40*

제4절 우리나라 창작동화 ● *2-51*

1. 동화 / *2-51*

2. 동화의 특성 / *2-51*

3. 창작동화의 의의 / *2-52*

4. 창작동화의 문학적 가치 / *2-52*

5. 우리나라 동화의 역사 / *2-53*

제5절 세계 명작 ● *2-57*

1. 지나간 시대의 꿈 / *2-57*

2. 새로운 세계 명작 / *2-57*

제3장

이야기를 통한 어린이 독서지도

제1절 스토리 텔링에 의한 독서지도 ● *2-59*

1. 독서동기 유발과 스토리 텔링 / *2-59*

2. 스토리 텔링(story telling)의 정의 / *2-60*

3. 그림책 읽어 주기 / *2-60*

4. 스토리 텔링의 효과 / *2-60*

5. 언제부터 책을 읽어 주어야 하는가? / *2-62*

6. 책 읽어 주는 방법-12가지 방법 / *2-63*

제2절 북 토크 • *2-64*

1. 북 토크의 정의 / *2-64*
2. 주제의 선택 / *2-64*
3. 북 토크 자료 만들기 / *2-64*
4. 소개하는 방법 / *2-65*

제3절 독서토론 • *2-66*

1. 독서토론 목적 / *2-66*
2. 독서토론의 효과 / *2-66*
3. 토론회 진행 순서 / *2-66*
4. 토론 지도교사의 역할 / *2-66*
5. 독서 토론회별 지도 / *2-67*

제4장
예술활동을 통한 어린이 독서지도

제1절 문학 활동을 통한 독서지도 • *2-69*

1. 주인공과 함께 / *2-69*
2. 작은 책 만들기 / *2-69*
3. 그림자 연극 / *2-69*
4. 역할 극 / *2-69*
5. 독서엽서와 연하장 만들기 / *2-70*
6. 여러 가지 지도 만들기 / *2-70*
7. 책 광고하기 / *2-70*

제2절 미술 활동을 통한 독서지도 • *2-71*

1. 독서 감상화 그리기 / *2-71*
2. 등장인물 표정 그리기 / *2-71*
3. 독서 띠벽지(또는 책받침) 만들기 / *2-71*
4. 독서달력 만들기 / *2-71*
5. 과학자 사전 만들기 / *2-71*
6. 독서 감상 공작으로 협동작품 만들기 / *2-71*
7. 만화 그리기 / *2-72*

8. 숨은 그림 찾기 / *2-72*

9. 책 나무 만들기 / *2-72*

10. 독서 저금통 만들기 / *2-72*

11. 씨앗 가꾸기 / *2-72*

제3절 놀이를 통한 독서지도 ● *2-73*

1. 독서카드 만들어 게임하기 / *2-73*

2. 우리 집에 왜 왔니? / *2-73*

3. 피자 파티 / *2-73*

4. 요리하기 / *2-73*

5. 서점 나들이 / *2-74*

6. 퍼즐 활용하기 / *2-74*

부록
현장 독서지도 사례 모음

- 사고력 개발을 위한 열린 독서지도 방법 ● *2-75*
- 책 읽기를 도와주는 창(窓) '독서이력서' ● *2-90*
- 신바람 나는 독서활동을 통한 독서력 신장 ● *2-97*
- 다양한 독서활동을 통한 독서지도 방안 ● *2-105*
- 참고문헌 ● *2-127*

제1부 글쓰기 지도법

제1장 글쓰기 지도의 기초 ▶ *1-3*

제1절 한글 맞춤법 • *1-3*

제2절 띄어쓰기 • *1-32*

제3절 외래어·외국어 표기의 기본 원칙 • *1-38*

제4절 문장부호 사용법 • *1-39*

제5절 원고지 사용법 • *1-44*

제6절 독후감 쓰기 지도 • *1-55*

제7절 첨삭 지도 • *1-69*

제2장 갈래별 글쓰기 지도 ▶ *1-83*

제1절 글쓰기 교육의 올바른 길 • *1-83*

제2절 일기쓰기 지도 • *1-86*

제3절 생활문 쓰기 지도 • *1-89*

제4절 시 쓰기 지도 • *1-92*

제5절 편지글 쓰기 지도 • *1-97*

제6절 설명문 쓰기 지도 • *1-100*

제7절 논설문 쓰기 지도 • *1-106*

제8절 견학기록문 쓰기 지도 • *1-110*

제1장

글쓰기 지도의 기초

제1절 한글 맞춤법

한글 맞춤법이란 우리나라 현행 어문 규정으로서 글자를 일정한 규칙에 맞추어 쓰도록 정해 놓은 법을 말한다. 우리나라에서는 1933년에 <한글 맞춤법 통일안>을 정해서 쓰다가, 1988년 3월 1일부터 문교부에서 새로이 정한 <한글 맞춤법>에 따라 쓰고 있다.

그 내용의 구성은 다음과 같다.

****
한글 맞춤법의 내용
****

제1장 총칙(1~3항)
    1항 한글 맞춤법은 소리대로 적되 어법에 맞도록 함을 원칙으로 한다
    2항 문단의 각 단어는 띄어 씀을 원칙으로 한다
    3항 외래어는 외래어 표기법에 따라 적는다
제2장 자모(4항)
제3장 소리에 관한 것(5~13항)
    된소리(5항)
    구개음화(6항)
    'ㄷ'소리 받침(7항)
    모음(8~9항)
    두음법칙(10~12항)
    겹쳐나는 소리(13항)

제4장 형태에 관한 것(14~40항)
　　　체언과 조사(14항)
　　　어간과 어미(15~18항)
　　　접미사가 붙어서 된 말(19~26항)
　　　합성어 및 접미사가 붙어서 된 말(27~31항)
　　　준말(32~40항)
제5장 띄어쓰기(41~50항)
제6장 그 밖의 것(51~57항)
(부록) 문장 부호

1. 맞춤법, 왜 중요할까?

바우는 오늘 학교에서 창피를 톡톡히 당했습니다.

국어 시간이었습니다. 선생님께서는 우리나라의 밝은 앞날을 위해 어린이들이 무엇을 해야 할지 자기 생각을 글로 써 보라고 하셨습니다.

바우는 씩씩하게 앞으로 나가, 칠판에 멋진 글씨로 이렇게 썼습니다.

"우리 어린이들은 우리 나라의 문화와 과학을 발전시킬 수 있도록 항문에 힘써서 항문을 넓피고 항문을 다까야만 합니다."

그런데 바우가 쓴 글을 보고 아이들이 여기저기 낄낄거리며 웃는 게 아니겠어요. 선생님께서도 웃음을 참느라 눈물마저 글썽거리셨고요.

바우는 왜 그런가 어리둥절해서 아이들과 선생님만 멀뚱멀뚱 쳐다보고 있었지 뭐예요. 이윽고 선생님께서 웃음을 그치시고는 바우에게 이렇게 말씀하셨어요.

"바우는 화장실에서 우리 나라의 앞날을 맞으려나 보구나. '항문'이 아니라 '학문'이라고 써야 하겠지. 똑같이 '항문'이라고 소리가 나더라도 '항문'이라고 쓰면 '똥구멍'을 뜻하는 말이 되고, '학문'이라고 쓰면 '배워서 익힌 짜임새 있는 앎'을 뜻하는 말이 된단다. 또 '넓피고'는 '넓히고'라고 쓰고, '다까'는 '닦아'라고 써야 하겠지. 이렇게 소리가 같아도 맞춤법에 맞추어 글을 쓰지 않으면 전혀 엉뚱한 말이 되어 버린단다."

선생님께서는 칠판에 하나하나 글씨를 쓰시며 바우에게 말씀해 주셨어요.

바우는 그제서야 자기 잘못을 깨닫고 몹시 창피해서 쥐구멍이라고 있으면 얼른 들어가 버리고 싶은 마음뿐이었지 뭐예요.

세상에 하필이면 '똥구멍'을 넓히고 닦자고 했으니 이 무슨 창피예요.

집으로 돌아와서도 바우는 학교에서 있었던 일이 잊혀지지 않았어요. 그래서 씩씩거리면서 이런 생각을 했지요.

"'항문'이든 '학문'이든 소리 나는 대로 적고, 알아서 읽으면 되지 맞춤법 따위가 왜 필요하담. 도대체 무엇 때문에 골치 아픈 맞춤법은 만들어 가지고…….'

바우는 아예 맞춤법 같은 것은 없었으면 좋겠다고 생각했습니다.

■ 맞춤법은 뜻을 글로 분명히 나타내기 위해서 필요하다.

　옛날 어느 마을에 아주 욕심 많은 심술보라는 아이가 살고 있었어요. 성이 '심'이고 이름이 '술보'예요. 이 심술보는 먹을 것이 생겨도 친구들이나 동생들하고 나누어 먹지 않았답니다. 어느 날, 심술보네 이웃집에서 잔치를 했다며 떡을 가져왔어요. 그런데 마침 집에는 심술보 혼자만 있었지 뭐예요.

　심술보는 어머니와 동생들 몫을 하나도 남겨 놓지 않고 혼자서 신이 나서 얌얌 쩝쩝 떡을 먹어 치우기 시작했어요. 그런데 갑자기 밖에서 동생들이 돌아오는 소리가 들려왔어요. 심술보는 깜짝 놀라서 얼른 남은 떡을 한꺼번에 입에 넣었어요. 그랬더니 아직 따끈따끈한 찹쌀떡이 목구멍에 찰싹 달라붙어 버렸어요.

　심술보는 말도 못 하며 방안을 데굴데굴 구르기 시작했어요. 동생들과 함께 어머니께서 방에 들어오시다가 심술보를 보셨어요.

　"아니 술보야, 왜 그러니?"

　심술보는 종이에다 겨우 글자를 쓰고 다시 방안을 데굴데굴 굴렀어요. 종이에는 이렇게 씌어 있었어요.

　'무를 주세요.'

　어머니께서는 깜짝 놀라서 얼른 밭에서 '무'를 뽑아 가져다 주셨어요. 심술보는 답답하다는 듯 가슴을 주먹으로 쿵쿵 두드리고는 종이에 다시 글을 썼어요.

　'누가 무를 가따 달래써요. 무를 주세요.'

　그리고 나서 이제는 숨도 제대로 못 쉬겠는지 눈물마저 뚝뚝 흘리며 방안을 다시 데굴데굴 굴렀어요.

　심술보는 '물을 주세요' 하고 쓸 것을 '무를 주세요' 하고 적은 거였다. 바우가 '학문'을 소리 나는 대로 '항문'으로 썼듯이, 심술보도 '물을'을 소리 나는 대로 '무를'이라고 쓴 것이다.

　'학문'은 앞말의 'ㄱ' 받침이 뒷말의 첫소리 'ㅁ'의 영향을 받아 [항문]으로 소리가 난 것이고, '물을'은 앞말의 받침 'ㄹ'이 홀소리로 시작하는 뒷말의 첫소리로 바뀐 것이다.

　이렇게 소리는 그 앞뒤에 오는 소리의 영향을 받으면 본디 소리에서 바뀌어 난다. 그래서 소리 나는 대로만 글을 적으면 소리 내어 읽기는 좋을지 모르지만, 눈으로 보고 그 뜻을 알기는 어렵다. 이를테면 뜻이 다른 '같이'와 '가치'를 모두 소리 나는 대로 '가치'라고 적는다면 뜻을 분명히 구별해서 쓸 수 없을 것이다.

　이렇게 소리 나는 대로만 글을 적으면 말의 뜻을 분명히 구별해서 읽을 수 없다. 게다가 때로는 완전히 다른 뜻의 말이 되고 만다. 그러므로 자기가 나타내려는 뜻을 글로 정확히 나타내려면 글을 적는 규칙을 정해서, 그것에 맞추어 써야 하는 것이다.

■ **맞춤법은 글을 읽을 적에 그 내용을 쉽게 알 수 있기 위해 필요하다.**

만야 우리가 배우는 책에 다음과 가티 쓰였다고 상상해 보자.

꼬치 피어씀니다. 꼳 냄새가 아주 조씀니다. 꼳밭 옆에는 '꼬츨 따지 마세요.'라고 써 이씀니다. 그런데 어떤 아줌마와 가치 온 아이가 꼬츨 따려고 해씀니다. 그 아줌마는 아이를 꾸지저씀니다. 그 아이에 어머니 가타씀니다.

이렇게 쓴 글을 올바르게 이해하기 어렵다. 다음 글과 견주어 보자.

꽃이 피었습니다. 꽃 냄새가 아주 좋습니다. 꽃밭 옆에는 '꽃을 따지 마세요.'라고 써 있었습니다. 그런데 어떤 아줌마와 같이 온 아이가 꽃을 따려고 했습니다. 그 아줌마는 아이를 꾸짖었습니다. 그 아이의 어머니 같았습니다.

똑같은 말인데도 '꼬치, 꼳, 꼳밭, 꼬츨', '가치, 가타' 따위로 모양이 바뀌어 쓰이는 것보다 '꽃' 같이, 같아'로 모양을 통일해서 쓰니 무슨 뜻인지를 훨씬 쉽게 알 수 있다.

말은 귀로 듣지만 글은 눈으로 보고 읽는다. 그러므로 글은 눈으로 보아 그 뜻을 알기 쉽게 써야 한다. 앞뒤 말의 영향을 받아서 소리가 바뀌는 것을 바뀌는 대로 글로 적으면 소리 내어 읽기는 좋을지 모르지만, 눈으로 보고 그 뜻을 알기는 어렵다. 그러나 같은 뜻을 나타내는 말을 모양을 통일해서 적으면 말을 규칙 있게 글로 적을 수 있고, 또 그 뜻을 한눈에 쉽게 알 수 있다.

게다가 사람들은 소리를 내는 버릇이 다 다르다. 따라서 글을 소리 나는 대로만 적는다면 사람마다 다르게 적을 것이다.

이를테면 '철이는 마음씨가 예쁘다'라는 말도 '처리는 마음시가 잇브다' '처리는 마음쌔가 옛브다' '철이는 마음씨가 예브다'. 이렇게 사람마다 모두 다르게 적을 수 있다. 그런데 이렇게 사람마다 다르게 쓴다면 글을 읽으면서 그 뜻을 쉽게 알 수 없을 뿐 아니라, 글 내용도 서로 다르게 이해하게 될 것이다. 또 그러다 보면 글이나 책을 읽는 것도 무슨 암호를 풀이하는 것처럼 아주 어려운 일이 된다.

이렇게 맞춤법이 통일되어 있지 않다면 사람마다 글을 다 다르게 쓰고, 다르게 읽게 될 것이다. 또 자기가 나타내려는 생각도 글로 정확하게 나타낼 수 없을 것이다.

2. 어떻게 맞추어 쓸까?

<한글 맞춤법>의 큰 정신을 나타내는 총칙은 다음과 같이 되어 있다.

제1항. 한글 맞춤법은 표준어를 소리 나는 대로 적되, 어법에 맞도록 함을 원칙으로 한다.
제2항. 문장의 각 단어는 띄어 씀을 원칙으로 한다.

제3항. 외래어는 '외래어 표기법'에 따라 적는다.

여기에는 맞춤법의 규칙에 관해 다음과 같은 네 가지 내용을 담고 있다.
(띄어쓰기에 관해서는 뒤에서 별도로 다루기로 한다)

첫째, 맞춤법은 표준어를 그 대상으로 한다.
둘째, 표준어를 소리 나는 대로 적는다.
셋째, 표준어를 소리 나는 대로 적되, 어법에 어긋나게 적으면 안된다.
넷째, 외래어는 '외래어 표기법'으로 따로 정해서 쓴다.

규칙 1. 표준어를 소리 나는 대로 적는다.

표준어는 한 나라의 공통어로서 그 나라를 대표하는 언어이다. 표준어는 한 나라의 국민을 언어적으로 통일시켜 주는 언어요, 방언보다 품위가 있고 공적인 상황에 적합한 언어이다. 따라서 모든 국민들이 표준어를 널리 익혀서 정확하게 구사할 줄 아는 능력을 길러야 한다.

다음의 각 지방의 사투리를 살펴보자.

> 하루방네 정지에서 독새끼와 촐레를 훔쳐갔수다.
> 니적시 내적시 없이 제기 고라즙서.
> 아제요, 이 찌짐 좀 잡수이소.
> 아지매, 주리 주이소.
> 참말 여시 같은 가시넬세.
> 아따, 이 뭔 이바구다냐. 억수로 어렵데이.

이와 같이 옛날에는 요즘처럼 텔레비전도 라디오도 신문도 없었기 때문에 지방마다 말을 조금씩 다르게 써 왔다. 그래서 한 나라나 민족이 말이나 글을 통일해서 쓰기 위해서는 어느 한 지방의 말을 표준으로 삼아서 쓰게 되었다. 이것을 표준어라고 한다. 곧 표준어란 한 나라나 민족이 말과 글을 통일해서 쓰기 위해서 표준으로 삼은 어느 지방의 말을 뜻한다.

그리고 어느 한 지방이나 사람들 사이에서 표준어와 달리 쓰이는 말을 사투리라고 한다. 한자말로는 방언이라고도 부른다.

아주 심한 사투리로 말을 하면 똑같은 우리나라 사람들인데도 무슨 말인지 잘 알아들을 수 없는 경우도 있다. 그러므로 맞춤법은 표준어만을 그 대상으로 삼는다.

우리나라에서는 표준어 규정의 조건을 '①교양 있는 사람들이 ②두루 쓰는 ③현대 ④

서울 말'로 정해서 쓰고 있다.

규칙 2. 소리 나는 대로 적되, 어법에 맞추어 적는다.

한글은 소리글자이다. 곧 소리를 어떤 기호로 나타내는 글자이다. 이것과 반대로 하나하나의 글자가 어떤 뜻을 나타내는 글자를 뜻글자라고 한다. 이를테면 한자와 같은 글자를 말한다.

　　　　木 - 나무　水 - 물

소리글자는 소리를 정해진 기호로 쓰면 되므로, 글자 하나하나를 모두 외워야 하는 뜻글자보다 훨씬 배우기도 쉽고 쓰기도 편하다. 그러므로 표준어를 소리 나는 대로 적어야 한다는 것은 소리글자인 한글에서는 매우 당연한 일이다.

어른들을 보면 예전에 적던 버릇 때문에 소리나는 대로 적지 않는 경우가 많다. '어깨'를 '엇개'라고 적기도 하고, '사랑니'를 '사랑이'로 적기도 하지요. 또 '집에 왔읍니다'와 같이 적기도 한다. 그러나 말은 시대가 바뀜에 따라 함께 바뀌므로 지금 쓰고 있는 소리대로 적어야 말과 글이 통일될 수 있는 것이다.

우리가 글을 읽는 것은 '소리'를 귀로 들어서 그 뜻을 아는 것이 아니라, 눈으로 보고 그 뜻을 아는 것이다. 그러므로 글은 눈으로 보아 그 뜻을 쉽게 알 수 있도록 적어야 한다. 곧 하나의 뜻을 나타내는 말을 같은 모양으로 적어야 그 뜻을 쉽게 알 수 있다.

그러므로 <한글 맞춤법>은 실제 소리와 조금 다르더라도 소리와 모양에 관한 규칙, 곧 문법을 세워서 그에 맞게 적도록 하고 있다. 우리말의 규칙에 맞추어 써야 글을 통일해서 적을 수 있고 또 그 뜻을 쉽게 알 수 있기 때문이다.

규칙 3. 들온말은 '외래어 표기법'에 따라 적는다.

들온말이란 '다른 나라에서 들어온 말이 우리 생활에 파고들어 널리 쓰여지는 말, 곧 우리말이 된 외국말'을 말한다. 한자말로는 '외래어'라고 한다. 예컨대 '텔레비전, 라디오, 컴퓨터' 따위의 말이 들온말이다. 물론 '학교, 생활, 가족' 따위의 한자말도 크게 보면 들온말이다.

그리고 들온말이 아닌 순 우리말을 '토박이말'이라고 한다. 들온말은 외국말과는 다르다. 외국말은 말 그대로 다른 나라의 말, 예컨대 영어나 일본말, 중국말 따위를 말하는데, 들온말은 그런 나라의 말에서 비롯되었지만 우리말의 규칙을 따르고 또 사람들이 그것을 우리말로 받아들여 관습적으로 쓰는 말을 말한다.

이러한 들온말은 1985년 12월 28일 문교부에서 정한 <외래어 표기법>을 따라서 맞추어 쓴다.

3. 닿소리(자음)와 홀소리(모음)

　잔잔한 물에 돌을 던지면 물결이 일어 사방으로 퍼져 나가듯이, 공기 속에서 어떤 물체의 움직임이 일어나면 공기도 사방으로 퍼져 나간다. 이러한 공기의 움직임이 우리 귀에 있는 고막을 울리면 우리는 감각을 느끼게 된다. 이것을 소리라고 한다. 한자말로는 음향이라고 한다.
　소리 가운데 사람의 목청에서 나는 것을 말소리라고 한다. 한자말로는 음성이라고 한다. 이렇게 말은 소리를 바탕으로 생기는 것이다.
　어떤 소리에 어떤 뜻을 붙여서 우리의 생각이나 느낌을 전달하는 것이다. 사람의 말소리는 그 소리를 내는 방법에 따라 닿소리와 홀소리로 나뉜다.
　닿소리는 허파에서 나온 공기의 흐름이 목이나 입 안에서 막히거나 부딪혀 나는 소리를 말한다. 홀소리는 허파에서 나오는 공기의 흐름이 입 안에서 아무런 장애도 받지 않고 만들어지는 소리를 말한다.
　닿소리는 혼자서는 제대로 소리 낼 수도 없을 뿐 아니라, 말소리로 충분히 구실할 수 없다. 홀소리와 어울려야 말소리로 쓰이는 소리의 마디를 이룰 수 있다.
　먼저 닿소리를 나타내는 낱자들은 열네 개로 그 차례와 이름을 다음과 같이 정해서 쓰고 있다.

　ㄱ(기역)　ㄴ(니은)　ㄷ(디귿)　ㄹ(리을)　ㅁ(미음)　ㅂ(비읍)　ㅅ(시옷)
　ㅇ(이응)　ㅈ(지읒)　ㅊ(치읓)　ㅋ(키읔)　ㅌ(티읕)　ㅍ(피읖)　ㅎ(히읗)

　그리고 홀소리를 나타내는 낱자들은 모두 열 개로 그 차례와 이름은 다음과 같다.

　ㅏ(아)　ㅑ(야)　ㅓ(어)　ㅕ(여)　ㅗ(오)　ㅛ(요)　ㅜ(우)　ㅠ(유)
　ㅡ(으)　ㅣ(이)

　또 이러한 낱자들로 적을 수 없는 소리는 두 개 이상의 낱자들을 어울러서 적으며, 그 차례와 이름은 다음과 같이 정해 놓고 있다.

　ㄲ(쌍기역)　ㄸ(쌍디귿)　ㅃ(쌍비읍)　ㅆ(쌍시옷)　ㅉ(쌍지읒)
　ㅐ(애)　ㅒ(얘)　ㅔ(에)　ㅖ(예)　ㅘ(와)　ㅙ(왜)
　ㅚ(외)　ㅝ(워)　ㅞ(웨)　ㅟ(위)　ㅢ(의)

※ 올바른 것을 고르시오.

(1) 구멍가게 앞에서 (기윽, 기역)자로 꺾어지면 바로 그 집이 나옵니다.
(2) 나뭇가지가 (시옷, 시읏)자 모양으로 갈라졌다.
(3) 이 글자의 받침이 (키읔, 키역)자가 맞니 (기윽, 기역)자가 맞니?
(4) 여기에다가는 (피읍, 피읖)자를 써야지.
(5) 집이 (디긋, 디귿)자로 생겼다.

4. 쓰임말

1) 낱말의 씨(품사)

낱말이란 저만의 뜻을 가지고 홀로 쓰일 수 있는 가장 작은 말의 단위를 말한다. 예컨대 사과, 빨갛다, 꽤, 돌 따위의 하나하나를 낱말이라고 한다.

낱말은 그 성질에 따라 여러 종류로 나눌 수 있다. 이렇게 그 성질에 따라 나누어진 낱말의 종류 하나하나를 '씨'라고 한다. 한자말로는 '품사'라고 한다.

우리말 낱말은 보통 ①움직씨 ②그림씨 ③이름씨 ④대이름씨 ⑤셈씨 ⑥매김씨 ⑦어찌씨 ⑧느낌씨 ⑨토씨 - 이렇게 아홉 개로 나뉜다.

2) 풀이씨(용언)

우선 우리말에는 말끝이 바뀌어 쓰이는 낱말들이 있다.

```
먹다  ▶   먹+고  ⇒ 먹고
          먹+(으)니 ⇒ 먹으니
          먹+어라 ⇒ 먹어라
예쁘다 ▶  예쁘+고 ⇒ 예쁘고
          예쁘+니 ⇒ 예쁘니
          예쁘+구나 ⇒ 예쁘구나
```

이런 낱말들은 말끝이 바뀌며 글월을 풀이하는 구실을 한다. 그래서 이런 낱말들을 풀이씨라고 한다. 한자말로는 용언이라고 부른다.

풀이씨는 다시 그 나타내는 뜻에 따라 움직임을 나타내는 움직씨(동사)와 그 상태를 나타내는 그림씨(형용사)로 나뉜다.

움직씨(동사) : 사물의 움직임을 나타내는 낱말
⇒ 읽다, 뛰다, 먹다, 때리다 따위
그림씨(형용사) : 사물의 상태, 성질을 나타내는 낱말
⇒ 예쁘다, 작다, 높다, 빠르다 따위

※ 풀이씨를 생각나는 대로 써 보세요.

- 움직씨 :
- 그림씨 :

3) 임자씨 (체언)

풀이씨와는 달리 말끝이 바뀌지 않는 대신 토씨가 붙어 쓰이는 낱말들이 있다. 이런 낱말들은 주로 글월의 임자를 나타내는 구실을 한다. 그래서 이런 낱말들을 임자씨라고 한다. 한자말로는 체언이라고 한다.

> 사람 ⇒ 사람이, 사람을
> 철수 ⇒ 철수가, 철수하고
> 그것 ⇒ 그것이, 그것을
> 하나 ⇒ 하나를, 하나까지

임자씨는 그 나타내는 뜻에 따라 다시 이름씨(명사) 대이름씨(대명사) 셈씨(수사)로 나뉜다.

그런데 이름씨 가운데 어떤 것은 독립성이 적어서 다른 것에 기대어 쓰이는 것이 있다. 예컨대 '것, 따름, 때문' 따위가 그것이다. 이런 낱말을 매인이름씨(의존명사)라고 한다.

> 이름씨(명사) : 사물의 이름을 나타내는 낱말
> ⇒ 나무, 그늘, 하늘, 놀이, 삶, 학교 따위
> 대이름씨(대명사) : 이름씨를 대신해서 쓰는 낱말
> ⇒ 이것, 그것, 나, 누구, 저기 따위
> 셈씨(수사) : 수량이나 차례를 나타내는 낱말
> ⇒ 하나, 둘, 첫째, 둘째 따위

※ 임자씨를 생각나는 대로 써 보세요.

- 이름씨 :
- 대이름씨 :
- 셈씨 :

4) 꾸밈씨(수식언)와 홀로씨(독립언)

우리말에는 말끝이 바뀌거나 토씨가 붙지 않고 혼로 쓰이는 낱말이 있다. 이런 낱말들은 보통 임자씨나 풀이씨를 꾸며 주는 구실을 한다. 그래서 이런 낱말을 꾸밈씨라고 한다. 한자말로는 수식언이라고 한다. 꾸밈씨는 다시 임자씨를 꾸미느냐, 풀이씨를 꾸미느냐에 따라 매김씨(관형사)와 어찌씨(부사)로 나뉜다.

어느 사람, 새 자동차, 헌 이불, 무슨 까닭,
매우 빠르다, 패 크다, 훨씬 높다, 안 가져왔다 따위

그런데 '얘, 응, 자, 아차, 어머나'와 같은 낱말은 꾸밈씨처럼 말끝이 바뀌거나 토씨가 붙지 않지만, 꾸밈씨하고 다르게 글월의 어느 한 낱말과 관계를 맺지 않는다. 이런 낱말을 홀로씨라고 한다. 한자말로는 독립언이라고 한다. 우리말에서는 느낌 따위를 나타내는 느낌씨(감탄사)가 이런 구실을 한다.

"얘, 이리 좀 오너라."
"아차, 내 정신 좀 봐."

매김씨(관형사) : 임자씨 앞에서 그 뜻을 꾸미는 낱말
⇒ 어느, 헌, 무슨 따위
어찌씨(부사) : 풀이씨나 다른 어찌씨 앞에서 그 뜻을 꾸미는 낱말
⇒ 매우, 가장, 잘 따위
느낌씨(감탄사) : 감동이나 대답, 놀람 따위의 느낌을 나타내는 낱말
⇒ 응, 아차 따위

※ **꾸밈씨를 생각나는 대로 써 보세요.**
- 매김씨 :
- 어찌씨 :

5) 걸림씨(관계언)

우리말에는 홀로 어떤 뜻을 나타내기보다 낱말과 낱말 사이의 관계를 주로 나타내는 낱말도 있다. 이런 낱말을 걸림씨라고 한다. 한자말로는 관계언이라고 한다. 낱말 뒤에 붙어서 낱말 사이의 관계를 나타내는 말로 토씨(조사)가 이런 낱말이다.

내가, 사람이다, 너를, 철수밖에, 경주부터, 하늘만큼

토씨(조사) : 임자씨나 풀이씨 아래 붙어 그 말 뜻을 도와주거나 다른 말과의 관계를 나타내는 낱말.
⇒ 이, 가, 을, 를, 한테, 부터, 에게, 까지, 에, 만큼, 밖에 따위

※ 다음 낱말의 씨를 <보기>에서 찾아 쓰세요.

<보기> 움직씨, 그림씨, 이름씨, 대이름씨, 셈씨, 매김씨, 느낌씨, 토씨, 어찌씨

(1) 아프다 ☞　　　　　　(2) 때리다 ☞
(3) 출렁출렁 ☞　　　　　(4) 어느 ☞
(5) 나무 ☞　　　　　　　(6) 놀이 ☞
(7) 하나 ☞　　　　　　　(8) 그것 ☞
(9) 아이고 ☞　　　　　　(10) 아주 ☞
(11) 무척 ☞　　　　　　 (12) 까지 ☞

6) 줄기와 씨끝

우리말 가운데 풀이씨는 쓰임에 따라 그 말끝이 바뀐다.

<먹다>

　　줄기　씨끝
　　 ⇓　　⇓
　　먹 + 다 ⇒ 밥을 먹다. ①
　　먹 + 은 ⇒ 내가 먹은 밥 ②
　　먹 + 게 ⇒ 먹게 해라. ③
　　먹 + 니 ⇒ 밥을 먹니? ④
　　먹 + 고 ⇒ 먹고 자고 ⑤
　　먹 + 었 + 다 ⇒ 밥을 먹었다. ⑥
　　먹 + 겠 + 다 ⇒ 밥을 먹겠다. ⑦

보기처럼 '먹다'라는 낱말은 쓰임에 따라 '먹'은 바뀌지 않고 말끝만 '다, 은, 니, 거라' 따위로 바뀌고 있다.

이렇게 어느 하나의 낱말에서 쓰임에 따라 바뀌지 않는 부분을 줄기라고 한다. 한자말로는 어간이라고 한다. 그리고 바뀌는 부분은 씨끝이라고 한다. 한자말로는 어미라고 한다.

①의 씨끝 '-다'는 '먹다'라는 낱말을 보통 풀이하는 꼴로 쓰이게 한다. 그래서 풀이꼴 씨끝이라고 한다.

②의 씨끝 '-은'은 '먹다'라는 낱말을 '밥'이라는 이름씨를 꾸미는 매김씨의 구실을 하도록 한다. 그래서 이런 것을 매김꼴 씨끝이라고 한다.

③의 씨끝 '-게'는 '먹다'라는 움직씨가 '하다'라는 움직씨를 꾸미는 어찌씨의 꼴로 쓰이게 한다. 그래서 이런 씨끝을 어찌씨 씨끝이라고 한다.

그리고 ⑥과 ⑦에서 쓰이고 있는 '-었-'과 '-겠-'은 각각 풀이꼴 씨끝 '-다' 앞에서 쓰여 때를 나타내고 있다. 곧 '-었-'은 지난 일임을 나타내고 '-겠-'은 앞으로 있을 일 또는 있을 수 있는 일임을 나타내고 있다. 이렇게 씨끝 앞에 덧붙어 어떤 뜻을 더해주는 것을 도움줄기라고 한다. 한자말로는 선어말어미라고 부른다.

이런 씨끝이나 도움줄기는 독립된 낱말이 아니라 낱말의 쓰임을 나타낼 뿐이다. 그러므로 띄어 쓰지 않고 붙여 쓴다.

※ 다음 낱말에서 줄기와 씨끝을 나누어 보세요.

(1) 자다, 자니, 자거라
　　①줄기(　　　　) ②씨끝(　　　　)
(2) 좋다, 좋으니, 좋아라
　　①줄기(　　　　) ②씨끝(　　　　)
(3) 생각하다, 생각하고, 생각하니
　　①줄기(　　　　) ②씨끝(　　　　)
(4) 이르다, 이르러, 이르고
　　①줄기(　　　　) ②씨끝(　　　　)
(5) 빠지다, 빠진, 빠지고
　　①줄기(　　　　) ②씨끝(　　　　)

7) 뿌리와 가지

낱말들의 짜임을 가지고 홑낱말(단일어), 겹낱말(복합어), 파생말(파생어)로 나누기도 한다.

홑낱말은 그 줄기가 한 가지로 되어 있는 낱말을 말한다. '나무, 코, 민들레, 산, 어느, 벌써, 춥다, 작다' 따위가 홑낱말이다.

겹낱말은 그 줄기가 한 가지 이상으로 되어 있는 낱말을 말한다. 곧 겹낱말이란 둘 이상의 낱말들이 합쳐서 만들어진 낱말이다.

　　　손+목 ⇒ 손목　　　　　밤+길 ⇒ 밤길
　　　개+밥 ⇒ 개밥　　　　　날다+가다 ⇒ 날아가다
　　　굳은+살 ⇒ 굳은살　　　건널+목 ⇒ 건널목
　　　투덜+투덜 ⇒ 투덜투덜　알뜰+살뜰 ⇒ 알뜰살뜰

이런 겹낱말은 그것이 둘 이상의 낱말이 합쳐서 이루어졌다고 해도 하나의 움직임이나 상태, 대상을 가리키는 한 개의 낱말이므로 붙여 쓴다.

파생말은 어떤 낱말의 뿌리에 앞가지나 뒷가지가 붙어 이루어진 낱말을 말한다. '맨손, 군소리, 맏아들, 빗나가다, 샛노랗다, 잠꾸러기, 자랑스럽다, 사랑하다, 많이' 따위의 말이 파생말이다.

맨+손 ⇒ 맨손   군+소리 ⇒ 군소리
맏+아들 ⇒ 맏아들   빗+나가다 ⇒ 빗나가다
샛+노랗다 ⇒ 샛노랗다   잠+꾸러기 ⇒ 잠꾸러기
자랑+스럽다 ⇒ 자랑스럽다   사랑+하다 ⇒ 사랑하다
많(다)+이 ⇒ 많이

여기에서 '맨, 군, 맏, 빗, 샛, 꾸러기, -스럽다' 따위는 홀로 쓰일 수 없으므로 낱말이 아니다. 다만 어떤 낱말에 뜻을 더하거나, 씨를 바꾸어 새로운 낱말을 만드는 구실을 할 따름이다. 이런 것을 '가지'라고 하며, 한자말로는 '접사'라고 한다. 그리고 '손, 소리' 따위처럼 그 낱말 본래의 뜻을 나타내는 부분을 '뿌리'라고 하며, 한자말로는 '어근'이라고 한다.

가지는 다시 뿌리 앞에 붙느냐, 뒤에 붙느냐에 따라 앞가지(접두사)와 뒷가지(접미사)로 나뉜다. 앞 낱말들에서는 '맨, 군, 빗' 따위가 앞가지이고, '-이, -하다, -스럽다' 따위가 뒷가지이다.

※다음 낱말에서 뿌리와 가지를 나누어 보세요.
   (1) 되새기다
   (2) 사내답다
   (3) 풋사과
   (4) 자랑하다
   (5) 먹이

5. 소리에 관한 맞춤법

말은 소리를 바탕으로 해서 생기는 것이다. 곧 어떤 소리에 어떤 뜻을 붙여서, 우리의 생각이나 느낌을 전달하는 것이다. 그러므로 말소리는 말의 형식이고, 뜻은 말의 내용이다.

****
한 낱말(단어) 안에서 뚜렷한 까닭 없이 나는 된소리는 다음 글자의 첫소리를 된소리로 적는다.
****

된소리는 소리를 낼 때 강한 긴장을 일으키는 소리이다.
우리말에서 '예사소리'와 '된소리'의 차이가 나타나는 것은 'ㄱ : ㄲ, ㄷ : ㄸ, ㅂ : ㅃ, ㅅ : ㅆ, ㅈ : ㅉ'이 다섯 가지뿐이다.
우리말에서는 한 개의 낱말 안에 있는 글자들이 각각 독립된 뜻을 가지고 있을 때에는 그 가운데 있는 닿소리를 아래 글자의 첫소리로 적지 않는다. 예컨대 '속옷'을 '소곳', '손아귀'를 '소나귀', '집안'을 '지반'이라고 적지 않는다. 이것들은 여러 말들이 모여 하나의 낱말이 되었더라도 각 말의 본디 모양을 밝혀 적어야 글을 더 쉽게 읽을 수 있기 때문이다.
따라서 이런 낱말에서는 된소리가 나더라도 소리대로 적지 않고, 그 본디 모양을 밝혀 적는다. 예컨대 '목구멍'을 '모꾸멍', '입버릇'을 '이뻐릇'으로 적지 않는다. 아울러 '안게, 안고, 삼다, 삼니' 따위와 같이 줄기와 씨끝 사이에서 나는 된소리도 '안꼬, 삼따, 안께' 따위로 적지 않는다.

① 두 모음 사이에서 나는 된소리

| 소쩍새 | 으뜸 | 아끼다 | 기쁘다 | 깨끗하다 | 어떠하다 |
| 해쓱하다 | 가끔 | 거꾸로 | 부쩍 | 어찌 | 이따금 | 오빠 |

② 'ㄴ, ㄹ, ㅁ, ㅇ' 받침 뒤에서 나는 된소리

'ㄴ, ㄹ, ㅁ, ㅇ'과 같이 목청을 울리는 닿소리들은 뒤의 예사소리를 꼭 된소리로 나게 하지 않으므로, '산뜻하다, 살짝' 등과 같이 'ㄴ, ㄹ, ㅁ, ㅇ' 받침 뒤에서 된소리가 나면 그대로 적는다.

산뜻하다 잔뜩 살짝 훨씬 담뿍 움찔 몽땅 엉뚱하다

③ 'ㄱ, ㅂ' 받침 뒤에서는 그 다음 글자의 첫소리가 반드시 된소리로 바뀌어 나기 때문에, 같은 글자나 비슷한 글자가 겹쳐 나는 경우가 아니면 굳이 된소리로 적지 않는다.

깍두기(   )   깍뚜기(   )   색시(   )   색씨(   )
싹둑(   )   싹뚝(   )   법석(   )   법썩(   )
갑자기(   )   갑짜기(   )   몹시(   )   몹씨(   )
똑똑하다   싹싹하다   똑딱똑딱
쓱싹쓱싹(   ) 쓱삭쓱삭(   ) 씁쓸하다(   ) 씁슬하다(   )
쌉쌀하다(   ) 쌉살하다(   ) 짭짤하다(   ) 짭잘하다(   )

****
'ㄷ, ㅌ' 받침 뒤에 '-이'나 '-히'가 오면 그 'ㄷ, ㅌ'이 'ㅈ, ㅊ'으로
소리가 나더라도 'ㄷ, ㅌ'으로 적는다.
****

해돋이( )   해도지( )   걷히다( )   거치다( )
낱낱이( )   낱나치( )   물받이( )   물바지( )

****
'ㄷ' 소리가 나는 받침 가운데 'ㄷ'으로 적을 근거가 없는 것은 'ㅅ'으로 적는다.
****

'ㄷ'과 'ㅅ'은 그 소리는 다르지만, 우리말을 소리 내는 습관으로는 같은 소리로 나는 경우가 많다. 더구나 받침으로 쓰일 적에는 두 소리는 구별되지 않는다.
우리말에서는 'ㄷ' 소리로 나는 받침 가운데 'ㄷ'으로 적을 특별한 까닭이 없는 것은 모두 'ㅅ'으로 적는다.

덧저고리( )   덛저고리( )   돗자리( )   돋자리( )
웃어른( )   욷어른( )   헛( )   헏( )
자칫하면   얼핏   무릇   사뭇   뭇   옛   첫

그러나 '걷다, 듣다, 섣달, 섣부르다' 따위는 'ㄷ'으로 적을 뚜렷한 까닭이 있으므로 'ㅅ'으로 적지 않고 'ㄷ'으로 적는다. 곧 '걷다'와 '듣다'는 'ㄷ' 소리가 'ㄹ'로 바뀌어 나는 낱말이고, '섣달' '섣부르다'는 'ㄹ' 소리가 'ㄷ'으로 바뀐 낱말들이다. 따라서 그 비롯된 말이나 우리말의 규칙으로 볼 때, 'ㄷ'으로 적을 뚜렷한 까닭이 있으므로 'ㄷ'으로 적는다.

걷다   걷고   걸어   걸어서
듣다   듣고   들어   들어서
설 + 달 ⇒ 섣달
설 + 부르다 ⇒ 섣부르다

****
'계, 례, 몌, 폐, 혜'의 'ㅖ'는 'ㅔ'로 소리 나는 경우가 있더라도 'ㅖ'로 적는다
****

우리말의 소리 내는 습관으로는 '계, 례, 몌, 폐, 혜'는 분명히 구별되지 않고 '게, 레, 메, 페, 헤' 따위로 소리 나고 있다. 이것을 모두 소리 나는 대로 '게, 레, 메, 페, 헤'로 적으면 눈에 설어서 그 뜻을 쉽게 알기 어렵다.

그러므로 '계, 례, 몌, 폐, 혜'는 '게, 레, 메, 페, 헤'로 소리 나더라도 지금껏 써 왔던 모양을 살려서 그대로 'ㅖ'로 적는다.

폐품(　)　　페품(　)　　계집(　)　　게집(　)
핑계(　)　　핑게(　)　　계시다(　)　　게시다(　)

***

'의'나, 닿소리(자음)를 첫소리로 가지고 있는 글자의 'ㅢ'는 'ㅣ'로 소리나는 경우가 있더라도 'ㅢ'로 적는다

***

'의'는 실제 말할 때에 여러 가지 다른 소리로 난다.

의리 ⇒ 〔의리〕
띄어쓰기 ⇒ 〔띠어쓰기〕
본의가 아니다 ⇒ 〔본이〕
우리의 소원 ⇒ 〔우리에〕

이렇게 낱말의 첫머리에 오는 '의'는 〔의〕로 소리 나지만, 닿소리가 첫소리로 오는 글자의 '의'나 첫 글자가 아닌 곳에서의 '의'는 〔이〕로 또 토씨로 쓰이는 '의'는 〔에〕로 흔히 소리를 낸다.

이런 말들을 모두 소리 나는 대로 적으면 낱말의 뜻을 쉽게 구별해서 쓸 수 없을 것이다. 그러므로 '의'나 닿소리를 첫소리로 가지고 있는 글자의 '의'는 '이'나 '에'로 소리 나더라도 '의'로 적는다.

의의(意義)(　)　　의이(　)　　본의(本義)(　)　　본이(　)
무늬(　)　　무니(　)　　하늬바람(　)　　하니바람(　)
늴리리(　)　　닐리리(　)　　띄어쓰기(　)　　띠어쓰기(　)

***

두음법칙

***

① 'ㄴ' 'ㄹ'로 발음되는 한자어가 첫머리에 오면 두음법칙을 적용하여 적는다.
　　여자/소녀, 양심/개량, 노인/연로
② 의존 명사는 첫머리에 쓰이는 경우가 없으므로 본음대로 적는다.
　　금 한 냥　십 년　몇 리냐?　그럴 리가 없다

③ 접두사처럼 쓰이는 한자가 붙어서 된 말, 합성어, 둘 이상의 단어로 이루어진 고유명사를 붙여 쓰는 경우에 뒷말의 첫소리에도 두음법칙을 적용하여 적는다.
   신여성   남존여비   한국여자대학   육천육백육십육
④ 고유어 뒤에 한자어가 결합한 경우에는 그 한자어를 별개의 단어로 간주하여 두음법칙을 적용하여 적는다.
   구름양(量)   에너지양(量)   어린이난(欄)   스포츠난(欄)
⑤ '량(量)' '란(欄)' '릉(陵)'과 같은 한 음절로 된 한자어가 한자어 뒤에 결합할 때에는 별개의 단어로 인식되지 않으므로 본음대로 적는다.
   강수량   독자란   왕릉   가정란
⑥ 준말에서 본음으로 나는 것은 본음대로 적는다.
   언노련(언론노동자연합회)   대한교련(대한교육연합회)
⑦ 이름도 단어이므로 두음법칙을 적용하나, 외자로 된 이름에 성을 붙여 쓸 때는 발음대로 쓸 수 있다.
   박인수   김윤식   채륜   신립
⑧ 두음 위치(단어의 맨 앞)가 아닐 때는 본음대로 적지만, 모음이나 'ㄴ' 받침 뒤에서는 '열, 율'로 적는다.
   정렬/나열/분열   확률/증가율
   누진률( ) 누진율( )   백분률( ) 백분율( )
⑨ 한자음 '라, 래, 로, 뢰, 루, 르'가 단어의 첫머리에 올 경우에 두음법칙에 따라 '나, 내, 노, 뇌, 누, 느'로 적는다.
   낙원(樂園)   누각(樓閣)   연로(年老)   광한루(廣寒樓)
⑩ 한자로 구성된 단어 앞에 접두사처럼 쓰이는 한자어가 결합할 때도 두음법칙을 적용한다.
   실락원(失樂園)( )   실낙원( )   반라(半裸)( )   반나( )

****
어미 '오'와 '요'의 구별
****

① 종결형에서 사용되는 어미 '오'는 '요'로 소리나는 경우가 있더라도 그 원형을 밝혀 '오'로 적는다.
   (이것이 무엇이오? 이것은 책이오. 안녕히 가십시오. 이리로 오시오.)
② 연결형에서 사용되는 '이요'는 '이고'의 변형으로 보아 '이요'로 적는다.
   (이것은 책이요, 저것은 붓이요, 또 저것은 먹이다.)
③ 어미 뒤에 덧붙는 조사 '요'는 '요'로 적는다.

(읽어요, 와요, 하셔요)

접미사가 붙어서 된 말

① 접미사(이, 음, ㅁ)가 붙어서 된 말은 어간과 접미사의 원래 모양 그대로 쓴다.
　　예) 미닫이, 있음, 만듦
　　　　목걸이, 얼음, 놀음, 죽음 / 목거리, 어름, 노름, 주검
② '－하다'나 '－거리다'가 붙는 어근에 '－이'가 붙어서 명사가 된 것은 그 원형을 밝혀 적는다.
　　예) 홀쭉이, 오뚝이, 삐딱이, 꿀꿀이, 살살이
③ '－하다'나 '－거리다'가 붙을 수 없는 어근에 '－이'나 또는 다른 모음으로 시작되는 접미사가 붙어서 명사가 된 것은 그 원형대로 적지 않는다.
　　예) 개구리, 날라리, 기러기, 뻐꾸기, 얼루기
④ '－하다'가 붙는 어근에 '－히'나 '－이'가 붙는 경우
　　예) 깨끗이, 딱히
⑤ '－하다'가 붙지 않는 경우에는 반드시 소리대로 적는다.
　　예) 갑자기, 반드시(꼭)
⑥ 부사에 '－이'가 붙어서 역시 부사가 되는 경우
　　예) 더욱이, 일찍이, 생긋이, 곰곰이

'사이시옷'을 붙이는 말

－순 우리말로 합성한 말이나, 순 우리말과 한자어로 합성한 말에서 앞말이 모음으로 끝난 경우
① 뒷말의 첫소리가 된소리로 나는 것
　　나룻배, 나뭇가지, 잿더미, 귓밥, 냇가, 뱃길, 부싯돌, 선짓국, 쇳조각,
　　아랫집, 조갯살, 찻집, 햇볕, 혓바늘, 전셋집, 햇수, 귓병, 아랫방, 자릿세,
　　찻잔, 콧병, 탯줄, 텃세,
② 'ㄴ'이나 'ㄴㄴ' 소리가 덧나는 것
　　아랫마을, 잇몸, 냇물, 빗물, 뒷머리, 시냇물
　　제삿날, 윗니, 아랫니, 곗날, 훗날, 툇마루, 양칫물
　　뒷일, 예삿일, 나뭇잎, 깻잎, 베갯잇
③ 한자어에는 사이시옷을 쓰지 않는다.
　　초점(焦點), 화병(火病), 개수(個數), 시구(詩句), 대가(代價), 우유병(牛乳瓶),

마구간(馬具間)
④ 다음 2음절의 한자어 6개는 예외
  곳간(庫間), 셋방(貰房), 숫자(數字), 찻간(車間), 툇간(退間), 횟수(回數)
⑤ 두 말이 어울려 'ㅂ'소리나 'ㅎ'소리가 덧나는 것은 소리대로 적는다.
  볍씨(벼ㅂ씨)   접때(저ㅂ때)   좁쌀(조ㅂ쌀)   햅쌀(해ㅂ쌀)
  머리카락(머리ㅎ가락) 살코기(살ㅎ고기) 수캐(수ㅎ개)
  수컷(수ㅎ것)   수탉(수ㅎ닭)   안팎(안ㅎ밖)
  암캐(암ㅎ개)   암컷(암ㅎ것)   암탉(암ㅎ닭)

****
준 말
****

① 단어의 끝 모음이 줄어지고 자음만 남은 것은 그 앞의 글자에 받침으로 쓴다.
  기러기야 ⇒ 기럭아   어제그저께 ⇒ 엊그저께   어제저녁 ⇒ 엊저녁
  온가지 ⇒ 온갖   가지고, 가지지   갖고, 갖지
  디디고, 디디지   딛고, 딛지
② 체언과 조사가 어울려 줄어지는 말
  그것은 ⇒ 그건   그것이 ⇒ 그게   그것으로 ⇒ 그걸로
  무엇을 ⇒ 무얼/뭘   무엇이 ⇒ 뭣이
③ 기타
  ㄱ. 되어/돼, 되었다/됐다, -이에요/-예요, -이었다/-였다, 쓰이어/씌어/쓰여
  ㄴ. 적지 않은/적잖은, 변변하지 않다/변변찮다, 만만하지 않다/만만찮다
  ㄷ. 생각하건대/생각건대, 익숙하지/익숙지, 깨끗하지/깨끗지,
    섭섭하지/섭섭지
    생각하다 못해/생각다 못해, 넉넉하지/넉넉지, 못하지 않다/못지 않다
  ㄹ. 간편하게/간편케, 확실하지/확실치, 심심하지/심심치, 다정하게/다정케
  ㅁ. 안/아니, 않-/아니하-

****
뜻을 구별해서 써야 할 말
****

(1) 가늠하다(눈금을 : 나누다)/가름하다(편을 : 가르다)/
  갈음하다(새 책상으로 : 대신하다)
(2) 느리다(속도가)/늘이다(길이를)/늘리다(양을)
(3) 벌이다(일을)/벌리다(간격을)

(4) 부치다(힘이, 편지를, 빈대떡을)/
   붙이다(우표를, 흥정을, 불을, 조건을, 취미를, 별명을)
(5) 가르치다(지식을)/가리키다 (방향을)
(6) 던지(춥던지 : 과거)/든지(하든지 : 선택)
   -데(요)(했데요 : 과거)/-대(요)(말했대요 : 인용)
   채(신을 신은 채 : 상태)/체(본 체 만 체 : 그럴 듯하게 꾸밈)
(7) (으)로서(학생으로서 : 신분, 자격)/(으)로써(분필로써 : 도구, 방법)
(8) 너머(저 쪽 : 명사)/넘어(넘다)
(9) 너비(폭)/넓이(면적)
(10) 예(예나 지금이나 : 명사)/옛(옛 일 : 관형사)
(11) 안치다(밥을)/앉히다(자리에)
(12) (하)므로(그가 나를 믿으므로 나도 그를 믿는다 : 까닭, 이유)/
   함으로(써)(그는 믿음으로써 살아가는 보람을 느낀다 : 수단)
(13) 거치다(경주를 거쳐 : 경유)/걷히다(구름이)
(14) 그러므로(그는 부지런하다. 그러므로 잘 산다 : 그러니까)/
   그럼으로(써)(그는 열심히 공부한다. 그럼으로(써) 은혜에 보답한다 : 그렇게 하는 것으로(써))
(15) 다리다(옷을)/달이다(약을)
(16) 반드시(꼭)/반듯이(고개를 반듯이 들어라 : 바르게)
(17) 부딪치다(차끼리 마주 : 쌍방) /부딪히다(오토바이가 차에 : 일방)
(18) 졸이다(마음을)/조리다(생선을)
(19) 주리다(배를)/줄이다(비용을)
(20) ~러(공부하러 : 목적)/~려(서울을 가려 : 의도)
(21) 이따가(이따가 오너라)/있다가(돈은 있다가도 없다)

****
표준어 제대로 알고 쓰기(표준어/비표준어)
****

(1) 거센 소리

동녘, 들녘, 새벽녘, 동틀녘, 부엌/부억, 살쾡이/살괭이
칸막이, 빈칸, 방 한칸, 초가삼간, 윗간
털어먹다(재산을 다 없애다)/떨어먹다

(2) 어원의 변화

강낭콩/강남콩, 사글세/삭월세(월세는 표준어)

(3) 의미의 구분 없이 통일

    돌/돐, 둘째/두째, 셋째/세째, 넷째/네째
    빌리다(빌려주다, 빌려오다)/빌다(용서를)
    열두째, 스물두째(십단위 이상의 서수사는 -두째)

(4) 수컷을 의미하는 접두사는 '수-'로 통일

    수꿩/숫꿩, 수놈/숫놈, 수소/숫소

(5) 접두사 뒤의 거센 소리

    수캉아지/숫강아지, 수캐/숫개, 수컷/숫것, 수탉/숫닭, 수탕나귀/숫당나귀
    수퇘지/숫돼지, 수평아리/숫병아리

(6) 숫 + 야, 여, ㅈ

    숫양/수양, 숫염소/수염소, 숫쥐/수쥐

(7) 깡충깡충, 껑충껑충/깡총깡총

    막둥이, 쌍둥이, 검둥이, 바람둥이/막동이, 쌍동이
    발가숭이, 벌거숭이/발가송이
    오뚝이/오똑이, 오뚜기
    부조금/부주금, 사돈/사둔, 삼촌/삼춘

(8) 서울내기, 신출내기, 풋내기/서울나기, 신출나기, 풋나기

    냄비/남비, 멋쟁이/멋장이, 소금쟁이/소금장이, 담쟁이 덩굴/담장이 덩굴
    미장이/미쟁이

(9) 모음의 단순화 형태

    괴팍하다/괴퍅하다, 미루나무/미류나무, 여느/여늬, 으레/으례
    케케묵다/켸켸묵다, 허우대/허위대, 허우적거리다/허위적거리다

(10) 깍쟁이/깍정이, 나무라다/나무래다, 바라다, 바람/바래다, 바램

    상추(쌈)/상치(쌈), 주책없다/주착없다, 지루하다/지리하다
    허드레/허드래, 호루라기/호루루기

(11) 위, 아래의 대립이 있으면 '윗-', 없으면 '웃-'

　　윗눈썹, 윗니, 윗도리, 윗목, 윗몸(운동), 윗배, 윗변, 윗입술, 윗자리
　　위쪽, 위채, 위층, 위턱(된소리, 거센소리 앞에서는 '위-')
　　웃돈, 웃어른, 웃옷

(12) 한자 '구(句)'가 붙은 단어는 '구'로 통일

　　구절(句節)/귀절, 대구법(對句法)/대귀, 문구(文句)/문귀, 시구(詩句)/시귀
　　어구(語句)/어귀, 인용구(引用句)/인용귀, 절구(絶句)/절귀
　　* 글귀/글구

(13) 준말 표준어

　　무/무우, 생쥐/새앙쥐

(14) 준말, 본말 모두 사용

　　저녁노을(저녁놀), 막대기(막대), 망태기(망태)
　　머무르다(머물다), 서두르다(서둘다), 서투르다(서툴다)
　　시누이(시누, 시뉘), 오누이(오누, 오뉘)
　　외우다(외다), 찌꺼기(찌끼)

(15) 비슷한 발음

　　꼭두각시/꼭둑각시, 냠냠거리다/얌냠거리다
　　서돈, 서말, 서발, 서푼/세, 석을 붙여 쓰지 않음
　　석냥, 석되, 석섬, 석자/세냥, 세되, 세섬, 세자
　　너돈, 너말, 너발, 너푼/네돈, 네말, 네발, 네푼
　　넉냥, 넉되, 넉섬, 넉자/너, 네를 붙여 쓰지 않음
　　봉숭아, 봉선화/봉숭화, 상판대기/쌍판대기
　　(있, 없, 먹, 갔, 좋)습니다/(있, 없, 먹, 갔, 좋)읍니다
　　(저)올시다/(저)올습니다

(16) 복수 표준어

　　네(예), 쇠고기(소고기), 괴다(고이다), 꾀다(꼬이다)
　　쐬다(쏘이다), 죄다(조이다), 쬐다(쪼이다)
　　거슴츠레하다(게슴츠레하다), 고까옷(꼬까옷)

(17) 고어대신 널리 사용되는 단어

　애달프다/애닯다, 자두/오얏

(18) 한자어

　고유어 계열－솟을 무늬/솟을문, 외지다/벽지다, 잔돈/잔전,
　지겟다리/목발
　한자어 계열－겸상/맞상, 단벌/홑벌, 부항/뜸, 양파/둥근파,
　총각무/알타리무

(19) 방언 표준어

　멍게(우렁쉥이), 귀밑머리/귓머리, 역겹다/역스럽다

(20) 널리 쓰이는 단어만 표준어로 사용

　－게끔/－게시리, 광주리/광우리, 까다롭다/까탈스럽다, 붉으락 푸르락/푸르락 붉으락, 샛별/새벽별, 손목시계/팔목시계, 팔뚝시계, 신기롭다/신기스럽다, 쏜살같이/쏜살로, 안절부절못하다/안절부절하다, 알사탕/구슬사탕, 열심히/열심으로, 주책없다/주책이다, 쥐락펴락/펴락쥐락, －(하)지만/(하)지만서도

(21) 널리 쓰이는 단어 모두를 표준어로 사용

　가엾다(가엽다), 감감무소식(감감소식), 출렁거리다(출렁대다), 게을러빠지다 (게을러터지다), 고깃간(푸줏간), 곰곰(곰곰이), 관계없다(상관없다), 극성떨다(극성부리다), 배내옷(배냇저고리), 꼬까(때때, 고까), 나귀(당나귀),넝쿨(덩굴), 동녘(동쪽), 눈대중(눈짐작), 느림보(늘보, 느리광이), 다달이(매달), －다마다(－고말고), 된통(되게), 뒷말(뒷소리), 들락거리다(들랑거리다), 들락날락(들랑날랑), 딴전(딴청), －뜨리다(－트리다), 마파람(앞바람), 만큼(만치), 말동무(말벗), 멀찌감치(멀찍이), 모내기(모심기), 모쪼록(아무쪼록), 민둥산(벌거숭이산), 밑층(아래층), 오른 손(바른 손), 벌레(버러지), 변덕스럽다(변덕맞다), 보통내기(여간내기), 볼때기(볼따구니), 불사르다(사르다), 뾰루지(뾰두라지), 삽살개(삽살이), 서럽다(섧다), 서방질(화냥질), 성글다(성기다), －세요(－셔요), 송이(송이버섯), 술안주(안주), 발그스레하다(발그스름하다), 신(신발), 심술꾸러기(심술쟁이), 쑵쓰레하다(쑵쓰름하다), 아래위(위아래), 아무튼(하여튼, 여하튼, 어쨌든, 어떻든), 아는 척(아는 체), 양념감(양념거리), 어기여차(어여차), 어이없다(어처구니없다), 어저께(어제), 언덕바지(언덕배기), 여왕벌(장수벌), 여쭈다(여쭙다), 여태껏(이제껏, 입때껏), 연달아(잇달아), 옥수수(강냉이), 욕심

꾸러기(욕심쟁이), 우레(천둥), 의심스럽다(의심쩍다), -이에요(-이어요), 일일이(하나하나), 자물쇠(자물통), 장가가다(장가들다), 재롱부리다(재롱떨다), 제가끔(제각기), 좀처럼(좀체), 중신(중매), 왼쪽(왼편), 차차(차츰), 잘난 척(잘난 체), 천연덕스럽다(천연스럽다), 철딱서니(철따구니), 침놓다(침주다), 혼자되다(홀로되다)

****
틀리게 쓰기 쉬운 말
****

① 부사의 끝 음절이 분명히 '이'로만 나는 것은 '이'로 적는다.
   깨끗이, 느긋이, 반듯이, 버젓이, 의젓이, 헛되이,
   겹겹이, 번번이, 일일이, 틈틈이, 번거로이
② '히'로만 나는 것은 '히'로 적는다.
   극히, 급히, 딱히, 족히, 엄격히
③ '이' 또는 '히'로 나는 것은 '히'로 적는다
   솔직히, 가만히, 간편히, 나른히, 각별히, 소홀히, 과감히, 꼼꼼히
   열심히, 능히, 조용히, 고요히, 도저히, 분명히, 당당히
④ 한자어에서 본음으로도, 속음으로도 나는 것은 그 소리나는 대로 적는다.

   승낙(承諾)/수락(受諾), 허락(許諾)
   안녕(安寧)/의령(宜寧), 회령(會寧)
   분노(忿怒)/대로(大怒), 희로애락(喜怒哀樂)
   토론(討論)/의논(議論)
   오륙십(五六十)/유월(六月)
   목재(木材)/모과(木瓜)
   십일(十日)/시월(十月)
   팔일(八日)/초파일(初八日)

⑤ 다음과 같은 단어의 어미(ㄹ 이하)는 된소리가 나도 예사소리로 적는다
   갈거나, 갈걸, 갈게, 갈수록, 갈지, 갈지라도, 갈지언정, 저울시다
⑥ 단, 의문을 나타내는 다음 어미들은 된소리로 적는다.
   갈까, 갈꼬, 갑니까, 가오리까, 갈쏘냐

⑦ 다음 단어의 접미사는 된소리로 적는다.

심부름꾼, 익살꾼, 일꾼, 시계꾼, 때깔, 빛깔, 귀때기, 볼때기

뒤꿈치, 팔꿈치, 이마빼기, 코빼기, 겸연쩍다

⑧ 두 가지로 구별하여 적던 다음 말들은 한 가지로 통일한다.

맞추다(입을 맞추다, 옷을 맞추다)/마추다(×)

뻗치다(다리를 뻗치다, 멀리 뻗치다)/뻐치다(×)

⑨ '-더라', '-던'은 과거를 나타낼 때

그렇게 좋던가?

그 사람 말 잘하던데!

얼마나 놀랐던지 몰라.

⑩ '-든지'는 물건이나 일의 내용을 가리지 않는다는 의미일 때

배든지 사과든지 마음대로 먹어라

가든지 오든지 마음대로 해라

분•세•풀•이

(맞는 것에 ○ 하세요.)

(1) 학교 (계시판, 게시판)에 안내글이 붙었더라.
(2) (휴계실, 휴게실)에 가서 좀 쉬었다 오자.
(3) 입맛이 (씁쓸하다, 씁슬하다).
(4) 장마 때문에 집안이 (눅눅하다, 눙눅하다)
(5) (짭짤한, 짭잘한) 재미를 보았다.
(6) 집안 살림을 다 (털어먹었다, 떨어먹었다).
(7) (칸막이, 간막이)가 되어 있어요.
(8) 그가 일본 경찰의 (끄나풀, 끄나불)이었다.
(9) 철수를 아래로 (밀뜨렸습니다, 미뜨렸습니다).
(10) 그 소식에 (적이, 저으기) 당황했다.
(11) (강낭콩, 강남콩)을 넣어서 밥을 했다.
(12) 정말 (지루한, 지리한) 시간이었다.
(13) 고기를 (상추, 상치)에 싸서 먹으렴.
(14) (주책, 주착) 좀 작작 부려라.
(15) 군대 갔던 (삼촌, 삼춘)이 돌아왔다.
(16) (오뚝이, 오똑이, 오뚜기)처럼 쓰러지지 않고 일어났다.
(17) (발가송이, 발가숭이)가 되어 뛰어나왔다.
(18) 국수를 끓여 먹으려고 (남비, 냄비)를 찾았다.
(19) 바닥에 (내동댕이쳤다, 내동당이쳤다)
(20) (아지랑이, 아지랭이)가 피어오르는 봄날이다.
(21) 물에 빠져서 (허우적거리고, 허위적거리고) 있었다.
(22) 그런 (케케묵은, 켸켸묵은) 거짓말에 누가 속을까 봐.
(23) (여느, 여늬) 사람 같으면 벌써 포기했을텐데.
(24) 답안지가 다 (거치거든, 걷히거든) 채점을 시작하자.
(25) 까다로운 검사를 (거쳐서, 걷혀서) 내놓은 물건입니다.
(26) 안개가 좀더 (거치면, 걷히면) 길을 떠나자.
(27) 세금이 많이 (거쳤다, 걷혔다).

(28) 문이 저절로 (다쳤다, 닫쳤다, 닫혔다).
(29) (다친, 닫친, 닫힌) 데는 좀 어떻니?
(30) (다친, 닫친, 닫힌) 마음을 열고, 세상을 바라보아라.
(31) 보물이 (무친, 묻힌) 곳을 알아냈다.
(32) 옷에 흙탕물을 잔뜩 (무치고, 묻히고) 돌아왔다.
(33) 콩나물을 (무칠, 묻힐) 때에는 참기름을 많이 넣어야 맛있다.
(34) 이마에 (바쳐서, 받쳐서, 받혀서, 밭쳐서) 눈에 멍이 들었다.
(35) 나무를 (바쳐서, 받쳐서, 받혀서, 밭쳐서) 튼튼하게 세워 놓아라.
(36) 온갖 정성을 다 (바쳐, 받쳐, 받혀, 밭쳐) 편안하게 모셨다.
(37) 강아지한테 이름을 뭐라고 (부칠까, 붙일까)?
(38) 오늘 낮에는 부침개나 (부쳐, 붙여) 먹을까?
(39) 가는 길에 이 편지 좀 (부쳐, 붙여) 줄래?

해・답

(1) 학교 (계시판, 게시판(○))에 안내글이 붙었더라.
(2) (휴게실(○), 휴계실)에 가서 좀 쉬었다 오자.
(3) 입맛이 (씁쓸하다(○), 씁슬하다).
(4) 장마 때문에 집안이 (눅눅하다(○), 눙눙하다)
(5) (짭짤한(○), 짭잘한) 재미를 보았다.
(6) 집안 살림을 다 (털어먹었다(○), 떨어먹었다).
(7) (칸막이(○), 간막이)가 되어 있어요.
(8) 그가 일본 경찰의 (끄나풀(○), 끄나불)이었다.
(9) 철수를 아래로 (밀뜨렸습니다(○), 미뜨렸습니다).
(10) 그 소식에 (적이(○), 저으기) 당황했다.
(11) (강낭콩(○), 강남콩)을 넣어서 밥을 했다.
(12) 정말 (지루한(○), 지리한) 시간이었다.
(13) 고기를 (상추(○), 상치)에 싸서 먹으렴.
(14) (주책(○), 주착) 좀 작작 부려라.
(15) 군대 갔던 (삼촌(○), 삼춘)이 돌아왔다.
(16) (오뚝이(○), 오똑이, 오뚜기)처럼 쓰러지지 않고 일어났다.
(17) (발가송이, 발가숭이(○))가 되어 뛰어나왔다.
(18) 국수를 끓여 먹으려고 (남비, 냄비(○))를 찾았다.
(19) 바닥에 (내동댕이쳤다(○), 내동당이쳤다)
(20) (아지랑이(○), 아지랭이)가 피어오르는 봄날이다.
(21) 물에 빠져서 (허우적거리고(○), 허위적거리고) 있었다.
(22) 그런 (케케묵은(○), 켸켸묵은) 거짓말에 누가 속을까 봐.
(23) (여느(○), 여늬) 사람 같으면 벌써 포기했을텐데.
(24) 답안지가 다 (거치거든, 걷히거든(○)) 채점을 시작하자.
(25) 까다로운 검사를 (거쳐서(○), 걷혀서) 내놓은 물건입니다.
(26) 안개가 좀더 (거치면, 걷히면(○)) 길을 떠나자.
(27) 세금이 많이 (거쳤다, 걷혔다(○)).

(28) 문이 저절로 (다쳤다, 닫쳤다, 닫혔다(○)).
(29) (다친(○), 닫친, 닫힌) 데는 좀 어떻니?
(30) (다친, 닫친, 닫힌(○)) 마음을 열고, 세상을 바라보아라.
(31) 보물이 (무친, 묻힌(○)) 곳을 알아냈다.
(32) 옷에 흙탕물을 잔뜩 (무치고, 묻히고(○)) 돌아왔다.
(33) 콩나물을 (무칠(○), 묻힐) 때에는 참기름을 많이 넣어야 맛있다.
(34) 이마에 (바쳐서, 받쳐서, 받혀서(○), 밭쳐서) 눈에 멍이 들었다.
(35) 나무를 (바쳐서, 받쳐서, 받혀서, 밭쳐서(○)) 튼튼하게 세워 놓아라.
(36) 온갖 정성을 다 (바쳐(○), 받쳐, 받혀, 밭쳐) 편안하게 모셨다.
(37) 강아지한테 이름을 뭐라고 (부칠까, 붙일까(○))?
(38) 오늘 낮에는 부침개나 (부쳐(○), 붙여) 먹을까?
(39) 가는 길에 이 편지 좀 (부쳐(○), 붙여) 줄래?

제2절 띄어쓰기

1. 띄어쓰기는 왜 할까?

■ 글을 읽을 때 그 내용을 쉽게 알 수 있도록 띄어 쓴다.

말할 때 너무 빨리 말하거나 너무 천천히 말하면 무슨 말인지 잘 알아들을 수 없다. 그래서 말할 때에는 또박또박 끊어서 알맞은 빠르기로 말해야 한다.

그런데 말은 귀로 듣지만 글은 눈으로 보고 읽기도 한다. 그러므로 글도 또박또박 끊어서 눈으로 보기 쉽게 써야 남들이 그 내용을 쉽게 알 수 있다.

다음 글을 견주어 읽어 보자. 어느 것이 더 알기 쉬운가?

㉮　하나뿐인지구입니다.너나없이모두가아껴야하겠습니다.맑은공기속에서마음껏뛰어놀수있었으면좋겠습니다.

㉯ 하나뿐인 지구입니다. 너나없이 모두가 아껴야 하겠습니다. 맑은 공기 속에서 마음껏 뛰어놀 수 있었으면 좋겠습니다.

■ 뜻을 분명히 나타내기 위해서 띄어쓰기를 한다.

철수는 삼촌과 함께 밥을 먹고 있었다. 그런데 감기 때문에 목이 퉁퉁 부은 삼촌이 종이에 글을 써서 철수에게 보여 주었다.

'나물좀다오.'

철수네 삼촌은 물을 달라는 것일까, 나물을 달라는 것일까?

'나물좀다오'란 말을 어떻게 띄어 쓰느냐에 따라 "나 물 좀 다오."라는 말도 되고, "나물 좀 다오."라는 말도 된다.

이처럼 글은 어떻게 띄어 쓰고 읽느냐에 따라 뜻이 여러 가지로 달라지기도 한다. 띄어쓰기는 뜻을 분명히 나타내기 위해 아주 중요한 것이다.

2. 어떻게 띄어 쓸까?

띄어쓰기는 자기 마음대로 하는 것이 아니라 몇 가지 원칙에 맞추어야 한다.
- 문장의 각 단어는 띄어 씀을 원칙으로 한다.
- 조사는 그 앞말에 붙여 쓴다.
- 의존 명사는 띄어 쓴다
- 관형사는 띄어쓰고 접두사는 뒷말에 붙여쓴다.
- 복합어는 붙여쓴다.

조사는 그 앞말에 붙여 쓴다.

① 꽃이, 꽃마저, 꽃이나마, 꽃이야말로, 꽃밖에, 꽃같이, 꽃하고, 꽃말고, 꽃조차, 꽃으로만, 꽃처럼, 어디까지나, 거기도, 멀리는, 웃고만
② 이것뿐, 이것만큼, 이것대로
③ 친구로부터, 집에서처럼, 집에서만이라도, 여기서부터는, 여기에서부터 입니다
④ 집은커녕, 가기는커녕, 아시다시피, 옵니다그려, "알았다."라고
⑤ 어디까지입니까, 나가면서까지도, 철수하고는

의존 명사는 띄어 쓴다.

① 읽을 것이 없다. 나도 할 수 있다. 아는 바가 없다. 떠나는 줄 모른다.
   모른 체한다. 아는 이를 만났다. 그럴 리가 없다
② 바라볼 뿐이다. 노력한 만큼 얻는다. 심은 대로 거둔다.
③ 가르치는 데 필요하다. 떠난 지 이미 오래다.
④ 서울, 부산, 대구 들과 같은 큰 도시로만 다닌다.

※ 다음을 구분하여 설명하시오.

(1) 아는 대로 써라(　)　　　너는 너대로 가라(　)
(2) 먹을 만큼 가져가라(　)　　너만큼 큰 이이도 있니?(　)
(3) 그는 남자들처럼 머리를 깎았다(　)
    쌀, 보리, 콩, 조, 기장 들을 오곡이라 부른다(　)
(4) 여기는 모두 여자뿐이다(　)　　그냥 만졌을 뿐이다(　)
(5) 물하고 불하고는 상극이다(　)　　너는 공부를 하고 있어라(　)
(6) 바다보다 깊은 어머니의 마음(　)
    바다를 보다가 상어를 발견했다(　)
(7) 씻은 듯 깨끗하다(　)　　　구름에 달 가듯이(　)

단위를 나타내는 명사는 띄어 쓴다. 다만 순서를 나타내는 경우나 숫자와 어울려 쓰이는 경우에는 붙여 쓸 수 있다.
① 차표 한 장, 두 번, 세 마리, 금 서 돈, 열 바퀴, 백 년 동안, 밥 한 톨
   차 한 대, 옷 한 벌, 연필 한 자루, 열 살, 집 한 채, 구두 세 켤레
   나무 한 그루, 고기 두 근, 열 길 물 속, 흙 한 줌, 배추 한 포기
   물 한 모금, 벼 한 섬, 쌀 서 말, 동전 두 닢, 논 두 마지기, 사과 한 개
② 삼 학년/삼학년/3학년, 열 시 십오 분/열시 십오분/10시 15분, 오층
   10개, 100원, 5미터, 3동 708호, 2003년 11월 25일

수를 적을 때는 만단위로 띄어 쓴다.

① 십이억 삼천사백오십육만 칠천팔백구십팔(12억 3456만 7898)

두 말을 이어 주거나 열거할 때 쓰는 말은 띄어 쓴다.

① 이사장 겸 총장, 열 내지 스물, 청군 대 백군, 국장 및 과장
② 책상, 걸상 등이 있다.   사과, 배, 귤 등등.   부산, 광주 등지

한 글자로 된 단어가 연이어 나타날 때에는 붙여 쓸 수 있다

① 그 때 그 곳/그때 그곳   좀 더 큰 것/좀더 큰것
  이 말 저 말/이말 저말   한 잎 두 잎/한잎 두잎
② 내것, 네것, 한잔 술, 이집, 저집

접미사는 붙여 쓴다

마을이나 지방의 단위로 쓰이는 '도,시,읍,면,리,동' 이나 '산, 강, 해, 섬' 등의 말은 붙여 쓴다(단 외국어와 함께 쓸 때는 띄어 쓴다)

① 안성댁/할머니 댁, 프랑스인/프랑스 사람,
② 부부간, 사제간, 형제간, 남녀간/국가 간, 이웃 간, 부부 간
③ 진행중, 수업중, 한밤중/꽃 중의 꽃, 학생 중에
④ 감사하다, 오해받다, 구속시키다, 지배당하다, 관련짓다, 문제삼다, 정성들이다
⑤ 물샐틈없다, 보잘것없다, 쓸데없다, 어처구니없다, 온데간데없다, 터무니 없다
⑥ 대구시/뉴욕 시, 낙동강/미시시피 강, 백두산/히말라야 산, 동해/카리브해 밤섬/보르네오 섬

보조 용언은 띄어 씀을 원칙으로 하되, 경우에 따라 붙여 씀도 허용한다.

의존명사 중 '-양, -체, -척, -듯' 등은 '하다, 되다, 싶다' 등과 결합하여 용언이 되기도 한다.

① 적어 놓다/적어놓다, 꺼져 가다/꺼져가다, 막아 내다/막아내다
② 이루어 지다/이루어지다, 예뻐 지다/예뻐지다, 만들어 지다/만들어지다
③ 기억해 둘 만하다/기억해둘 만하다
④ 비가 올 듯하다/비가 올듯하다,   일이 될 법하다/일이 될법하다
⑤ 비가 올 성싶다/비가 올성싶다,   잘 아는 척한다/잘 아는척한다

단, 앞말에 조사가 붙거나 앞말이 합성동사인 경우, 또 중간에 조사가 들어갈 때는 뒤에 오는 보조 용언은 띄어 쓴다.

① 잘도 놀아만 나는구나!   책을 읽어도 보고…
② 네가 덤벼들어 보아라.   강물에 떠내려가 버렸다.
③ 그가 올 듯도 하다.   잘난 체를 한다.

※다음을 구분하여 설명하시오.

(1) 물하고 불하고는 상극이다(   )   너는 공부를 하고 있어라(   )
(2) 바다보다 깊은 어머니의 마음(   )   바다를 보다가 상어를 발견했다(   )
(3) 씻은 듯 깨끗하다(   )   구름에 달 가듯이(   )

성과 이름 또는 호는 붙이고 호칭어, 관직명은 띄어 쓴다.

고유 명사, 전문 용어는 단어별로 띄어 씀을 원칙으로 하되 단위별로 띄어 쓸 수 있다.

첨어는 붙여 쓴다.

① 홍길동, 영철 군, 김철수 씨, 이퇴계 선생, 충무공 이순신 장군, 김 박사, 백범 김구 선생, 월탄 박종화, 춘원 이광수, 남궁옥분/남궁 옥분, 남궁수/남 궁수, 독고성/독고 성, 황보영구/황보 영구, 제갈상호/ 제갈 상호
② 대한 중학교/대한중학교, 한국 대학교 사범 대학/한국대학교 사범대학
　　서울 대공원/서울대공원, 한국 방송 공사/한국방송공사
　　탄소 동화 작용/탄소동화작용, 만성 골수성 백혈병/만성골수성백혈병
　　중거리 탄도 유도탄/중거리탄도유도탄
③ 깡충깡충, 오래오래, 길이길이, 곤드레만드레, 들락날락, 요리조리, 머나먼, 차디찬

관형사는 띄어 쓴다(한 글자가 연이어지면 붙여쓸 수 있다).

복합어는 붙여 쓴다.

① 이 책, 그 집, 저 옷, 아무 물건/이쪽, 그때, 저번, 아무것, 어느새
② 새 책/새 싹, 첫 시험/첫사랑, 맨 처음/맨발, 제 비용/제2차, 단 한 번/단모음
③ 한 번, 두 번, 세 번, 열 번/한번(어디 한번 해보자)

문•제•풀•이

(다음 글을 바르게 띄어 쓰세요.)

(1) 세월이빨리도가는구나. ⇒

(2) 너마저나를배신할작정이냐? ⇒

(3) 누구한테로관심이쏠리느냐? ⇒

(4) 그것은철쭉이라는꽃이다. ⇒

(5) 슬퍼하기는커녕오히려기뻐하는눈치였다. ⇒

(6) 어머니은혜는산보다도높다. ⇒

(7) 나쁜친구하고는어울리지마라. ⇒

(8) 언니한테까지말하면어떻게하니? ⇒

(9) 나는다리에쥐가날만큼앉아있었다. ⇒

(10) 네가그렇게바랐던일이니만큼열심히해야한다. ⇒

(11) 그밖에도여러가지가있다. ⇒

(12) 가진것이라고는배짱밖에없다. ⇒

(13) 글은본대로들은대로느낀대로솔직히써야합니다. ⇒

(14) 저모양대로만들어주세요. ⇒

(15) 닥치는대로일을해치웠다. ⇒

(16) 너만혼자알고있어라. ⇒

(17) 어디볼만한책없니? ⇒

(18) 저애는정말천사같이착하다. ⇒

(19) 우리같이먹자. ⇒

(20) 보석같은눈물을흘렸다. ⇒

(21) 빨리가기나했으면좋겠다. ⇒

(22) 좋기는커녕형편없다. ⇒

(23) 여기에서도들릴만큼큰소리였다. ⇒

(24) 네가성공하기만을빌겠다. ⇒

(25) 마냥즐거워만했다. ⇒

(26) 오늘은국어부터공부하겠습니다. ⇒

(27) 우리집고양이가가출을했어요. ⇒

(28) 철수의누이동생이화를내었다. ⇒

(29) 흰눈이내리니경치가더욱아름답다. ⇒

해 • 답

(1) 세월이 빨리도 가는구나.
(2) 너마저 나를 배신할 작정이냐?
(3) 누구한테로 관심이 쏠리느냐?
(4) 그것은 철쭉이라는 꽃이다.
(5) 슬퍼하기는커녕 오히려 기뻐하는 눈치였다.
(6) 어머니 은혜는 산보다도 높다.
(7) 나쁜 친구하고는 어울리지 마라.
(8) 언니한테까지 말하면 어떻게 하니?
(9) 나는 다리에 쥐가 날 만큼 앉아있었다.
(10) 네가 그렇게 바랐던 일이니만큼 열심히 해야 한다.
(11) 그 밖에도 여러 가지가 있다.
(12) 가진 것이라고는 배짱밖에 없다.
(13) 글은 본 대로 들은 대로 느낀 대로 솔직히 써야 합니다.
(14) 저 모양대로 만들어 주세요.
(15) 닥치는 대로 일을 해지웠다
(16) 너만 혼자 알고 있어라.
(17) 어디 볼 만한 책 없니?
(18) 저 애는 정말 천사같이 착하다.
(19) 우리 같이 먹자.
(20) 보석같은 눈물을 흘렸다.
(21) 빨리가기나 했으면 좋겠다.
(22) 좋기는커녕 형편없다.
(23) 여기에서도 들릴 만큼 큰소리였다.
(24) 네가 성공하기만을 빌겠다.
(25) 마냥 즐거워만했다.
(26) 오늘은 국어부터 공부하겠습니다.
(27) 우리집 고양이가 가출을 했어요.
(28) 철수의 누이동생이 화를 내었다.
(29) 흰 눈이 내리니 경치가 더욱 아름답다.

제3절 외래어·외국어 표기의 기본 원칙

- 외래어는 국어의 현용 24자모만으로 적는다.
- 외래어의 받침에는 'ㄱ, ㄴ, ㄹ, ㅁ, ㅂ, ㅅ, ㅇ'만을 적는다.
- 파열음 표기에는 된소리를 적지 않는다.
- 이미 굳어진 외래어는 관용을 존중하되 그 범위와 용례는 따로 정한다.
- 유의해야 할 외래어·외국어 표기 사례

① 받침에 'ㅋ, ㅌ, ㅍ'을 쓸 수 없다.
   (커피숍, 디스켓, 케이크, 테이프, 슈퍼마켓, 초콜릿)
② 파열음 표기에 된소리를 쓰지 않는다.
   (파리, 나치, 르포, 가스, 댐, 서비스, 지프)
③ 'ㅈ' 'ㅊ' 다음에 'ㅑ, ㅕ, ㅛ, ㅠ'를 쓰지 않는다.
   (텔레비전, 주스, 차트, 벤처, 초콜릿)
④ 영어의 sh는 '쉬'가 아니라 '시'로 쓴다.
   (플래시, 대시, 잉글리시, 브러시, 비치, 벤치)
⑤ 마찰음 f는 'ㅎ'이 아닌 'ㅍ'으로 표기한다.
   (필름, 페미니즘, 페스티벌, 프라이팬)
⑥ 모음의 음가를 정확하게 표기하며 이중모음 '오우'나 장모음을 쓰지 않는다.
   (노트, 볼링, 골, 카드, 마크, 뉴턴, 서비스, 오사카)

제4절 문장부호 사용법

1. 마침표

1) 온점(.)

- 표제어(제목)나 표어에는 쓰지 않는다.
- 아라비아 숫자만으로 연월일을 표시할 때 : 2003. 12. 24
- 준말(약자)을 나타낼 때 : p. ill.

2) 물음표(?)

- 특정 어구나 내용에 대하여 의심, 빈정거림, 비웃음 등을 표시하거나 적절한 말을 쓰기 어려운 경우에 소괄호 안에 사용
    - 예) 그것 참 대단히 훌륭한(?) 태도야.
    - 예) 우리 집 고양이가 가출(?)을 했어요.
- 선택적 물음이 겹쳤을 때는 맨 끝의 물음에만 쓰고 각각 독립된 물음에는 물음마다 쓴다.
    - 예) 너는 한국인이냐, 중국인이냐?
    - 예) 너는 언제 왔니? 어디서 왔니? 무엇하러?
- 의문문이라도 의문의 정도가 약할 때는 대신 온점을 쓸 수도 있다.
    - 예) 이 일을 도대체 어쩐단 말이냐.
    - 예) 아무도 찬성하지 않을 거야. 혹 미친 사람이면 모를까.

3) 느낌표(!)

- 감탄 외에도 다음의 경우에 쓴다.
    - 예) 지금 즉시 대답해!(강한 명령)
    - 예) 부디 몸조심 하게!(간곡한 부탁)
    - 예) 춘향아! 예, 도련님!(감정을 넣어 다른 사람을 부르거나 대답할 때)
    - 예) 이게 누구야!(놀라거나 당황할 때)
    - 예) 내가 왜 나빠!(항의의 뜻을 나타낼 때)
- 감탄문이라도 그 정도가 약할 때는 온점을 쓸 수 있다.
    - 예) 개구리가 나온 것을 보니 봄이 오긴 왔구나.

2. 쉼표

1) 반점(,)

- 열거의 경우라도 조사로 연결될 때는 쓰지 않는다.
  - 예) 사과와 배와 바나나가 있다.
- 짝을 지어 구별할 필요가 있을 때
  - 예) 닭과 지네, 개와 고양이는 상극이다.
- 바로 다음 말을 꾸미지 않을 때
  - 예) 성질 급한, 철수의 누이동생이 화를 내었다.
- 대등하거나 종속적인 절 사이에.
  - 예) 콩 심으면 콩나고, 팥 심으면 팥난다.(대등절)
  - 예) 흰 눈이 내리니, 경치가 더욱 아름답다.(종속절)
- 부르는 말이나 대답하는 말 뒤에.
  - 예) 애야, 이리 오너라.
- 제시어 다음에.
  - 예) 용기, 이것이야말로….
- 도치 문장에.
  - 예) 다시보자, 한강수야.
- 가벼운 감탄.
  - 예) 아, 깜빡 잊었구나.
- 문장 첫머리의 접속이나 연결하는 말 뒤에.
  - 예) 첫째,…   아무튼,…
- 일반적인 접속어(그러나, 그리고, 그러므로, 그런데) 뒤에는 쓰지 않는다.
- 문장 중간에 끼어든 구절 앞뒤에.
  - 예) 철수는 미소를 띠고, 속으로는 화가 치밀었지만, 그들을 맞았다.
- 반복을 피하기 위해서 한 부분을 줄일 때.
  - 예) 여름에는 바다에서, 겨울에는 산에서 휴가를 즐겼다.
- 문맥상 끊어야 할 부분에.
  - 예) 갑돌이가 울면서, 떠나는 갑순이를 배웅했다.
  - 예) 철수가, 내가 제일 좋아하는 친구이다.
- 숫자를 나열할 때
  - 예) 1, 2, 3, 4
- 수의 폭이나 개략의 수를 나타낼 때

예) 5, 6세기   6, 7개

2) 가운뎃점(·)

- 열거하는 단위가 대등하거나 밀접한 관계일 때
  예) 철수·영이, 영수·순이가…
  예) 서울·경기, 부산·경남, 대구·경북에서 각각…
  예) 시장에서 사과·배·복숭아, 고추·마늘·파, 조기·명태·고등어를…
- 특정한 의미를 가지는 날을 나타내는 숫자에.
  예) 3·1 운동   8·15 광복
- 같은 계열의 단어 사이에.(와, 과, 및의 의미)
  예) 동사·형용사를 합하여 용언이라고 한다.
  예) 경북 방언의 조사·연구

3) 쌍점(:)

- 내포하는 종류를 들 때
  예) 문방사우 : 붓, 먹, 벼루, 종이
- 소표제 뒤에.
  예) 일시 : 2003년 12월 31일 10시
- 시와 분, 장과 절, 둘 이상의 대비.
  예) 오전 10 : 20
  예) 요한 3 : 16(요한복음 3장 16절)
  예) 65 : 70(65 대 70)

4) 빗금(/)

- 대응, 대립되거나 대등한 것을 함께 보이는 단어나 구, 절 사이에.
  예) 착한 사람/악한 사람   얼음/어름
- 분수를 나타낼 때
  예) 3/4분기

3. **따옴표**(인용부호)

1) 큰따옴표

- 직접 대화, 남의 말 인용시.
- 작품명(한 책에 여러 작품을 수록한 경우)

예) "재미있는 우리 고전"을 읽고…

2) 작은 따옴표

─따온 말 중 다시 따온 말이 있을 때
    예) "여러분! 침착합시다. '하늘이 무너져도 솟아날 구멍이 있다.'고 합니다."
─마음속으로 한 말을 적을 때
─문장 중 중요한 부분을 두드러지게 하기 위해
    예) 지금 필요한 것은 '지식'이 아니라 '실천'입니다.
─작품명에.
    예) 이광수의 '흙'에서…

4. 묶음표(괄호)

1) 소괄호(( ))

─언어, 연대, 주석, 설명에.
    예) 커피(coffee)는 …
    예) 3·1(1919) 운동 당시 …
    예) '무정'은 춘원(6·25때 납북)의 작품이다.
    예) 니체(독일의 철학자)는 이렇게 말했다.
─기호 표시 또는 빈 자리 표시.
    예) (1), (ㄱ), (가)
    예) 우리 나라의 수도는 (   )이다.

2) 중괄호({ })

─여러 단위를 동등하게 묶어 보일 때.
    예) 주격 조사 $\begin{cases} 이 \\ 가 \end{cases}$

    예) 국가의 3요소 $\begin{cases} 국토 \\ 국민 \\ 주권 \end{cases}$

3) 대괄호(〔 〕)

─묶음표 안의 말이 바깥 말과 음이 다를 때.
    예) 年歲〔나이〕 單語〔낱말〕 手足〔손발〕

5. 이음표(연결부호)

1) 줄표(-)

이미 말한 내용을 다른 말로 부연하거나 보충함을 나타낸다.
-문장 중간에 앞 내용에 대해 부연하는 말이 끼어들 때 그 양쪽에.
-앞 말을 정정하는 말이 이어질 때

2) 물결표(~)

-내지'라는 의미에.
예) 12월 15일 ~ 12월 20일

6. 드러냄표(°, ˙)

-문장 중 중요한 부분을 특별히 드러내 보일 때 해당되는 글자 위에 사용하며 밑줄을 치기도 한다.

7. 안드러냄표

1) 숨김표(××, ○○)

-공공연히 쓰기 어려운 비속어나 비밀 사항에 그 글자 수만큼 쓴다.

2) 빠짐표(□)

-옛 비문이나 서적 등에서 글자가 분명하지 않을 때 그 자리를 비워 둠을 나타낼 때.

3) 줄임표(……)

-할 말을 줄였을 때나 말이 없음을 나타낼 때.

제5절 원고지 사용법

－원고지에 글을 쓰는 이유－

첫째, 칸과 줄의 수가 정해져 있기 때문에 글의 길이, 즉 분량의 통제와 판단이 가능하다.

둘째, 칸이 정해져 있어 띄어쓰기나 문장부호 등을 정확하게 쓸 수 있다.

셋째, 여백을 이용하여 틀린 부분을 쉽게 교정할 수 있다.

넷째, 정해진 양식을 사용하므로 다른 사람이 읽어보기 쉽다.

1. 표지의 형식

* 도서의 기본 정보를 나타낸다.

1) 표제에 나타낸 경우

* 이행표제(두줄 제목)로 쓰기

>   작지만 큰 사랑 이야기
>   － '강아지똥'을 읽고 －
>
>
>   권정생 지음, 정승각 그림, 그림이야기책,
>   길벗어린이 펴냄(1994.7.20.), 7,000원

2) 본문에 나타낸 경우

*표제에 도서의 기본 정보를 나타냈다 하더라도 본문의 시작 부분에 다시 소개하여야 한다.

```
        개와 하나되는 사랑의 첫걸음
         - '내 친구 상하'를 읽고 -
                                    김영미

이 책은 동화 작가 이청해 씨의 장편동화이다. 이 동화는……
```

↓

```
        개와 하나되는 사랑의 첫걸음
         - '내 친구 상하'를 읽고 -
                                    김영미

 이청해 씨의 장편동화 '내 친구 상하(국민서관 펴냄, 1997)'는
어린 소년 빈하와 그가 기르게 된 개 상하와의 우정을 보여주고 있
다.
```

2. 표제쓰기의 규칙

- 원고지의 첫 장은 글의 종별, 제목 및 부제, 소속과 이름을 쓴다.
- 제목이 길 경우 첫 행은 좌측으로 둘째 행은 우측으로 해서 두 행을 잡아 쓴다.
- 제목은 첫 줄을 비우고 둘째 줄부터 쓰되 줄의 한가운데에 오도록 하여 균형을 잡아 쓴다.
- 제목에는 온점(.), 말줄임표(…)를 쓰지 않고 물음표나 느낌표의 사용되도록 삼간다.
- 부제목에는 양끝에 줄표(-)를 하고 책이름에는 반드시 인용부호를 사용한다.
- 소속과 성명은 한줄, 또는 두 줄로 쓰든 상관없으나 표제 작성이 원고지의 5~6행을 넘지 않도록 압축해서 간결하게 표현하는 것이 좋다.
- 성과 이름은 붙여 쓰되 미관상 한 글자씩 벌려 쓸 수 있다.

3. 본문쓰기의 규칙

- 원고지 한 칸에는 글자 한 자씩 쓰는 것이 원칙이다. 그러나 알파벳 소문자 또는 아라비아 숫자를 두 자 이상 쓰는 경우에는 각 칸에 두 자씩 쓴다.
- 낱자로 된 아라비아 숫자, 로마 숫자, 알파벳 대문자는 한 칸에 한 자씩 쓴다.
- 글을 처음 시작할 때와 단락을 바꿀 때는 첫 칸을 비우고 둘째 칸부터 쓴다.
- 인용을 하기 위해 줄을 따로 잡는 경우에는 둘째 칸에 따옴표(")로 시작하고 인용문 전체를 한 칸씩 들여 써서 원고지 줄의 첫 칸이 모두 비워지도록 쓴다.
- 짧은 대화라도 한 줄에 두 사람의 말을 같이 쓰지 않는다.
- 인용문내에서 단락이 바뀔 때 앞의 두 칸을 비운다.
- 줄에서 -(라)고, -하고, -하기에, -한다 등 이어받는 말로 시작할 때 첫 칸을 비우지 않는다.

4. 문장부호쓰기의 규칙

- 문장부호는 한 칸에 하나씩 표시한다.
- 문장부호, 숫자, 알파벳이 잇달아 나올 때는 각각 다른 칸에 쓴다.
- 물음표(?)와 느낌표(!) 다음에는 한 칸을 비우고 쓰지만 쌍점(:), 줄표(-), 반점(,), 온점(.) 등의 부호 다음 칸은 비우지 않고 이어 쓴다.
- 줄임표는 한 칸에 세점씩 찍는다.
- 표제에는 온점(.)을 찍지 않는다.
- 온점(.)과 닫는 부호는 원고지 줄의 첫 칸에 올 수 없으나 여는 부호는 올 수 있다.
- 줄의 끝에 문장부호를 찍을 칸이 없을 때 칸 밖의 여백에 끼움표 처리한다.
- 각 행의 첫 칸에는 가능한 한 문장부호를 찍지 않는다.
- 문장의 끝이 원고지 맨 마지막 칸에 올 때는 문장의 끝 글자와 온점을 같은 칸에 쓴다.
- 칸이 모자라 문장의 부호만 바꾸어 써야 할 경우에는 줄을 바꾸지 않고 문장의 끝에 칸을 만들어 부호를 쓴다.

5. 원고지 쓰기의 예

1) 표제쓰기의 예

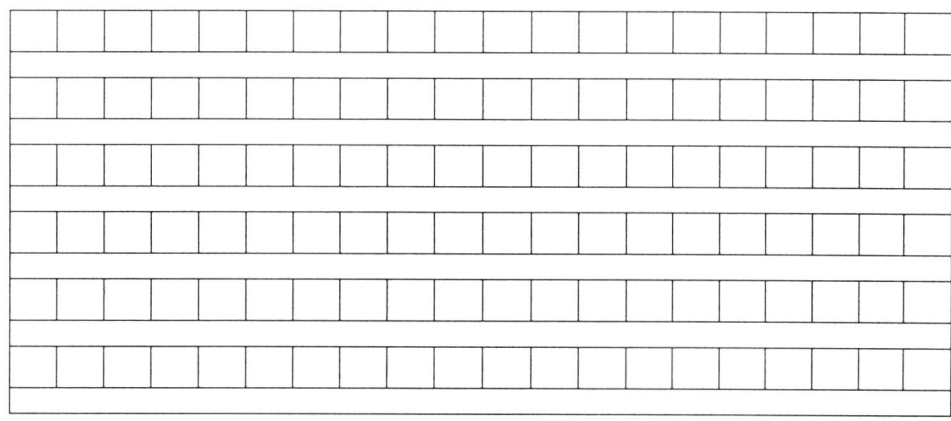

무한한 세계를 담는 그릇
-'영이의 그림일기'를 읽고-

 일기는 자기의 마음을 담는 그릇이다. 사람과 사물에 대한 경이로움과 사랑을 예민한 감수성과 관찰력으로 담아 낸 '영이의 그림일기(황영 글·그림 한우리독서교육연구소 엮음)'는 일기마저도

바른 성장으로 이끄는 책
- "내 친구 왕뚜껑"을 읽고 -
한국초등학교 6학년 5반
이승민

 현재 활동중인 아동 문학 작가들 중 중요 작가 15인의 대표작을 모아서 엮은 "내 친구 왕뚜껑(나무와 숲 펴냄을 읽었다. 15편의 작품을 하나하나씩

2) 본문쓰기의 예

　　시인　권오순은　　우리의　　입과　귀에　익은　노래　'구슬비'를　지으신　할머니 시인이십니다. 3·1만세　운동이　있던 해인　1919년　황해도　해주에서　태어나셔서　충청도의　시골　작은　마을의　천주교 성당　사택에서　오래　사셨습니다.

3) 인용문쓰기의 예

① 대화글 쓰기-1

　　"아니, 순이야!　너　괜찮니?"
　　"……."
　　"어머!　낯빛이　나쁘구나. 어서　여기에　좀　앉아."
하고　지혜가　순이를　의자에　앉혔다.

② 대화글 쓰기-2

"	아	니	,	순	이	야	!		너		미	쳤	니	?		겁	도
없	이		태	극	기	를	…	…	.	"							
	"	어	머	니	,	우	리		나	라	가		해	방	이		되	었	어
요	.	"															
	딸	의		말	에		순	이		어	머	니	는		그	제	야		태

③ 시·시조·노랫말 인용하기
: 인용부호를 쓰지 않고 위아래로 한 줄씩 비운다.

몇		행	을		인	용	해		보	겠	다	.						
		님	은		갔	습	니	다	.	아	아	,	사	랑	하	는		나	의
님	은		갔	습	니	다	.											
		푸	른		산	빛	을		깨	치	고		단	풍	나	무		숲	을
	향	하	여		난		작	은		길	을		걸	어	서	,	차	마

④ 줄을 따로 잡아 인용하기

	사	람	이		아	닌		것	을		사	람	인		것	처	럼		나
타	내	는		표	현		방	법	이	다	.	즉		이	러	한		방	법
을		의	인	법	이	라	고		한	다	.								
	살	살		살	랑		손	짓	하	는		강	가	의		나	무	들	
해	가		얼	굴	이		빨	개	져	요									
냇	물	이		졸	졸	졸		노	래		불	러	요						
	시	에	서	도		이		표	현		방	법	을		사	용	하	고	

4) 기타

① 항목별 나열 (한 칸씩 비우고 쓴다)

```
3 . 동 시 란    무 엇 인 가    알 아    보 자
  (1)  언 어 로    된    노 래 이 다 .
  (2)  행 과    연 으 로    짜 여 져    있 다 .
  (3)  음 악 적    리 듬 감 이    있 다 .
  (4)  느 낌 이    담 겨    있 어    감 동 이    있 는
      글 이 다 .
```

② 소 항목 표제 또는 단락 표제 표시
   (한 칸 또는 두 칸 들여 쓴다.)

```
  ② 체 험 에 서    얻 는 다 .
 지 난    날 에    겪 었 던    일    가 운 데 에 서    얻
을    수    있 다 .  일 상    생 활 의    여 러    가 지
경 험 을    통 하 여
```

(2) 산대놀이

　산대란, 무대 시설이 없던 옛날에 산처럼 높다랗게 대를 쌓고, 그 위에서 놀이나 연극을 할 수 있게 차린 임시 무대이다.

제6절 독후감 쓰기 지도

1. 독후감이란

　독후감이 무엇인지 모르는 사람은 없을 것이다. 한마디로 말하면 책을 읽고 그 느낌과 생각을 글로 쓰는 것이라고 할 수 있다. 책을 읽고 나서 할 수 있는 모든 활동을 독후 활동이라고 하고 그 중에서 글로 쓰는 것을 독후감이라고 한다.

　글로 쓰는 것, 책을 읽고 글로 쓰는 것, 책을 읽고 느낌과 생각을 글로 쓰는 것, 책을 읽고 인상 깊은 장면을 찾아 그 장면에 대한 느낌과 생각을 쓰는 것, 거기에다 읽은 책과 비슷한 내 경험이나 책을 읽고 떠오르는 내 경험도 써 보고, 주장이나 바람도 써 보고, 반성이나 결심도 써 보고, 책에 나오는 주인공에게 편지도 써 보고, 책을 쓴 작가에게 편지도 써 보고, 긴 글로도 써 보고, 시로도 써 보는 등 이 모두가 독후감에 해당되는 것이다.

2. 독후감에 대한 이해와 오해

　독후감은 아이들이 가장 싫어하는 갈래 글쓰기이다. 책을 읽는 것도 힘든데 그것을 글로도 써야 하니까 당연히 싫어하는 것이다. 그 까닭은 아이들이 좋아하는 책을 읽히기보다는 공부하는 책을 강요한 어른들 탓이 적지 않다.

　이 책을 읽으면 아이가 똑똑해지니까, 이 책은 역사에 대한 지식이 있으니까, 등의 까닭으로 수십 권짜리 전집을 들이밀면 아이들은 그 책이 주는 위압감에 숨이 막힌다. 그런데 그 책을 억지로 겨우 읽고 나면 어땠니? 재밌니? 하고 어른들은 물어본다. 그리고는 당연히 독후감을 써 보아야 한다고 생각한다. 책을 많이 읽으면 독후감은 저절로 써지는 줄 알지만 읽기와 쓰기는 별개의 기술이다.

　독후감은 책을 잘 읽기 위한 것이지 독후감 자체가 목표가 되어서는 안 된다. 그러니 독후감을 멋지게 잘 써야 한다는 생각은 아이에게 책을 싫어하게 되는 빌미까지 주고 만다. 책을 읽고 나서 저절로 참지 못해서 터져 나오는 아이의 말과 생각자체가 바로 좋은 독후감이다. 그것을 글로 옮겨 쓰는 것을 독후감이라고 한다.

3. 독후감의 형식과 구성

　독후감은 정해진 형식이 없어야 하는 것이 옳지만 교육 목적상 일정한 형식이 필요하다. 중요한 것은 이러한 형식이 아이들에게 필요한 것이 아니라 아이들에게 독후감을 쉽고, 잘 표현하게 할 수 있도록 지도하는 지도교사용이다. 아이들은 자신이 읽고 난 것을 표현한 후 이것들이 쌓이면서 자연스럽게 독후감 형식을 터득하게 된다.

좋은 글이란 특정 요소에 의해서 이루어지는 것이 아니라 관점, 분석 태도, 글 전체 구성이나 논리 설정과 추론, 자기화 된 배경지식 등 모든 것이 종합적으로 드러나게 쓴 글이다.

(1) 형식

① 초점을 맞추어 쓴다.
② '주제목 + 부제목'의 이행 제목 형식을 취한다.
③ 200자 원고지를 사용한다.
④ 분량은 7~10매가 적절하다.

(2) 구성

1) 처음 부분(서언)
   : 처음 부분에는 가능한 한 다음과 같은 요소가 포함되게 쓴다.
① 읽은 책의 기본적 서지 정보(저자, 서명, 발행사항 등)
② 독서의 동기
③ 저자 소개
④ 읽는 동안의 독서관련 일화 또는 독후의 감흥
⑤ 책 내용의 체제 또는 구조
⑥ 책의 외형적 특성(활자, 인쇄상태, 제본 상태 등)

2) 가운데 부분(본문)
   : 가운데 부분에는 다음과 같은 요소를 소감을 첨부하여 포함할 수 있다.
① 내용의 전체 개관
② 주제 소개
③ 등장인물 소개
④ 사건과 배경으로 이루어지는 특정 장면 소개
⑤ 특정 지식에 대한 소개
⑥ 시의 인용(전문 또는 특정 연)
⑦ 인상 깊은 어구나 어휘 소개
⑧ 책의 체제와 편집 상태
⑨ 머리말이나 해설의 소개
⑩ 기타 이야깃거리 소개

3) 마무리 부분(결언)
: 마무리 부분에는 경험, 희망, 주장, 계획, 결심, 반성, 비전 제시 등 자신의 소감들을 종합적으로 정리한다.

【독후감 쓰기의 예】

큰 제목(독후감 제목) : 민들레가 된 강아지 똥
작은 제목('읽은 책 제목'을 읽고) : '강아지 똥'을 읽고

- 첫 부분 쓰기 -
① 읽게 된 동기와 과정
  예 : 서점에 갔었는데 '강아지 똥'이라는 제목이 웃겨서 사 가지고 집에 오자 마자 읽었다.
② 처음 표지나 제목을 보았을 때 짐작했던 내용
  예 : 제목을 보니 강아지가 똥을 많이 누어서 더러운 이야기일 것 같았다.
③ 읽어보니(누가 무엇 하는 이야기였다)
  예 : 그런데 읽어보니 강아지 똥이 민들레꽃을 도와주는 이야기였다.

- 가운데 부분 쓰기 -
인상 깊은 줄거리와 그 줄거리에 대한 느낌, 생각 (위인전이나 과학책일 경우에는 새로 알게 된 사실과 그에 대한 느낌, 생각도 쓴다)
① 인상 깊은 줄거리
  예 : 참새와 흙덩이가 강아지 똥에게 더럽다고 하니까 강아지 똥이 울었다.
② 느낌, 생각
  예 : 강아지 똥은 원래 더러운데 우는 게 이상했다. 나도 강아지 똥이 더럽다고 생각했는데 그때도 강아지 똥이 울었을까.
③ 인상 깊은 줄거리
  예 : 흙덩이가 강아지 똥에게 하느님은 쓸모없는 것은 하나도 만들지 않았다고 했다.
④ 느낌, 생각
  예 : 그래도 강아지 똥은 더럽기만 한데 어디에 쓰는지 모르겠다.
⑤ 인상 깊은 줄거리
  예 : 강아지 똥이 봄에 민들레를 도와주어서 민들레꽃이 피었다.
⑥ 느낌, 생각
  예 : 강아지 똥이 민들레꽃으로 바뀐 것 같다. 그래도 강아지 똥이 쓸모 있게 되어서 잘된 것 같다. 이제부터는 강아지 똥 보고 더럽다고 안 해야겠다.

- 마지막 부분 쓰기 -

① 읽은 책과 비슷한 경험
    예 : 나도 작년에 진수가 연필 안 가져와서 선생님한테 혼나려고 했는데 내가 빌려주어서 받아쓰기를 백 점 맞았다. 나도 백 점 맞아서 기분이 더 좋았다.
② 주장이나 바람
    예 : 나도 강아지 똥처럼 남을 도와주어야겠다. 그리고 강아지 똥이 민들레랑 사이 좋게 지냈으면 좋겠다.

4. 독후감을 쓸 때 주의해야할 오류의 사례

(1) 주제목

예) 교육적 가치가 있는 '내친구 왕뚜껑'을 읽고
    : 너무 포괄적이고 추상적임.
예) 그림책과 어린이 정서
    : 모든 그림책을 의미하는 것이 아니므로 특정도서를 지칭해야 함.
예) 아이들의 일상을 그린 동화
    : 모든 창작 동화는 아이들의 일상을 나타냄.

(2) 책소개

본문에서는 반드시 책의 제목, 저자, 출판사 등 도서의 기본 정보를 다시 한번 써준다.

예) 한 폭의 수채화처럼 투명하고 정겹게 느껴지는 이야기들로 구성된 이 책은 현재 활발하게 활동 중인 아동 창작동화 작가 15인의 대표작이라 할 수 있는 작품들로 구성 되어 있다.
: 표현의 중복, 숫자와 '인'은 어울려 쓰지 않음.
예) 우리나라 고전소설 중 대표적인 판소리계 소설 4편이 실린 '재미있는 우리 고전1'을 읽었다.
: 4편 모두 판소리계 소설이 아님.

(3) 제목 구분

"내 친구 왕뚜껑" ⇒ 전체서명(대표서명)
'내 친구 왕뚜껑' ⇒ 개개의 작품(개별서명)

(4) 인용

" " ⇒ 직접 인용(말투, 억양, 분위기까지 그대로 전달할 때)
' ' ⇒ 간접 인용(누군가 한 얘기를 요약할 때)

(5) 문장의 호응

— 문장 구조상의 오류가 발생하지 않도록 바른 문장 구조 규칙을 알고 그에 따라 적어야 한다. 주어, 서술어가 있어야 하고, 수식어는 피수식어 앞에 와야 하며, 그 밖의 시제, 높임법 등이 규칙에 맞아야 한다. 그리고 단어의 의미를 정확히 익혀 바르게 써야 한다.

1) 성분 호응상의 오용

예) 시골이란, 사람마다 가지고 있는 이미지가 틀릴 것이다.
예) 정서와 문화가 다른 우리 어린이들이 일본의 이야기를 주제로 한 이 동화는 끝 부분에서 암시적 교훈을 주지만, 공감대가 크게 작용되지는 않는 것 같다.
예) '내동무 찔찔이'는 아이들의 순수한 마음을 있는 그대로 표현함을 엿볼 수 있었다.
예) 그림은 전반적으로 사실적이고 동양적인 분위를 느꼈다.
예) 어린이들에게 부모에 대한 공경을 알고…
예) …는 기존의 고전과는 달리 아이들이 쉽고 재미있게 알 수 있도록 보여주고 있다.
예) 동화 '별이 간직한 소리'에서는 할머니의 마음을 헤아려 주는 비교적 갈등이 적은 이야기다.
예) 우리 어린이들이 동화 '찌레르기의 비밀일기'를 읽고 소풍을 간다면, 소풍장소에서 한 번쯤은 나뭇가지를 쳐다보면서 찌레르기가 우리를 내려다보고 있을 것이라는 생각을 들게 만들 것이다.
예) 오늘날에 와서도 이 작품이 공감이 되는 것은 그때나 지금이나 인생은 그런 것이라는 법칙을 이야기해 주는 듯하다.

2) 접속 구조의 오용

예) 길을 다니거나 놀 때 사고 위험이 많다.
예) 이준연의 동화 '바람을 파는 소년'은 고향과 전통문화에 대한 애착이 강한 만큼 사라져 가는 우리 것에 대한 진한 향수이며, 조국을 향한 뜨거운 열정을 가질 수 있다.
예) 대학은 지성의 전당이며, 우리는 지성의 전당에서 역사의 왜곡에 분노했다.

3) 조사와 어미의 오용

예) 나의 어린 시절 읽던
예) 학원을 빠지다
예) 원서 접수는 5일까지 마감한다.
예) 그의 인기에는 조금도 흔들림이 없다.
예) 내 아이만큼은 잘 키울 것이니 교육만큼은 제게 맡기세요.
예) 청소년들조차도 그런 풍조에 만연되었다.
예) 그 빛들이 우리의 모여 있는 곳의 어둠을 몰아낼 수 있도록
예) 이렇게 지도함으로서 그 문제가 쉽게 해결되었다.

4) 피동법(최대한 축약형으로 표현)과 사동법, 높임법, 시상 표현의 오용

예) 힘이 세어지고
예) 작품이 소개되어진다
예) 이야기가 전개되어진다
예) 마음이 보여진다
예) 상상이 표현되어졌다
예) 선악구조로 이야기되어지는
예) 기록되어져 있다
예) 생각되어진다
예) 이런 일들이 극복되어져야 할 것이라고 생각되어진다.
예) 아이들에게 무료로 교육시켜 드립니다.
예) 선생님께서 너보고 오시래.
예) 앞으로 나와 주시기를 바라겠습니다.

5) 단어 사용의 오용

예) 이 작품의 시대 상황이 요즘과 틀려서 어린이들의 정서에 맞지 않다.
예) 숨진 참사자들의 넋을 기리고

6) 모호문

예) 돈 때문에 행복했던 나리를 해친 범인은
예) 아들은 나보다 책을 더 좋아한다.
예) 사과와 귤 두 개를 가져 왔다.

7) 외래 어법의 남용

　예) 마음에 잔잔한 파문을 일으킨 '하나님의 빨래'라는 동화는 특별히 나로 하여금 연속해서 두 번이나 읽게 했다.
　예) 많이 먹음으로 인하여 생기는 병들
　예) 요즘 많은 청소년 문제가 심각해지고 있다.
　예) 저 건물 뒤에 위치하고 있다.
　예) 아무리 강조해도 지나침이 없다.
　예) 지도를 필요로 한다.

8) 부사의 오용

　예) 드디어 청이는 인당수에 몸을 던졌고…
　예) 너무 신선한 느낌이 들었다

9) 의미의 구별이 필요한 표현

　예) 저학년에게는 아직 빠르다
　예) 같은 동화라도 읽는 이에 따라 느낌이 틀린다
　예) 효성으로서 눈을 뜨게 했다

10) 부적절한 표현

　예) 앞으로 좋은 책이 나오길 바라겠다(바라고 싶다, 기대하고 싶다)
　예) 주인공은 돌쇠가 아닌가 싶다
　예) ~것은 안 좋은 것 같다
　예) 현재 활발하게 창작 활동을 하고 있는~
　예) 15인의 작가들의 작품

11) 바로 써야 할 말

　예) '마사코의 질문' 같은 동화에서는~
　예) 우리 어린이들의 경우는 어떨까?
　예) 3/4학년을 위한 단편 동화 모음집이다

12) 중복 표현

　예) 고전책
　예) 새로운 신선함을 준다

예) 편견된 마음으로~
예) 수채화로 그림 그린~
예) 아동기 시기에는~

13) 오류 문장

예) 소모가지는 '목'의 속된 말로 적당한 표현이 아니다
예) '재미있는 우리고전 1'은 4편의 판소리계 소설을 묶은 책이다

14) 비표준어

예) 바램	예) 부시시
예) 산오똑이	예) 귀걸이
예) 저지난달	예) 으시대다
예) 두리뭉실하다	예) 안절부절하다
예) 주책이다	예) 깡충하다
예) 희노애락	예) 짖굳다
예) 어쨋든	예) 관심 받고 싶어 하는
예) 하지만	예) 근데
예) 메세지	예) 블럭
예) 텔레비젼	예) 수퍼
예) 커트	예) 빠리

5. 독후 감상문 쓰기 지도의 다양한 접근

(1) 책 소개하는 쪽지나 엽서 쓰기

책을 읽은 후 그 소감을 자유롭게 쓰는 글이 독후 감상문이다. 그런데 독후 감상문을 일정한 형식을 갖추어 쓰는 전형적인 글로만 인식하고 있는 한, 독후 감상문 쓰기가 그다지 자유롭고 즐거운 일 만은 아니다. 어떤 형식에 매이지 않고 그저 가까운 사람에게 말하듯이 쓴다면 좀 더 부담 없이 쓸 수 있을 것이다.

손바닥만한 쪽지를 주고서 읽은 책에 대해 간단한 소감을 써서 가까운 사람에게 전한다고 생각하면 넓은 여백에 질려왔던 아이들은 가벼운 마음으로 즐겁게 쓸 수 있다.

아이들이 좋아하는 그림이 들어있는 엽서를 준비했다가 가까운 사람에게 자기가 읽은 책을 소개하는 내용을 써서 보내는 방법도 있다.

글을 쓰는 동기가 확실하면 보다 적극적인 자세로 글을 쓴다. 게다가 자기 글을 읽을 대상이 분명하면 글쓰기가 훨씬 편안하다.

그러므로 우선, '만약 이 책을 어떤 사람에게 권한다면 너는 누구에게 읽어보라고 하고 싶니?' 또는 '이 책을 꼭 읽어야 할 사람이 있다면 누구일까?'라는 질문을 하여 책을 권하고 싶은 사람을 정하는 것이다. 그런 다음, 소개하려는 책을 그 사람이 꼭 읽어 보고 싶도록 하자면 어떤 내용들을 쓰면 좋을 것인지 생각해 보게 하고 그 내용을 엽서에 써서 부치면 된다.

짧게 쓰는 글이지만 부담 없이 즐겁게 쓸 수 있을 뿐 아니라 자주 반복하다 보면 핵심적인 내용을 뽑아 효과적인 방법으로 표현하는 능력을 기를 수 있다.

(2) 저자에게 편지 쓰기

독서는 곧 저자와의 대화이다. 독서가 책 읽기를 통해 저자의 이야기를 듣고 저자와 이야기를 나누는 것이라면 책을 읽고 쓰는 독후 감상문의 내용 역시 저자와의 대화, 저자의 의견이아 주장에 대한 자신의 의견이 핵심이 되어야 할 것이다.

저자와의 대화가 이루어지기 위해서는 먼저 저자에게 질문을 제기할 수 있어야 하는데 저자의 의견을 무비판적으로 수용하는 비주체적인 태도를 가지고는 접근하기 어렵다. 책을 읽으면서 의문이 생겼을 때 저자에게 묻는 형식으로 편지글을 써보게 하는 방법이 있다. 책 속에 나오는 인물이나 사건에 대한 의견이나 느낌도 저자에게 쓰는 편지글 형식으로 쓰게 할 수 있다. 가능하면 쓴 편지를 실제로 부치는 것이 좋겠지만 사정에 따라 굳이 부치지 못해도 그 활동의 가치는 충분하다.

저자에게 질문하고 자신의 의견을 석극적으로 세워가는 편지 쓰기를 하면 아이들은 더욱 더 능동적인 태도로 독서하게 되고 아이들 스스로 자신의 관점을 주체적으로 형성해갈 수 있다.

(3) 등장인물 평가하는 글쓰기

이야기글에는 반드시 등장인물이 있다. 각 인물에는 특정한 성격이나 역할이 있는데 그 성격과 역할이 갈등을 빚어내고 사건을 만들어 가므로 독서에서는 인물을 이해하는 것이 참 중요한 활동이다.

독후 감상문을 쓸 때 등장인물에 초점을 두고 자신의 생각을 정리하여 진술하는 인물 평가하기 식의 글을 써 보게 할 수 있다. 이런 활동은 논술력을 높여 주고 독서 비평글 쓰기의 바탕이 된다. 등장인물의 성격은 책 속에 묘사된 인물의 모습이나 말씨 그리고 이름 등을 통해 직접 나타나기도 하지만 사건에서 취했던 행동이나 말을 살펴서 그 성격을 파악할 수 있게 된다. 등장 인물이 취했던 행동이나 말들을 뽑아 낸 다음 왜 그런 행동을 취했는가 하는 의문을 갖고 질문 거리를 찾아내는 것부터 시작해서 다양한 관점에서 그 행위를 비평해 보는 것이 핵심이다.

독서 토의 활동 과정에서 역할을 나누어 각자 맡은 인물의 대변자가 되어 말해 보게 하면 인물에 대한 이해를 높일 수 있고 동시에 인물을 객관적으로 비평할 수 있게 하는 기회가 되기도 한다. 또 책 속에서 만난 인물과 비슷한 유형의 인물을 우리 주변에서 찾아보게 하고 비교해 보는 방법으로도 그 인물을 비평해 볼 수 있다.

책 속의 '인물' 외에도 '사건'이나 '시대 배경' 등에 초점을 맞추어 자신의 의견을 쓰는 독후 감상문 쓰기로 유도해 볼 수도 있다.

(4) 기억하고 싶은 문장 모으기와 의미 찾기

좀 더 적극적인 독서로 유도하기 위해서 독서하는 중간에 메모하는 습관을 길러주면 좋다. 책 여백을 이용해서 기록해 두거나 책에 직접 밑줄을 치고 표시할 수 있지만 접착 메모지(포스트 잇)를 이용하는 것이 좋다. 독서 도중에 한 메모가 독후 감상문 쓰기로 이어지기 쉽게 해 주고 또 이것은 독서 도중에 책갈피 구실도 해서 편리하다. 책을 읽는 도중에 생기는 의문, 순간적으로 머리에 떠오르는 생각이나 느낌 등을 메모하고 의미 있거나 멋있는 문장, 기억하고 싶은 문장 등도 뽑아서 기록하게 한다. 그 때 관련된 책의 쪽수도 표시해 둬야 편리하다.

책을 읽고 난 뒤 책에서 뽑은 문장에 대해 글을 써 보게 한다. 그 문장이 무슨 뜻인지, 왜 그 문장을 좋다고 생각하는지, 저자는 어떤 의도에서 그 문장을 썼는지, 만약 대화 속에 나오는 문장이라면 어떤 상황에서 나온 말인지 파악해 보며 자신의 생각을 전개해서 글을 써 보게 하는 것이다. 이런 글쓰기는 진지한 독서 행위로 이끌어 작품에 대한 이해를 높이고 좋은 문장 맛보기를 통해 표현력을 키워주기도 한다.

6. 독후감의 보기글

'강아지 똥'을 읽고

3학년

'강아지 똥'이란 글을 읽었다. 특별히 재미있었던 부분은 흙과 강아지 똥이 다투기도 하며 사과도 하는 대화글이 재미있었다.

처음에 이 글을 읽을 때는 '강아지 똥'이란 말이 나와서 더러웠는데 차차 읽으니 대화글이 아주 재미있었다.

마지막에 강아지 똥은 민들레의 거름이 되어 주어서 민들레는 예쁜 꽃을 피울 수 있었다. 아주 더러운 강아지 똥도 민들레의 거름이 될 수 있다는 것을 알았다.

나는 사람도 얼굴을 보아서 얼굴이 밉다고 싫어하지 말고 마음을 보아야 한다는 생각을 했다.

착하고 예쁜 소녀 하나에게
- '분홍 손수건'을 읽고 -

2학년

하나야, 안녕?

날씨가 너무 더워서 친구들과 축구도 할 수 없고 오늘은 방에 길게 누워 '분홍 손수건'이라는 책을 나 혼자 낄낄 웃으며 너무 재미있게 읽었단다.

하나야!

난 오늘 널 만남으로써 많은 것을 생각하게 됐어. 난 너보다 나이는 어리지만 누나라고 부르기는 싫고 하나를 친구하고 싶어.

하나야, 말더듬이이지만 착한 석우……. 그런 석우를 준화와 그 친구들이 놀릴 때는 나도 모르게 주먹이 불끈 쥐어졌단다.

너가 바닷물에 빠졌을 때 난 고래밥이 되는 줄 알았어. 하지만 착한 석우가 널 구해 주었을 때 난 안도의 한숨을 쉬었단다.

하나야, 아빠께 주려고 만든 예쁜 손수건을 석우한테 주었을 때 난 정말 감동했어. 내가 하나에게 선물을 받는 기분이었어.

하나야, 지금은 하나와 엄마 사이가 어떻게 됐을까? 궁금하지만 난 분명히 믿어. 하나는 착하니까 엄마를 이해하고 서로 사랑하고 아끼는 사이가 되었을 거라고…….

나도 하나처럼 밝고 착하게 자라도록 노력할게.

그럼 안녕!

친구 ○○ 씀

'나의 라임오렌지 나무'를 읽고

이 책은 형이 숙제로 읽고 난 뒤 내가 읽게 되었다.

이 작품의 주인공은 5살짜리 꼬마 '제제'다. 대개 그 나이란 한창 가족의 사랑을 받으면서 무럭무럭 자랄 나이이지만 제제는 그렇지가 못하다. 그의 집안은 더할 수 없이 가난하고, 더욱이 아버지는 실업자다.

3남 3녀의 형제 중에서 유일하게 '아무짝에도 쓸모없는 지독한 말썽꾸러기' 취급을 받는 그는 가족들로부터 매질과 증오와 멸시를 받는다. 그래서 단 하루도 무사히 넘기는 날이 없을 정도. 크리스마스에는 선물 하나 받지 못하는 제제는 '아기 예수는 부잣집 아이들만 좋아한다.'고 한탄한다.

그러나 제제는 어두운 현실에 절망하기보다는 마음속의 작은 새와 라임오렌지 나무를 친구삼아 이야기하는 과정을 통하여 슬픔은 나누어 갖고 기쁨은 더불어 누리게 된다. 그러는 가운데 따스한 우정과 사랑을 나누어 주는 사람들을 하나 둘 만나게 된다. 막내누나와 동생, 아라오발도 씨, 뽀르뚜까가 그들이다. 그러나 아름다움을 알게 되면 아름답지 못한 것도 알고, 기쁨을 알게 되면 슬픔을 느끼듯이, 사랑하는 사람들을 만나자마자 떠나보내야 하는 아픔을 겪게 된다. 그러면서 제제는 철이 들고 성장하는 것이다.

나는 이 책을 읽고 왠지 허무함을 느낀다. 인생이란 어린 시절에 동심을 느끼며 살다가 그것을 떠나 철이 들며 많은 아름다움을 떠나보내며 살고 결국은 모든 것이 흘러가는 강물처럼 지나가고 오직 허무함만 남는 것이라고.

7. 독후감 지도법의 실제

독후감은 독후감에 대한 개념 잡기부터 독후감 한 편을 써 보는 것까지 모두 8차시에서 10차시에 걸쳐서 수업을 전개하는 것이 적절하다.

【1차시】

1) 독후감이란
  - 독후감이 무엇인지 각자 생각을 돌아가면서 말한다.
  - 교사가 독후감이 무엇인지 정리해 준다.

2) 독후감 쓰기
  - 동화 한편을 읽고 자기가 알고 있는 대로 자유롭게 독후감을 쓴다.
  - 형식, 내용, 분량을 마음대로 쓴다.
  - 돌아가면서 읽는다.

3) 다음 시간부터 독후감을 제대로 배우자고 한다.

【2차시】

1) 인상 깊은 장면과 느낌 생각 쓰기
  - 동화 한편을 읽는다. (저학년은 짧은 동화 고학년은 긴 단편동화)
  - 인상 깊은 줄거리는 그림으로 그려도 되고 글로 써도 된다. 5,6학년쯤 되면 그림 그리는 것을 더 괴로워한다.
  - 이것을 글로 이어서 쓰게 한다. 살을 붙여서.

【3차시】

1) 책을 광고해 보아요.

- 동화 한편을 읽는다. 그림책도 좋고 동화도 좋다.
- 책을 파는 사람이 되어서 책 광고지를 만든다.
- A4용지를 한 장씩 나누어주고 크레파스와 색연필로 꾸민다.
- 신문에 삽지 광고지로 들어오는 것을 참고로 해도 되고 신문광고를 참고로 해도 좋다.

【4차시】

1) 독후감 구성

- 처음, 가운데, 끝이라는 삼단 논법을 가르친다.
- 논설문에서는 서론 본론 결론이지만 독후감에서는 처음, 가운데, 끝으로 구성.

2) 제목 쓰는 법

- 동화 한편을 읽는다.
- 큰 제목 작은 제목 쓰는 법을 가르친다. 큰 제목은 독후감 제목이다. 작은 제목은 <'읽은 이야기'를 읽고>로 쓰면 된다.

3) 첫 부분 쓰는 법

- 동화 제목을 먼저 보여주거나 말해 준다. 책표지를 보여주는 것도 좋다.
- 어떤 이야기일 것 같은지 돌아가며 말하게 한다.
- 한 쪽씩 돌아가며 읽거나 읽어 준다.
- 첫 부분 쓰기 형식을 알려준다. 받아 적게 한다.
- 그 형식에 따라서 써 보게 한다.
- 돌아가면서 읽는다.

【5차시】

1) 창작, 전래 동화의 가운데 부분 쓰기

- 동화 한편을 읽는다.
- 인상 깊은 줄거리를 하나 쓴다. '다'자로 끝나는 완결된 문장으로.
- 그 줄거리에 대한 느낌, 생각을 쓴다. 줄거리는 두어 줄. 느낌, 생각은 다섯줄 이상으로 쓰게 한다.
- 또 인상 깊은 줄거리를 쓰게 하고 그 줄거리에 대한 느낌, 생각을 쓰게 한다.
- 또 한번 더 쓴다. 세 번까지 어려워하면 두 번만 써도 좋다.

【6차시】

1) 위인전, 과학책의 가운데 부분 쓰기

- 위인전이나 과학책을 읽는다.
- 인상 깊은 줄거리 하나를 쓰고 느낌, 생각을 쓴다.
- 새로 알게 된 사실을 하나 쓰고 느낌, 생각을 쓴다.
- 인상 깊은 줄거리나 새로 알게 된 사실 중에서 하나를 더 쓴다.

【7차시】

1) 독후감 마지막 부분 쓰기

- 동화 한편을 읽는다.
- 읽은 책과 비슷한 경험을 쓴다. 아이들은 같은 경험을 생각하기 때문에 비슷한 경험을 끌어내도록 유도해 준다. 경험은 내가 직접 겪은 직접 경험과 듣거나 보거나 읽은 간접 경험도 있다.
- 읽은 책에서 얻은 교훈이나 각오를 쓴다.
- 읽은 이야기에 대한 주장이나 바람을 쓴다.

【8차시】

1) 독후감 한편 완성하기

- 동화 한편을 읽는다.
- 지금까지 배운 독후감 지식으로 독후감을 쓴다.

【9차시】

자기가 1주일 동안 읽은 책 중에서 한 권을 골라서 독후감 써 본다.

【10차시】

1) 작가나 주인공에게 편지 쓰기

- 동화 한편을 읽는다.
- 작가나 주인공에게 편지를 쓴다.
- 편지 내용에는 동화 내용에 대한 이야기를 꼭 쓰도록 한다. 서로 안부나 묻고 끝나는 편지는 곤란하니까.

제7절 첨삭 지도
1. 첨삭 지도 사례

아래 글을 맞춤법과 독후감의 형식 및 구성에 맞게 첨삭지도 해 보세요.

```
                  짱구네  고추밭  소동을  읽고
                              ○학년    ○○○


      권정생선생님께서      지으신    창작동화    모
아  놓은  책  짱구네  고추밭  소동을  읽
었다.
      이  책에는    가난, 대항, 전쟁, 장애인에
대한    이야기가    나온다.
      대표적인    이야기들로는    빨간  책가방.
승규와    만규  형제, 쌀도둑 등  총 17 개의
이야기가    있는데, 나는    그중에서    빨간
책가방    이야기를    대표적으로    하자면, 가
정    형편이    어려워    약속을    지키지    못하
는    부모님을    이해    하는    영화와    영화의
사정을    잘  이해    해    주는    영화의    친구
들에게서    따뜻한    온정을    느꼈다.
      이책은  나도    읽었고    다른    많은  사람
들이    읽었겠지만    내    생각을    간단히    소
개  하겠다.
```

이 책은 권정생선생님께서 우리어린이들과 어른들에게 보내 주는 슬픔, 재미, 인정, 아름다움을 알게 해 주는 편지같은 이야기이다.

■ 퇴고 후 고쳐 쓴 글의 예

```
                <독후감>

           우리는  언제나  한  공동체
      - "짱구네  고추밭  소동"을  읽고 -
                     ○학년  ○○○


    권정생  선생님께서  지으신  창작  동화
를  모아  놓은  책  "짱구네  고추밭  소
동"을  읽었다.
    이  책에는  가난하지만  서로  돕고  사
는  사람들의  이야기,  옳지  못한  일에
힘을  합쳐  대항하는  이야기,  전쟁이  남
긴  슬픈  이야기,  장애인에  대한  이야기
등  총  17편의  이야기가  실려  있다.  슬
프지만  재미있는  이야기들이  많아서  마
치  우리  어린이들이나  어른들에게  보내
주는  아름다운  편지  같았다.
    이  책에서  내가  가장  재미있게  읽은
동화는  '빨간  책가방'인데,  다른  사
람의  심정을  잘  이해해  주는  따뜻한
정이  담긴  이야기이다.
    초등학교에  입학하게  된  주인공  영화
```

는 서울에 돈을 벌러 간 부모님을 몹시 기다린다.

 이유는 부모님께서 영화와 오빠의 책가방과 옷을 사 오신다고 하셨기 때문이다.

 그러나 부모님은 돈을 벌지 못해서 약속을 지키지 못했다. 그렇지만 영화는 그런 부모님을 이해하고 대신 할머니께서 사주시는 빨간 책가방과 학용품을 받았다.

 또 친구들에게 과자를 준다는 약속을 하고는 못 지킨 영화를 친구들은 따뜻하게 이해해 준다는 이야기이다.

 이 책은 가난해도 장애를 가진 사람이라도 우리는 언제나 한 공동체임을 느끼게 해주기 때문에 이 책을 지으신 권정생 선생님께 매우 감사드린다.

■ 제1장 글쓰기 지도의 기초 1-73

【예제 1】

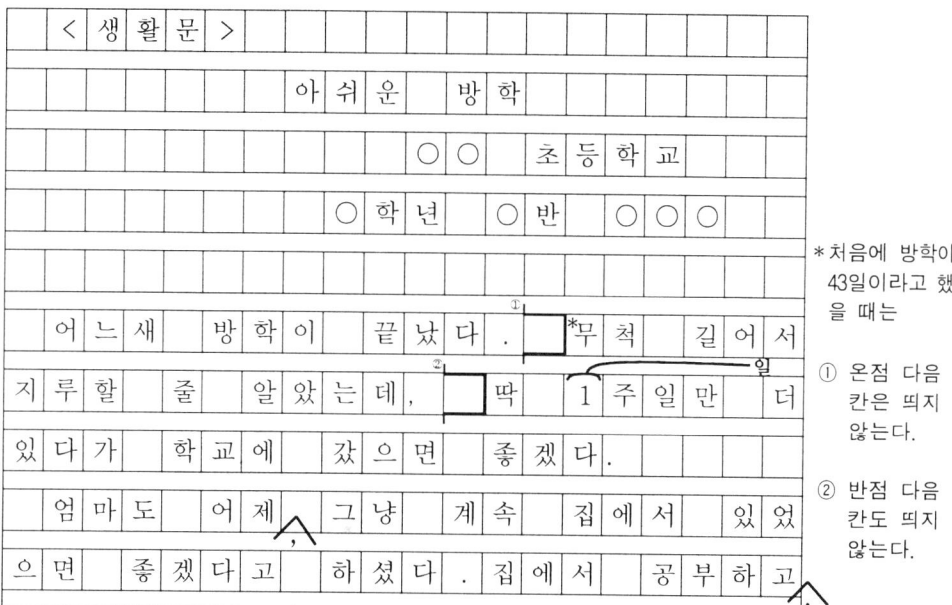

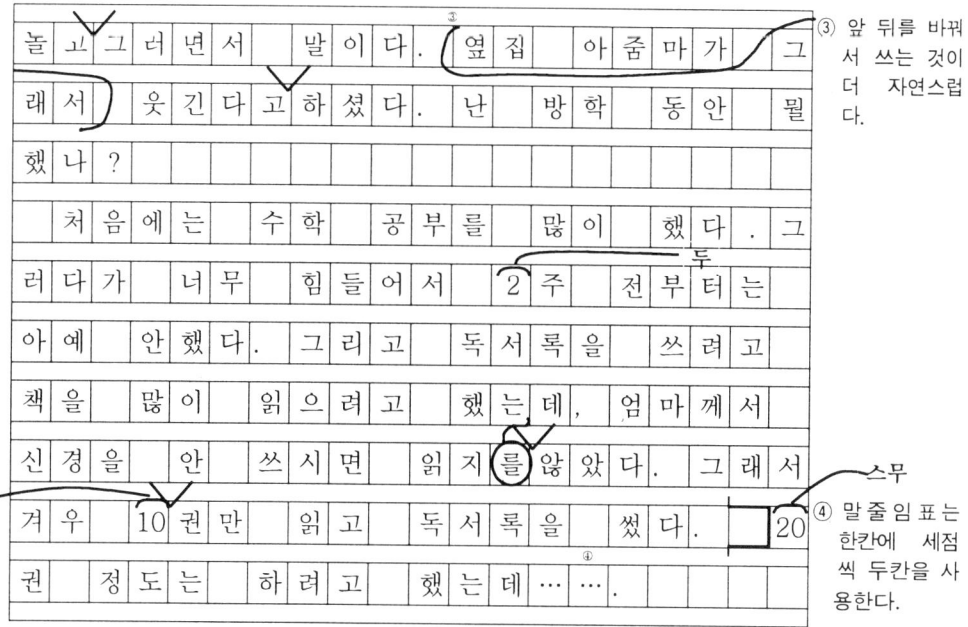

매일 tv(텔레비전) 보고, 농구하고, 동생이랑 놀았다. 방학 동안 내 동생은 내 얼굴을 제일 많이 보았다. 그래서 날 보면 장난도 친다. *이제는 내가 동생을 안아 줄 수도 있다. 학교 가면 학교에서 동생 얼굴이 생각날 것 같다. 다른 방학에는 박물관도 가고, 친척집에도 여러 번 갔을 텐데 이번에는 동생 때문에 그러지 못했다. 그 대신 인터넷을 배웠다. 내일 개학을 하면 친구들과 재미있게 지내고, 공부도 더 열심히 하고, 선생님 말씀도 잘 들어야겠다.

참, 비상연락은 한 번도 안 왔다.

- 'tv' → 텔레비전
- '가장'이란 표현이 더 어울린다.
- *동생의 행동을 좀 더 자세히 표현했으면 이해하기가 쉽다.

"우진아!"
내가 부르면,
"아부 아부 아부……."
하며 먹던 것도 팽개치고 내게 달려온다.

⑤ 내용이 달라지므로 문단을 나눈다.

⑥ 전체 내용과 어울리지 않는다.

【예제 2】

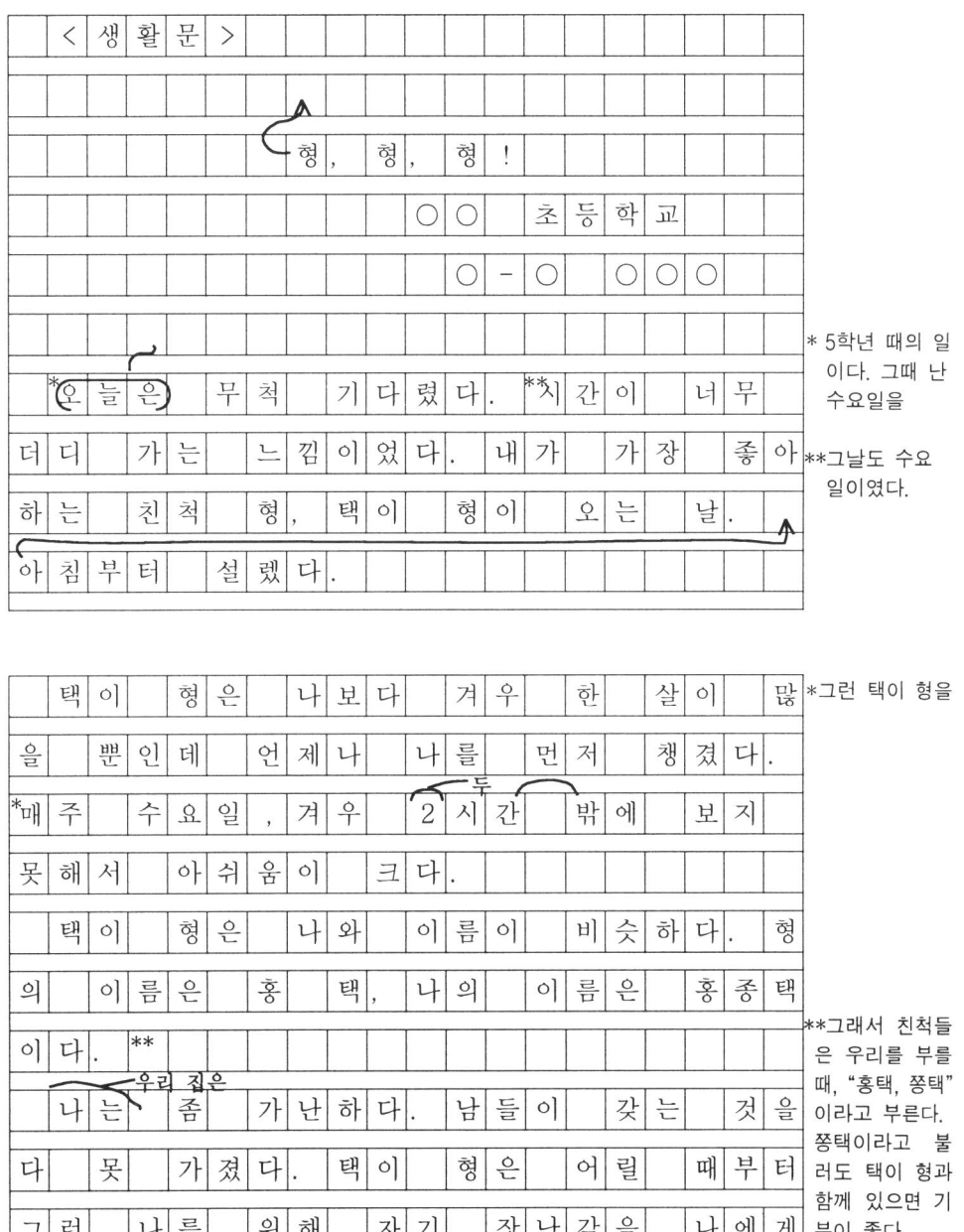

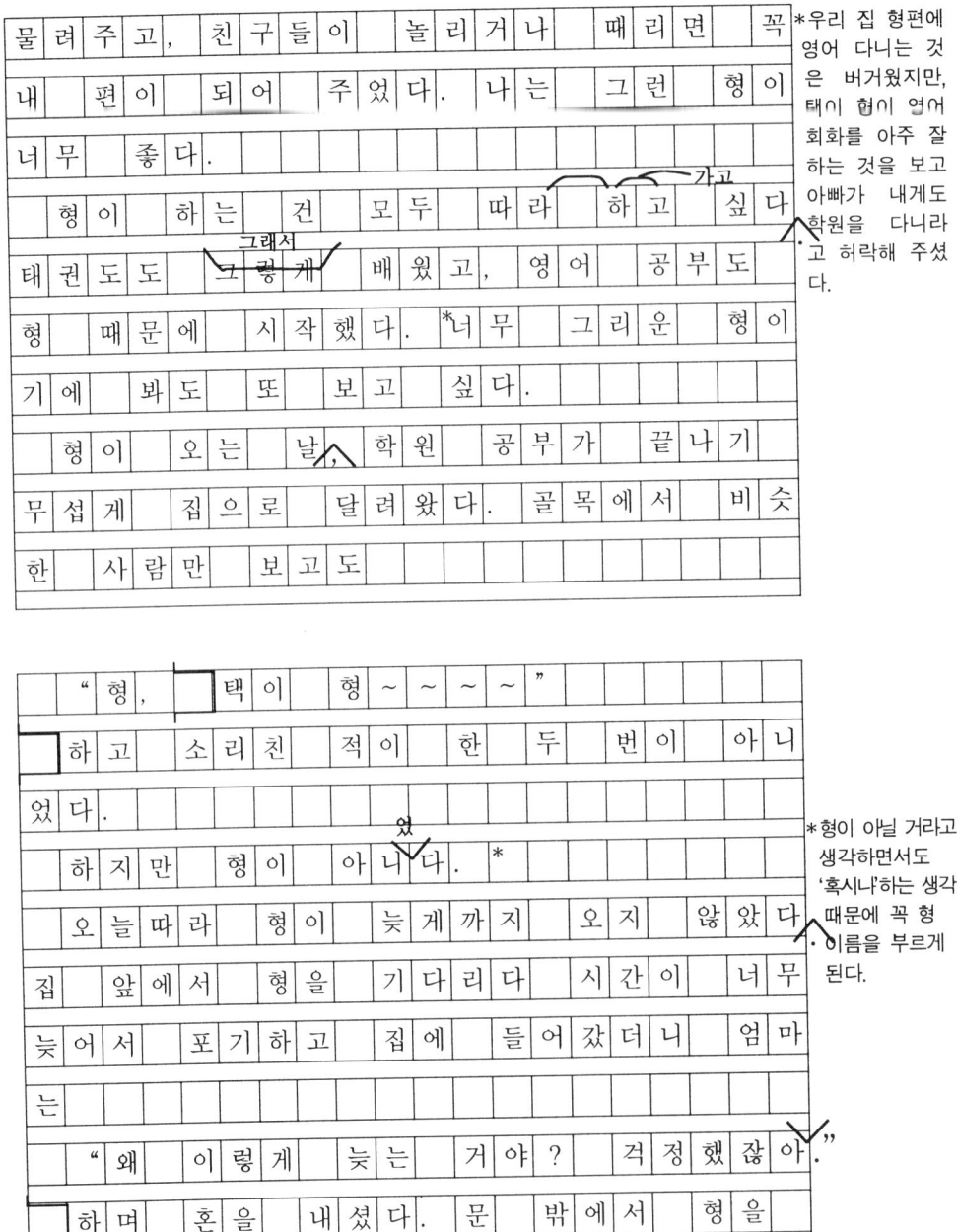

기다렸다고 말을 할 수가 없었다.
　한참을 지나서야 형이 대문을 열고 들어왔다. 난 너무 기뻐 어쩔 줄 몰라 괜히 형 주위만 뱅글뱅글 돌았다.
　하지만 형은 또 집으로 가야 한다. 눈물이 나오려고 했다.
　"울지마, 우리가 뭐 아주 헤어지니? 다음 주에 또 볼 거잖아."
　*한 살 많은 형 같지 않게 날 위로해 주었다. 매주 있는 일이지만 너무 속상했다. 그렇게 우린 매주 수요일만 손꼽아 기다렸다.

　'따르릉'
　전화벨 소리가 들려왔다. 내가 받았다. 작은아버지 목소리였다.
　"종택아, 엄마 좀 바꿔 주렴."
　"네!"
　나는 엄마를 바꿔드렸다. 나는 택이 형에 관한 이야기가 아닐까 싶어서 옆

*"형, 아예 우리 집에 살면 안될까?" 소용없는 말이지만, 꼭 이런 말을 하고 만다. 내 말에 형은 내 손을 꼭 잡아 주었다.

에서 엿들었다.
 그런데 아주 충격적인 이야기였다.
 "네에? 꼭 가야 하나요? 섭섭해서 어떡해요."
 엄마 목소리가 흐려졌다. 가다니, 어딜 간단 말인가? *난 수화기에 귀를 더 가깝게 댔다. 엄마는 귀찮은지 아에 날 바꿔주었다.
 "작은 아버지! 어디 가신다구요?"
 "어, 종택이구나. 우리 가족이 모두 멕시코로 이민을 가기로 했다."
 숨이 멎는 줄 알았다. 멕시코, 처음엔 멕시코가 어디에 붙어있는지 생각도 나지 않았다.
 "작은 아버지, 정말 멕시코로 가는 거에요? 아니죠, 정말 아니죠!"
 "종택아, 멕시코에서 살 거야. 일주일 후에 떠난단다."
 나는 수화기를 떨어뜨리고 울고 말았다.*

*가슴이 콩닥콩닥 뛰었다.

*아무것도 하기 싫었다. 왜 형은 나한테 한 마디도 하지 않았을까, 섭섭했다.

일주일은 아주 빠르게 지나갔다. 택이 형은 준비할 것이 많아서 겨우 한 번밖에 만나지 못했다. 언제 만날지도 모르는데 말이다.
　*터털터털 집으로 가 보니 썰렁했다. 학교를 빠지고 공항에 가겠다고 우겼지만, 아버지는 허락하지 않으셨다.
　전화가 왔다. 택이 형이었다.
　"종택아, 울지 말고 형이 자주 전화할게. 다음에 오면 너희 집에 가장 먼저 갈게. 다음에 보자……."
　아직도 그때 그 목소리가 귀에 쟁쟁하다. 가끔 전화로 서로의 안부를 묻고, 인터넷으로 서로의 소식을 주고받지만, 일주일에 한 번씩 만나던 그때 그 시절과는 비교도 안 된다.
　언제 만날지 모르지만 오늘도 난 형을 그리며 힘차게 살고 있다.

*택이 형이 멕시코로 떠나는 날,

【예제 3】

 우리말은 발음과 표기법에서 있어서의(→있어서) 과학적인 우수성을 세계적으로 인정받고 있다. 그런데 요즘은 우리는 그러한 훌륭한 문자를 바르게 사용하고 있지 않다. 우리 사회에는 어려운 한자어, 일본어의 찌꺼기가(잔재가→찌꺼기가) 남아 있고 근래에는 서양말이 범람하고 있다. 이러한 현실에서 우리는 우리말을 아끼고 사랑하는 방법을 세 가지로 나눠 볼 수 있다. 살펴보고자 한다.

 한자어는 반드시(반듯이→반드시) 써야 하는 경우에만 쓴다. 우리나라는 일본, 중국과 함께 한자 문화권에 속해 있어 한문 사용을 거의 생활화하고 있다. 그러나 이 한자는 산골 지방 사람들이나 농민들이 읽기가 쉽지 않고 인쇄하기도 힘들다. 한자는 동음 이의어를 구별할 때에만 우리말과 함께 써야 할 것이다. 그리고 일본어의 찌꺼기를(잔재를→찌꺼기를) 없애야 한다. 우리나라에서(우리나라가→우리나라에서) 일제 강점기 하에 있었을 때 강제로 사용되었던 말들이 지금도 많이 남아 있다. 일본식 표기법인 '국민학교(→초등학교)'로 고쳤다. 이와 같이 일본말의 잔재는(→찌꺼기는) 정부 차원에서 없애야 할 것이다.

　그 다음 서양말을 우리말과 혼용하지 말아야 한다. 요즈음은 국제화 시대라고 하여 외국말을 많이 배운다. 그런데 이 외국말을 한국식 발음으로 고쳐서 우리말처럼 사용하는 것은 바람직하지 않다 우리말만으로도 충분히 의사소통이 가능한 경우에는 서양말을 쓰지 말아야 한다.

　우리말을 사랑하는 길은 어려운 한자어, 서양어, 일본어의 잔재를(→찌꺼기를) 없애고 바르고 고운 우리말을 사용하는 것이다.

　우리가 우리말을 아끼고 사랑할때, 우리말이 더욱 빛이 나게 되고 민족 문화 발전에도 기여할 것이다.

제2장

갈래별 글쓰기 지도

제1절 글쓰기 교육의 올바른 길

1. 글쓰기 교육의 목표

올바른 글쓰기 교육을 하려면 먼저 교육의 목표를 확실하게 잡아 두어야 한다.

글쓰기 교육의 목표는 아이들을 정직하고 진실한 사람으로 키우는 데 있다. 곧 아이들의 삶을 가꾸는 것이다. 글을 쓸 거리를 찾고 정하는 단계에서, 쓸 거리를 생각하고 정리하는 가운데서, 실제로 글을 쓰면서, 쓴 것을 고치고 비판하고 감상하는 과정에서 삶과 생각을 키워가는 것이 목표가 되어야 한다. 어떻게 하면 소박하고 솔직하고 아름다운 마음을 잃지 않도록 할까? 풍부한 느낌을 가질 수 있게 할까? 사물의 참 모습을 붙잡게 할까? 사람다운 행동을 하게 할까? 창조하는 태도를 가지게 할까. 이런 것이 목표가 된다. 참된 사람, 민주주의로 살아가는 사람을 기르는 데 글쓰기는 가장 좋은 수단이 되는 것이다.

글쓰기는 참으로 귀한 수단이다. 목표는 사람이고, 아이들이고, 아이들의 목숨이고, 그 목숨을 곱게 싱싱하게 피어나게 해 주는 것이지, 글이 목표가 되어서는 결코 안 된다.

2. 문장관의 확립

어떤 글이 좋은 글이고 어떤 글이 좋지 않은 글인가를 알아야 한다. 곧 문장관을 확립하는 일이다. 좋은 글을 쓰게 하기 위해서는 정직한 글, 가치 있는 글을 쓰게 해야 한다.

정직한 글이란 '본 대로 들은 대로 한 대로' 쓰는 글이다.
이러한 지도가 앞서는 까닭은

1) 아이들의 삶과 마음을 알아보기 위해서다. 아이들의 글에서 그들의 마음과 삶을 알아 그로부터 교육을 시작하는 것이다.
2) 아이들의 순수한 마음을 가꾸기 위함이다.
3) 아이들에게 자기의 삶을 바로 보고, 삶을 다져서 건강하게 살아가는 태도를 가지도록 하기 위해서다. 아이들에게 정직한 글을 쓰게 하는 것은 정직한 글에서 그 자신의 모습을 깨닫게 하고, 거기서 바르고 참되게 살아가는 길을 찾아 주기 위해서다.

가치 있는 글을 쓰게 하려면 남들이 재미있게 읽어 주고 함께 느낄 수 있는 글로 써야 하는 것이다. 될 수 있는 대로 알기 쉽고 친절하게 쓰도록 해야 한다.

글감에 대한 가치 평가는 교사가 어떤 삶의 이념으로 아이들을 키워 가는가에 따라서 결정된다. 아이들에게 가르쳐야 할 삶의 태도는 사람다운 감정과 생각을 가지고 사람다운 행동을 하는 것이라고 믿는다.

한마디로 사람의 마음—어린이 마음 갖기다.

저 혼자만 잘 먹고 잘 입고 편안하게 살면 그만이라는 이기주의, 그래서 점수 많이 따서 남을 이겨내어 입신출세를 하는 것이 단 하나 살아가는 길이라고 생각하는 개인주의, 돈만 가지면 모든 것이 다 이루어진다고 믿는 황금만능주의, 이러한 모든 비뚤어진 삶의 길을 비판해서 보도록 하는 교육이 없이 우리 아이들에게 사람다운 마음을 가지게 할 수 없고, 잘못된 삶에서 벗어나도록 하는 가르침 없이 사람다운 심성을 도로 찾을 수 없다. 이러한 사람의 마음을 가지는 것이 곧 아이들의 깨끗한 마음을 되찾아 가지는 것이다.

가치 있는 글을 쓰게 해야 하는 일은 가치 있는 삶을 살게 하는 일이다. 글쓰기 교육이 글 만들기나 글 지어내기가 될 수 없고, 아이들의 삶을 키워가는 온 겨레의 교육이 되는 까닭이 바로 여기에 있다.

3. 글쓰기 어떻게 가르칠까

1) 글쓰기 교육의 뜻

글은 말을 글자로 써 보이는 것이고, 글쓰기는 자기를 나타내는 가장 높은 수단이라면, 말을 하면서 자라나는 아이들에게 글을 쓰게 하는 교육은 아이들을 가장 잘 자라나게 하는 귀한 교육이다.

2) 글쓰기 교육의 목적

아이들에게 글을 쓰게 하는 목적은 아이들의 삶을 참되게 가꾸어 사람다운 사람이 되게 하는 데 있다. 목적은 삶을 가꾸는 데 있고, 글을 쓰는 것은 이 목적을 이루는 수단이 된다.

글쓰기가 삶을 가꾸는 수단이 되어야 참 글쓰기가 되고, 살아 있는 글이 씌어진다.

3) 삶을 가꾸는 글쓰기의 목표
- 어린이 마음을 지켜 주고 키워 간다.
- 일하기를 즐기는 사람이 되게 한다.
- 흙의 사상을 가꾼다.
- 살아가는 사람으로서 마땅히 가져야 할 생각을 키운다.
- 민주주의로 살아가게 한다.
- 진실을 찾게 한다.
- 생명의 존엄을 깨닫게 한다.
- 하고 싶은 말을 마음껏 쓰게 한다.
- 깨끗한 우리말을 쓰게 한다.

4) 글쓰기 지도의 단계
① 글감 정하기
② 얼거리 잡기
    ㄱ. 미리 알리기   ㄴ. 조사와 관찰   ㄷ. 일하기
    ㄹ. 자기 살핌   ㅁ. 얼거리 짜서 적기
③ 적기
④ 다듬기
⑤ 발표
⑥ 글 맛보기와 비평

5) 글쓰기 지도 방법
① 삶이 있는 글을 쓰게 한다.
② 사실을 올바르게 나타내는 말을 쓰게 한다.
③ 실제로 행동한 것을 쓰게 한다.
④ 부끄러운 일도 쓰게 한다.

제2절 일기쓰기 지도

1. 일기 쓰기의 중요성

(1) 글쓰기를 지속적으로 큰 부담 없이 할 수 있다.

    일기는 그날에 있었던 일을 쓰는 것이므로 기억이 생생하고 쓸거리가 확실해서 부담이 덜 된다. 또 선생님이나 부모님의 권유로 날마다 쓰는 것으로 알고 있어 좋은 글쓰기 공부를 날마다 하게 된다.

(2) 일기 쓰기는 삶을 가꾸는 일이다.

    매일 쓰면 자신의 삶을 되돌아보게 되므로 품성도야의 큰 몫을 한다. 하루에 일어났던 일의 전반을 따져보고 시비를 가리다보면 비판력과 정의감이 생기며 또 감정을 해소하는 기회가 된다.

(3) 좋은 글쓰기 공부이다.

    일기글은 특별한 형식이 없다. 그러므로 여러 가지 종류의 글을 날마다 씀으로써 좋은 글쓰기 공부를 할 수 있다.

2. 일기 지도

1) 일기 쓰기의 좋은 점을 상세히 자주 설명한다.

    일기 쓸 때 아이들이 가장 어려워하는 것
    ① "일기 쓸 게 없어요." – 글감 찾기를 어려워한다.
      ☞ 오늘 하루를 시간대 별로 되돌아보게 한다. 한 일, 본 일, 들은 일, 느끼고 생각한 일을 그 시간대에 맞게 떠올려 보게 한다. 이렇게 글감 찾는 연상을 많이 해 봄으로써 기억력까지 좋은 아이로 만들 수 있다.
      ☞ 정 쓸게 없을 때는 주제일기를 쓰게 한다.
    ② 짧게 쓴다. 다섯줄을 못 넘기는 일기
      ☞ 첫머리를 대화글이나 흉내 내는 말로 쓰게 하고 대화글을 많이 쓰게 한다.
      ☞ '왜냐하면~이기 때문이다'를 많이 쓰게 한다.
    ③ 있었던 일만 쓴다. 중심문장만 늘어놓는 일기
      ☞ 겪은 일에 대해 "이때 기분이 어땠니?"라고 물은 뒤 그것을 쓰게 한다. 그런 다음 느낌과 생각의 개념을 가르치고 그것을 겪은 일마다 쓰게 한다. 아이는 일기를 통해서 사고력을 넓혀간다.

도자기

2학년

하이웨이 경주를 꺼내다 목걸이가 걸려서 도자기가 깨졌다. 너무너무 놀랐다. 호준이랑 깨진 조각을 한 조각, 한 조각을 함께 버렸다. 정말로 걱정됐다. 할 수 없이 그냥 미술 학원에 갔다 와 보니, 엄마가 계셨다. 좀 겁이 났다. 조그만 목소리로,
"나 잘못한 게 한 가지 있어요."
하며 깨진 이유를 엄마한테 이야기해 드렸다.
엄마가 괜찮다고 하셨다. 다음부터는 조심해야겠다.
엄마께서 오래 전에 할머니께 받은 것이어서 퍽 소중하게 여기시는 것인데, 그래서 장롱 속에 곱게 두는 것인데…….
엄마한테 참 미안했다.

화해를 해야지

6학년

"패스, 패스."
피구를 하고 있었다. 그 때 친구 윤미가 갑자기 우는 것이었다. 우리는 아무렇지도 않게 달랜 다음 피구를 하는데 또 우는 것이었다.
우리는 어처구니가 없어 윤미를 쳐다보고 있는데, 우리 반에서 제일 피구를 잘하는 지숙이가 윤미에게
"야, 재미있게 노는데 왜 우냐?"
하고 화를 내며 물어 보았다.
그러자 윤미는 지숙이의 멱살을 잡고 밀면서
"남자 아이들 때문에 우는데 니가 웬 참견이냐?"
하고 소리를 쳤다.
싸움은 이 때부터 시작되었다 싸우기 전에도 아이들이 윤미를 싫어했지만 지금은 말도 안하고 욕까지 한다.
선생님께서는 나에게 윤미와 지숙이를 데려오라고 하셨다. 윤미와 지숙이가 오자 아이들은 그쪽으로 몰려갔다.
선생님께서는 싸운 까닭에 대해서 물어 보셨다. 지숙이와 윤미는 자기가 유리한 쪽으로 대답하였다. 그리고 지숙이는 계속 선생님께 반항하였다. 그 때 윤미네 할머니께서 오셨다. 잠시 조용히 계시는가 했더니 윤미는 잘못이 하나도 없다는 듯 지숙이에게 화를 내시고 꾸지람하셨다.
나는 그 할머니만 안 오셨어도 금방 화해했을 것 같다고 생각한다. 아이들 싸움에 어른들이 끼어들다니…….
윤미와 싸우지 않았지만 나도 윤미와 사이가 나쁘다. 이제 화해를 해야지.

학교 끝나고 집에 돌아오는 길에

학교 끝나고 집으로 돌아오는 길에 상호가 진희에게 장난감 뱀을 들이대며 놀렸다. 진희는 소리를 꽥 지르며 두 손으로 얼굴을 감싸며 주저앉았다. 진희와 컴퓨터 이야기를 하고 있던 나도 깜짝 놀랐다. 남자라서 소리까지 지르지는 않았다. 화가 나서 상호에게 못된 장난 그만 두라고 했다. 상호는
"어쭈, 너는 상관 말고 집으로 가!"
그랬다. 나는 싸움이 날 것 같아 참기로 했다. 진희와 함께 오는데 분했다. 계속, 한바탕 패줄 걸 하는 생각뿐이었다.

감시당하는 일기장

오늘 아빠가 조금 편찮아서 집에서 쉬고 계셨다.
내가 학교에서 돌아와 보니 아빠가 내 일기장을 보고 계셨다. 정말 기분이 나빴다. 그리고 내 자존심이 무척 상했다. 아무리 아빠라지만 딸의 일기장을 몰래 훔쳐보는 아빠가 얄미웠다. 내가 아빠께 투정을 부렸더니
"아니 순희야, 이게 감히 어디에 대고 투정을 부려? 아빠가 니 일기장을 몰래 봤기로서니 그렇게 해도 되는 거야? 아빠는 니가 잘 하고 있는지 걱정이 되어서 봤다. 니가 똑바로 행동을 하고 다니는지 알아보려고 했다. 이 아빠가 딸에게 관심 주는 것이 어디 잘못된 거가 응?"
소리를 꽥 지르시고 인상을 찡그리시며 화를 내셨다.
나는 아무리 딸의 아빠지만 딸을 무시하는 행동을 할 수 없다고 생각한다. 어떻게 자기 딸이 나쁜 행동을 한다고 생각을 하며 일기장을 훔쳐보실까.
선생님께서 일기장 보는 것도 불만스러운데 아빠까지 이러시니 정말 일기 쓸 맛이 하나도 나질 않는다. 선생님들이 일기 검사하는 것도 따지고 보면 잘못이라고 생각한다. 남의 비밀을 훔쳐보는 것이기 때문이다. 나는 우리 선생님은 좀 믿는 편이다. 비밀을 꼭 지켜 주고 일기장 내용 가지고 말 안 하기 때문이다.
하여튼 내 일기장이 감시당하고 있다는 생각을 하니 불쾌하고 또 불쾌하다. 아빠도 남의 일기장을 훔쳐보면 좋은가? 난 이 세상에서 내 일기장 훔쳐보는 것이 제일 싫다.
난 앞으로 조금은 불만스럽지만 선생님께만 일기장을 보여 드리고, 아무도 모르게 숨겨 놓을 것이다. 그래서 내 일기장이 감시당하지 않도록 할 것이다.

제3절 생활문 쓰기 지도

1. 생활문이란

생활문은 겪은 일을 쓰는 글이다. 그런 면에서는 생활 일기와 같다. 글 짜임도 생활 일기와 다를 바가 없다.

그러면 생활문과 일기가 어떻게 다를까? 일기는 그 날 있었던 일만을 쓰는 것이지만 생활문은 글을 쓰는 시간 전에 있었던 모든 일을 다 쓸 수 있다. 또 일기는 그 날 있었던 일 중에서 마음대로 글감을 골라서 쓸 수 있지만 생활문은 주어진 주제에 맞는 글감으로 써야 한다.

2. 생활문 지도안

1) 글감 찾기

 ① 생활문 글감 찾기
  - '무엇'하면 생각나는 내 경험 말하거나 쓰기를 한다.
   예) '외식'하면 생각나는 일
  - 언제 있었던 일인지, 누구랑 있었던 일인지 말하거나 짧게 쓴다.
  - 한번만 하지 말고 네 가지나 다섯 가지를 해 본다.
 ② 생활문 쓰기
  - 맨 나중에 글감 찾기 한 글감으로 생활문을 쓴다.
  - 맨 나중의 것으로 하기 어려워하면 글감 찾기 한 것 중에 아무거나 하나로 쓰게 한다.
  - 분량, 형식에 얽매이지 말고 쓰라고 한다.
 ③ 다 쓴 다음 쓴 것을 돌아가며 읽는다.

2) 생활문 형식

'발단, 전개, 절정, 결말'이라는 생활문 형식을 가르친다.

가. 발단 - 그 일이 일어나게 된 원인이 되는 부분이다.
 예) 지난 일요일에 설악산에 가족이 모두 단풍 구경을 가게 되었다. 아버지는 피곤하다고 가기 싫다고 하였지만 가족 모두가 가자니까 할 수 없이 간다고 하셨다.

나. **전개**－그 일이 벌어지기 시작하는 부분이다.
  예) 날씨도 화창하고 생각보다 차도 많이 막히지 않았다.
    고속도로를 신나게 달려서 대관령을 넘어갔다.
다. **절정**－그 일이 터진 상황이다. 여기에 글이 말하고자 하는 주제가 들어간다.
  예) 그런데 대관령을 넘자마자 바로 앞에 가던 커다란 트럭이 도로 옆을 들이 받고는 도로를 가로질러 멈춰 서 버렸다. 브레이크가 고장 나서 할 수 없이 그렇게 선 것이라고 하였다.
    고장차를 끌어가는 차가 왔지만 트럭에 실린 짐이 많아서 끌고 갈 수가 없단다. ~중간 생략~ 다른 트럭에다가 짐을 옮겨 싣고 겨우 길이 뚫렸지만 시간이 너무 늦어 버렸다.
라. **결말**－ 그 일 때문에 결국 어떻게 되었는지 밝히는 부분이다.
  예) 결국 우리 가족은 강릉에서 회만 먹고는 돌아왔다.

벚꽃 구경

부속초 2학년

강변도로 꽃길에 활짝 핀 벚꽃을 구경했다.
벚꽃은 나뭇가지 위에 함박눈이 아름답게 내려오는 것 같다. 내가 만약 벚꽃이라면 사람들이 나의 아름다운 옷 색깔에 감탄하여 칭찬을 많이 해 줄 것 같다.
그리고 나는 벚꽃의 여러 가지 모양, 색깔, 나이 등을 상세하게 관찰했다.

누나의 안경

4학년

얼마 전의 일이다. 텔레비전을 보려고 방으로 들어갔다. 방에서는 누나가 이불을 깔고 쿨쿨 자고 있었다. 먼저 텔레비전을 켜고는 이불 있는 곳으로 가 앉을 때였다. 갑자기 '뿌지직' 하는 소리가 나는 것이었다. 깜짝 놀라 얼른 일어서서 밑을 보았다. 이럴 수가! 밑에는 누나 안경알이 금이 가 있었다. 그 순간 나는 아무 생각도 나지 않았다. 단지 앞이 캄캄할 뿐이었다. 그런 후 시간을 돌릴 수만 있다면 하는 생각밖에 나지 않았다. 안경을 아무데나 놓아둔 누나가 밉기도 하였다. 나는 어떻게 할지 몰라 텔레비전을 끄고 내방으로 뛰어 들어갔다. 그 때 큰누나는 욕실에서 세수를 하고 있어서 불행 중 다행이었다. 나는 그냥 다시 갈면 되겠지 하는 생각으로 그냥 세수나 하고 잠자리에 들었다.

다음날은 일요일이었다. 잠자리에서 일어난 누나는 깨진 안경을 보며 엄마께
"엄마, 내 안경 왜 이러노?"
하고 말했다. 그러자 엄마는
"어이구 깨졌네. 엄마는 어제 저녁에 그냥 안경 올려놨는데……. 그러길래 왜 바로 옆에 놔두고 자노. 또 자다가 눌렀제."
하며 꾸중하셨다. 그 순간 나는 찔렸다. 이빨 위와 아래를 붙이고 있느라고 신음을 했다. 그러나 이내 겉으로 아무 일 없는 듯이 태연하게 앉아만 있었다. 두렵기도, 떨리기도 했지만 말할 용기가 나지 않았다. 엄마는 누나보고 다시 맞추러 가자고 하였다. 하지만 나는 아직까지 이걸 비밀로 감춰서 내 마음 구석에 틀어박혀 있다.

10년 후의 나의 모습

6학년

"10년 후라?"
생각하면 짧지만 실제로 아주 먼 세월인 10년 후, 내 생각대로 되면 얼마나 좋을까?
난 10년 후에 연세대 졸업반에서 이름이 알려진 사람이 돼 있을 것이다. 그리고 역사학을 우리나라에서 배우고, 후에 컴퓨터 공학과를 지원하여 두 가지 박사 과정을 밟고 있을 것이다.
또 빠질 수 없는 한 가지!
미팅이다. 어여쁜 걸프랜드를 사귀어 맘에 들면 결혼하고 우리나라의 역사에 대한 컴퓨터 게임을 꼭 만들 것이다. 게다가 후에 달나라에 우주 스테이션이 만들어지면 이사를 가고 싶다. 게다가 10년, 20년 후엔 여기 있는 원수＋친구들을 만나지 못하게 될 것 같다.
하긴 꼴도 보기 싫은 지수, 지선이는 꿈에 볼까 두렵고, 너무나도 핸섬(사실은 못 생겼지만)하다고 자칭하는 괴짜 원재도 못 보게 될 것을 생각하니 시원섭섭하기도 하다.
나의 10년 후는 참으로 신기한 일도 많이 이루어질 것이다.
한의사가 된다던 원재가 장의사가 될 수도 있을 것이고, 화가가 된다던 현지선이 만화가가 될 줄은 꿈에도 모를 일이 될 것이다.
길고도 짧은 10년 후, 난 그 10년 후를 위해 한 치의 거부감 없이 살아야겠다.

제4절 시 쓰기 지도

1. 동시란

시는 원래 노래 가사였다. 곡조가 없이도 불리어진 노래였다. 그래서 시는 가르치지 않아도 누구나 쓸 수 있는 것이다.

'동시'는 어른들이 아이들에게 읽으라고 주기 위해서 쓴 시를 말한다. 어른인 작가가 쓴 시이다. 그러나 우리는 아이들이 쓰는 시와 어른이 아이들에게 주는 시를 모두 '동시'라고 부른다. 이런 현상도 어린이를 인격으로 대하지 않은 어른들 잘못을 보여주는 일이다.

아이들 세계를 인정하지 않으니까 아이들 시도 아이들 세상에서 인정하지 않은 것이다.

아이들이 쓰는 수필을 생활문이라고 한 것처럼 아이들이 쓰는 시도 아이들 말로 이름을 지어 주어야 한다. 아니면 아이들이 쓰는 시도 그냥 '시'라고 하든지 굳이 구별을 하자면 '어린이 시' 라고 해야 할 것이다.

2. 어른 시와 어린이 시는 어떻게 다른가?

어차피 아이들이 읽는 수준으로 쓰는 시인데 다를 게 뭐 있나 라고 할 수도 있지만 어린이가 쓴 시와 어른이 쓴 시는 분명히 다르다. 그것은 아이들이 보는 세상이랑 어른이 보는 세상이 다르기 때문이다.

어른 시와 어린이 시가 가장 다른 점은 예술성이다. 어른 즉 동시인이 쓰는 시는 문학 예술이다. 그러므로 시로 성공하기 위한 형식과 내용이 잘 짜여져 있다. 하지만 아이들이 쓰는 시는 글짓기이다. 겪은 일을 통해서 자기 마음속에 일어나는 생각이나 느낌을 쓰는 글이다. 그것이 시라는 형식을 빌려서 나타나는 것이다. 물론 둘 다 읽는 이에게 감동을 주지만 그 감동은 다른 종류이다. 어른이 쓴 시인 동시는 예술이 주는 감동이지만 어린이 시가 주는 감동은 아이 삶이 주는 감동이다.

3. 시를 쓰는 마음가짐과 목표

시 쓰기는 다른 사람을 흉내 내지 않아야 한다. 낱말 하나라도 따라 하면 금방 표가 난다. 몇 자 안 되는 글에다가 내 생각을 담아야 하기 때문이다. 그러니 낱말이 하나만

같아도 표절시가 되는 것이다. 다른 사람과 다르게 쓰지 않으면 안된다.

다르게 쓰려면 다르게 보아야 하고 다르게 본다는 것은 자기만의 눈으로 사물을 보는 눈이 생긴다는 것이다. '나만이 가진 눈으로 내 세상을 보는 것' 이것이 시 쓰기 지도 목표이다.

4. 시 쓰기 지도안

1) 생활 속에서 글감 찾아 시 쓰고 시작 노트쓰기

① 일기 글감을 찾듯이 그 날 있었던 일 중에서 글감을 하나 찾는다.
② 자유롭게 시로 쓴다.
 －시가 뭐냐고 물으면 그냥 짧게 쓰라고 한다. 마음이 울리는 대로 쓰라고 한다.
③ 다 쓰고 나면 소리 내서 읽어보라고 한다.
 －소리 내서 읽는 것은 가장 좋은 퇴고 방법이다.
④ 시작노트(詩作NOTE)를 쓴다.
 －시작 노트는 그 시를 어쩌다가 쓰게 되었는지, 왜 그 글감으로 시를 썼는지, 그리고 각 연마다 무엇을 표현하려고 했는지 시로 써 놓고 보니까 기분이 어떤지 등을 쓴다.
 －시를 잘 쓰는 것보다 시작 노트를 잘 쓰는 것이 중요하다. 시는 손을 잡고 하나하나 가르쳐서 되는 게 아니다. 스스로 자기 것을 찾아야 하는 것이다. 시는 마음 속 떨림이지 머리로 만들어 내는 것이 아니기 때문이다.
⑤ 돌아가며 큰소리로 읽는다.

2) 사물과 이야기하자.

① 내 공책은 나에게 무슨 말을 하고 싶을까? 내 연필은? 식탁은? 냉장고는?
 내 주변에 있는 사물들이 나에게 하고 싶은 말이 무엇일지 생각하게 한다.
② 그 중에 하나를 고른다.
③ 나에게 하고 싶은 말이 아니면 그냥 그것이 하고 싶은 말을 쓰게 해도 된다.
④ 길게 써도 되고 짧게 써도 된다. 시는 짧다고 좋은 것만은 아니니까.
⑤ 시작 노트를 쓴다.
⑥ 돌아가며 큰소리로 읽는다.
⑦ 듣고 난 다음 읽은 아이 시에 대해서 좋은 점 한 가지와 아쉬운 점 한 가지를 돌아가며 말한다.

3) 계절 찾기(바깥 수업)

① 아이들을 이끌고 밖으로 나간다. 놀이터도 좋고 골목도 좋다.
② 계절을 나타내는 것을 찾는다. 모양이 있는 것도 있고 없는 것도 있다.
   (찾는 계절이 가을이라면 단풍, 긴팔옷을 입은 사람들, 차가워진 바람 등등)
③ 계절을 주제로 시를 쓴다.
④ 시작 노트를 쓴다.
⑤ 돌아가며 큰소리로 읽는다.
⑥ 친구가 읽은 시에서 좋은 점 한 가지와 아쉬운 점 한 가지를 말해 준다.

4) 주변 사람으로 시 쓰기

① 주변 사람을 관찰하고 적어온다.
② 그 사람을 그림으로 그린다.
③ 그 사람을 주제로 시를 쓴다.
④ 제목을 잡아 주는 것이 좋다(~을 잘하는 호식이, ~을 못하는 미영이, 어떤 누구 등등)
⑤ 쓴 것을 돌아가면서 큰소리로 읽는다.
⑥ 친구가 읽은 시에서 좋은 점 한가지와 아쉬운 점 한 가지를 돌아가면서 말해준다.

5) 기타 해 볼 수 있는 수업들

<시집 만들기>
① 시집에서 좋은 시를 두, 세 개 골라서 시화를 만들고 그것을 묶는다.
② 다른 동시인이나 아이들이 쓴 시를 가지고 시를 꾸며 보면서 시가 무엇인지 어떤 것인지 알게 된다.

<겪은 일에서 느끼고 생각한 것으로 시 쓰기>
① 겪은 일에서 느끼고 생각한 일들을 다섯 개 적는다.
② 그것 중에서 하나 골라서 시로 쓴다.

뜀뛰기

상남초 3학년

뜀뛰기
기능 평가하는 날
넘어지는 친구들 보며
가슴은 두근두근 덜컹덜컹
드디어 내 차례
침 한 번 꼴깍
으랏차차 으랏차차
풀쩍하고 양손 옆으로 펴니
"10점"
선생님 목소리
기분 좋아서
웃음을 감출 수 없었다.

냇 물

삼당초 5학년

냇물은 봄이 오는 줄
알고 있을까?
산 속 깊은 데서
흘러왔으니
그 곳 봄 소식도
알고 있을 거야.

흘러가는 냇물에
물 속 고기들도
흔들리고
내 얼굴도
흔들리며 흘러가는 것 같다.

산도 거꾸로
하늘의 구름도
알랑알랑 흔들린다.
그 사이로 피라미들이
좋다고 다닌다.
냇물이 햇빛에
반짝반짝
사르르사르르 흘러간다.
봄이 와 좋아서 흘러가겠지.

숨바꼭질

영흥초 6학년

달빛이 환해서
삼촌하고 살금살금
숨바꼭질하러 갔다.
"야, 이 녀석들아, 어디 가노?"
"숨바꼭질하러요."
"빨리 오지 못해? 밤이 깊었는데!"
할머닌 문을 열고 고함치셨다.
달빛은
우리를 자꾸 밖으로 끄는데
할머니는 방으로 당겼다.
삼촌과 나는
대문 밖에 우두커니 서서
환한 달만 보고 있었다.

제5절 편지글 쓰기 지도

편지는 일상생활에서 하고 싶은 말을 나누는데 빼놓을 수 없는 방법이다. 그러나 오늘날 각종 통신 수단이 발달함에 따라 편지를 쓰거나 받는 기회는 줄고 전화, 또는 전자우편을 더 많이 쓴다. 단지 편리하다는 이유로 많이 이용하지만 전화보다, 전자우편보다는 편지가 사람의 정을 더 잘 전해 준다.

편지는 받을 사람이 옆에 있는 것처럼, 말하듯이 자연스럽고 솔직하게 쓴다.

첫인사를 할 때 계절 인사를 쓰는 것도 좋다. 각 계절에 따라서 사람마다 느끼는 감정이나 생각이 다르기 때문이다.

1. 편지글의 특징

첫째, 받을 사람이 분명하게 정해져 있다.

둘째, 편지는 정해진 짜임이 있다.

처음, 가운데, 끝으로 나누어 보면 처음에는 받을 사람과 첫인사를, 가운데에는 하고 싶은 말을, 끝에는 끝인사 · 쓴 날짜 · 쓴 사람을 쓴다. 편지는 이렇게 일정한 틀이 있고 여기에 맞추어 쓰는 것이 보통이다.

셋째, 편지는 상대방에게 무엇을 알리거나 요구하기 위해서 쓰기도 하고 단순히 안부를 전하기 위해서 쓴다. 이렇게 편지는 글을 쓴 목적이 뚜렷하다.

넷째, 편지는 글의 종류나 받는 사람에 따라 글의 표현이 달라진다.

다섯째, 편지는 대화를 하듯이 쓰는 글이다. 다른 글은 독백에 가까우나 편지는 받을 사람과 말하듯이 쓴다.

2. 편지 종류

1) 규격에 따라(편지지와 봉투에 따라)

- 봉함 편지 - 주로 쓰는 편지로 편지지를 봉투 속에 넣어 받는 사람만 보도록 붙이는 편지
- 엽서 - 편지 내용을 다른 사람이 읽어도 관계가 없을 때, 짧게 쓸 때나 여행가서 쓸 때 주로 이용하는 편지
- 항공 우편 - 외국으로 보내는 편지로 거리나 편지 무게에 따라 요금이 달라지는 편지

2) 내용에 따라

- 안부 편지 – 받는 사람과 보내는 사람의 안부를 서로 주고받는 편지
- 축하 편지 – 입학, 생일, 결혼, 취직 따위의 기쁜 일을 축하하는 편지
- 위문 편지 – 다치거나 어려운 일을 당한 사람을 위로하는 편지
- 주문 편지 – 바라는 물건을 보내 달라고 요청하는 편지
- 사과 편지 – 자신의 잘못에 대해 사과하는 내용의 편지
- 소개 편지 – 사람이나 새로 나온 책, 상품, 여행지 따위를 소개하는 편지
- 초대 편지 – 생일, 운동회, 졸업식, 발표회 따위의 행사에 초대하는 편지

3. 편지 봉투 쓰기

봉투는 편지의 첫인상이다.

봉투에 쓴 글씨는 받는 사람뿐만 아니라 여러 사람의 눈에 띄므로 글씨를 정성껏 써야 한다. 우편 번호도 정확하게 꼭 써야 한다.

편지 봉투도 종류가 여러 가지이지만 되도록 규격 봉투를 사용한다. 규격 봉투의 왼쪽 위에는 보내는 사람의 주소·이름·우편 번호를 작게, 오른쪽 아랫부분에는 받는 사람의 주소·이름·우편 번호를 좀 크게 쓴다. 오른쪽 위에 우표도 꼭 붙인다.

```
┌─────────────────────────────────────────────┐
│ 보내는 사람                            우표   │
│ 안양시 동안구 비산동 대림대                   │
│ 문헌정보과 2학년    백남준                    │
│ ┃1┃3┃7┃─┃0┃6┃0┃                              │
│                                              │
│                    받는 사람                 │
│            안양시 만안구 박달동 금호아파트    │
│                      김민지                  │
│                    ┃7┃0┃6┃─┃0┃1┃1┃          │
└─────────────────────────────────────────────┘
```

김미향 선생님께

선생님 안녕하세요? 방학 동안 뭐하셨어요?

선생님 편지를 받았을 때 너무 기뻤어요. 제 편지는 왜 안 오느냐구요? 저는요 저번 주 월요일에 썼거든요.

그 동안 배가 아파서 못 썼어요. 열도 많이 나고요. 맨 처음에는 미열이었는데 또 재니까 38도였어요. 과자를 먹으면 토해 뱉어내고, 죽을 것 같았어요.

혜민이라는 애가 저를 간호해 주었어요. 너무 고마웠어요.

선생님 잘 계시죠?

그럼 안녕히 계세요.

8월 11일
장보라미 드림

'차돌이는 환경박사'의 김현아 선생님께

저는 이 이야기를 읽고 우리나라의 환경에 문제가 많다는 것을 깨달았어요. 우리나라는 땅의 오염, 물의 오염 등 여러 문제가 있지요. 우리나라에 문제가 많은 것을 모르고 제 일만 생각한 게 부끄러웠어요.

저는 이 책을 처음엔 대충 훑어보고 재미가 없을 것 같았는데 읽어보니 재미있고 느낌이 많았어요. 저는 책을 읽는 습관이 없었는데 이 책을 읽고는 책 읽는 날이 많아졌어요. 그리고 독서 감상글의 실력도 많이 늘었구요. 선생님께서 꾸준히 책을 많이 쓰셔서 어린이를 유익하게 해 주세요.

요즘은 공장에서 나오는 연기와 자동차 연기 때문에 산성비도 많이 내리는 것 같아요. 또 사람들이 농약이 들어간 음식을 먹고 기형아도 낳게 되죠.

이제 저도 공해에 관한 내용은 어느 정도 알았어요. 사람들이 노력을 해야만 공해를 없앤다는 것도요. 저도 공해를 줄이기 위해 열심히 노력할게요.

제가 선생님께 바라는 것은 배움을 얻을 수 있는 책을 써 주시라는 것이에요. 앞으로 이런 글을 많이 써 주세요.

이만 줄일게요. 안녕히 계세요.

범석 올림

제6절 설명문 쓰기 지도

1. 설명이란

어떤 사실이나 정보를 다른 사람에게 쉽게 풀어 쓰는 방법을 '설명'이라고 한다.
신문이나 텔레비전에서 보는 일기예보, 물건을 샀을 때 함께 들어 있는 사용 설명서, 조립장난감에도 설명문이 들어 있다. 그리고 어디서나 쉽게 접할 수 있는 광고의 문구들도 모두 설명하는 글이라고 볼 수 있다.

2. 설명문의 특징

1) 설명문은 어떤 사실을 바르게 알리기 위하여 쓴 글이기 때문에 설명할 내용이 사실인지 아닌지를 꼭 확인하고 써야 한다.

2) 읽을 사람이 정해져 있기 때문에 내용을 어떻게 설명해야 할까를 생각해야 한다. 읽을 사람의 나이나 학년, 수준에 맞게 알아야 할 만큼의 내용을 이해할 수 있는 쉬운 문장으로 써야 한다.

3) 너무 길게 늘여서 쓰면 읽다가 무슨 내용인지 잊을 수도 있으니 되도록 짧은 문장으로 써야 한다. 즉, 설명문은 전달할 목적과 전해 받을 대상을 생각하고 써야 한다.

4) 설명문에는 일정한 규칙이 있다. 처음, 가운데, 끝으로 나누어서 그에 맞게 쓴다. 설명문이 단순한 알림장이나 광고, 물건의 사용법 등과 구별되는 이유는 구성이 짜임새 있고 전달하고자 하는 분명한 주제를 담고 있기 때문이다.

3. 설명문의 짜임

논설문에서 서론, 본론, 결론이 있고 독후감에서도 세 등분으로 나누어서 쓰는 것처럼 설명문도 처음, 가운데, 끝부분으로 나누어서 쓴다.

1) **처 음**-설명하려는 대상이 무엇인가를 쓴다.
   논설문에서 주장하려는 바가 무엇인지 밝히는 것과 같다.

2) **가운데**-내용을 여러 부분으로 나누어 자세히 설명한다.
   두 등분이나 세 등분 정도면 좋다.

3) **끝**-설명할 내용을 정리하여 마무리를 짓는다.

4. 설명문에서의 문단

한 개 또는 여러 개의 문장이 하나의 내용 (소주제)을 갖고 묶여 있는 글의 단위를 문단이라고 한다. 문단에는 형식 문단과 내용 문단이 있는데, 형식 문단은 보통 첫 칸이 띄어져 있어 쉽게 찾을 수 있지만 내용 문단은 글의 흐름과 관계된 것이라 내용을 제대로 파악해야만 찾을 수 있다. 왜냐하면 내용 문단은 비슷한 내용끼리 묶여져 있기 때문이다.

설명문은 남을 이해시키기 위해 쓰는 풀이글이기 때문에 특히 문단의 중요성이 강조된다. 앞 뒤 뒤죽박죽인 글보다는 읽기 쉽게 정리된 (문단이 제대로 구성된) 글이 훨씬 이해하기 쉽기 때문이다.

한편 문단은 중심 문장과 보조 문장으로 이루어져 있다. 중심 문장은 문단의 주제 (전체 글에서의 소주제)라고 할 수 있고, 보조 문장은 중심 문장을 보충하는 근거나 이유, 덧붙이는 설명 따위이다.

5. 설명하는 방법

설명문은 다른 글과는 달리 설명하고자 하는 사물에 대해 읽는 사람이 쉽게 이해할 수 있도록 표현해야 한다. 그래서 여러 방법을 이용하여 설명을 한다. 설명을 하는 방법에는 정의, 비교·대조, 분류의 방법이 있는데 일정하게 쓰임이 정해져 있는 것은 아니고, 설명하고자 하는 것에 맞춰 가장 적절한 것을 택하면 된다.

그리고 이것들 중에서 한 가지만으로 설명을 하기보다는 이 방법들을 모두 적용해서 설명하면 더욱 효과적인 설명문을 쓸 수 있다.

① **정의**-'무엇은 무엇이다.' 라는 식으로 사물의 정확한 뜻을 풀어쓰는 방법이다.
② **비교**-두 사물의 비슷한 점, 공통점을 이용하여 설명하는 방법이다.

볼펜은 글씨를 쓰는 것에 쓰인다는 것과 가운데 심이 있다는 것, 끝이 뾰족하다는 것, 글씨가 써지는 부분이 딱딱하다는 것 등 같거나 비슷한 점이 많으니까 볼펜을 설명할 때는 연필을 예로 들면서 하면 편하게 설명할 수 있다.

사람들이 잘 모르는 것을 설명할 때 잘 아는 것에다 빗대어서 하면 듣는 사람이 쉽게 알 수 있다.

③ **대조**-두 사물의 다른 점, 차이점을 이용하여 설명하는 방법이다.
④ **분석**-설명하려는 대상을 여러 조각으로 나누어서 하나씩 설명하는 방법이다. 자동차를 설명하려면 바퀴와 몸체, 엔진, 실내등으로 나누어서 설명하면 자세히 설명을 할 수 있다.

6. 설명문 지도안

자칫 아이들이 지루해 하고 힘들어 할 수 있으니까, 어른들이 좋아하는 것보다는 아이들이 요즘 관심을 가지고 있는 게임이나 스타에 관해 설명하는 글을 쓰면 아이들도 재미있게 수업에 임할 수 있을 것이다.

1) 설명의 개념을 안다.
   ① 주변에서 설명하는 글을 찾아 무엇을 설명하고 있는지 말한다.
   ② 설명하는 글을 쓸 때 주의할 점등을 아이들과 함께 말해 본다.
   ③ 간단한 실험하고 보고서 쓰기
      가. 분필에 수성싸인펜으로 한 줄로 띠를 두른다.
      나. 접시에 물을 붓고 분필을 물에 세운다.
         칠한 부분이 물에 잠기지 않게 한다.
      다. 분필이 물을 흡수하는 것에 따라 색이 번지면서 색분해가 된다.
      라. 그 과정을 글로 쓴다.
   ④ 쓰고 나면 소리내서 돌아가며 읽는다.

2) 설명문의 특성과 짜임 알기.
   ① 집에서 신기한 물건이나 설명할 만한 것 가져온다.
   ② 친구들에게 발표한다.
   ③ 가져온 물건의 그림을 그리고 개요짜기
   ④ 설명문을 쓴다.
   ⑤ 쓰고 나면 소리내서 돌아가며 읽는다.

3) 설명의 방법 익히기
   ① 비교/대조/분류의 설명 방법 익히기
      교통수단을 예로 들기
   ② 자신의 학용품으로 개요 짜기 한 후 설명의 방법 활용하여 글쓰기
   ③ 부족한 부분 같이 보충해주기
   ④ 쓰고 나면 돌아가며 읽는다.

4) 개요에 맞게 한 편의 설명문 쓰기

① 자신이 가장 관심 있는 분야에 대해 조사하기(미리 숙제로 낸다)
② 조사해온 자료 발표하기
③ 다른 사람이 이해하기 쉽도록 자세히 설명해보기
④ 자료를 종합하여 개요 짜기
⑤ 개요에 맞게 한 편의 설명문 쓰기
⑥ 퇴고하고 평가하기

예) 나의 스타(연예, 스포츠 등)

1. 이름 : _____

2. 성별 : _____

3. 나이 : _____

4. 직업(하는 분야) : _____

5. 매력적인 곳(모습, 행동 등)

_____
_____
_____
_____
_____

6. 내가 받은 영향

_____
_____
_____
_____

7. 그 사람에게 하고 싶은 말

_____
_____
_____
_____
_____

즐거운 샌드위치 요리

2학년

　샌드위치 만드는 방법을 제가 가르쳐 드리겠어요. 재료는 삶은 감자, 삶은 달걀, 오이, 양파, 햄, 양념을 마요네즈로 만들면 돼요.
　삶은 감자는 껍질을 까서 큰 바가지에 넣어 으깨고 삶은 달걀은 잘게 다진 다음 양파는 잘게 썰어요. 그런 다음 오이와 햄도 잘게 썰어요.
　이때까지 한 것을 큰 바가지에 넣어서 섞어요. 다 섞은 뒤 양념은 소금을 조금 뿌리고요. 마요네즈도 뿌려요. 그래서 또 섞어요. 그 다음, 맛을 본 뒤 맛이 됐으면 빵에 넣어서 먹으면 돼요.
　칼을 쓸 때는 조심해야 돼요. 잘못하면 칼에 손이 베거든요.
　또 썰 때 되도록 음식을 흘리지 않아요. 다 한 다음 휴지로 상 위나 자기 주위를 닦아요. 쓰레받기로 치워도 돼요.
　손님 대접을 할 때에는 빵을 모양내요. 빵을 겹쳐서 보기 좋게 말이에요. 칼 조심 알죠?
　재미있었던 일은 양파를 썰 때 눈이 따가웠어요. 그래서 눈에서 눈물이 나왔어요.

나는 이런 사람입니다

4학년

　저는 전라남도 여수에서 태어났습니다.
　어려서 울기를 잘 했고 잘 먹지도 않았습니다. 어느 날은 3시간이나 목이 쉬도록 울어서 엄마와 할머니가 병원에 데리고 가기도 하셨습니다.
　제가 지금 잘하는 것은 영어이고, 책을 너무 빨리 읽습니다.
　저는 싫어하는 것이 좀 별납니다. 시계와 아침 그리고 새벽입니다. 늦게 자고도 7시에 일어나야 하기 때문입니다.
　요즘 가장 기억에 남는 것은 4학년 올라와서 영은이와 이름의 한자가 같은 한자 뜻을 가지고 있다는 것입니다. 그리고 암기력이 뛰어나면서도 동시를 잘 짓는 것입니다.
　장래 희망은 의사, 작가, 시인입니다.
　의사가 되고 싶은 이유는 별다른 것은 없지만 남을 도와주고 싶어서입니다.
　또 작가가 되고 싶은 이유는 글을 잘 쓰고 싶기 때문이며, 지금도 동화를 쓰고 있습니다. 시인이 되고 싶은 이유는 시를 쓰는 것을 좋아하기 때문입니다.

저는 너무 잘 자기 때문에 잠꾸러기인데 너무 싫습니다.

제가 쓰는 동화의 제목은 '모자 쓴 물고기'이고, 주인공은 작은 물고기와 오빠인데, 중학생 사촌오빠 나이에서 한 살을 뺀 남자랍니다. 아직 미완성이지만 동화의 앞부분은 낚시를 가는 것으로 시작되며, 마지막에는 오빠가 물고기를 놔주는 것으로 쓸 것입니다. 쓰면서 오빠에게 반말을 쓰게 되어 미안합니다.

저는 언니들, 즉 친척 언니들이 좋습니다. 줄곧 내 편을 들어주고 특히 성미 언니는 잘 놀아 주기 때문입니다.

저는 성격이 쾌활한 편이며, 때론 무섭기도 합니다.

선생님께 혼날 때

궁내초 6학년

선생님께 혼날 때 처신하는 방법에 대해 알아보자.

첫째, 여자는 울고 남자는 울지 말 것. 왜냐하면 여자가 울면 덜 때리지만 남자가 울면 사내자식이 왜 우냐고 더 때린다.

둘째, 남자는 울지 않으면 안 될 때도 있다. 왜냐하면 안 울면 혼나는데도 가만히 있다고 더 맞는다.

셋째, 여자 선생님일 때는 안 울어도 된다. 왜냐하면 울던 안 울던 한 번 혼내고 말기 때문이다.(성격 차이, 성격을 잘못 파악하면 얻어터지기 일쑤다.)

넷째, 여자는 맞은 다음 아픈 척하고 남자는 아픈 척하지 말 것. 왜냐하면 여자는 그래도 살살 때리지만 남자는 좀 세게 때리기 때문이다. 그리고 남자가 아픈 척하면 꾀병 부린다고 더 혼낸다. (성격차이, 잘못해도 상관없다.)

혼나기 전에 예방하는 방법을 알아보자.

첫째, 공부 시간에 발표 외에 다른 짓을 하지 않는다.

둘째, 되도록 선생님과 눈이 마주치지 말자.

셋째, 혼나러 나갈 때는 빨리 나가자. 그러나 뛰면 안 된다. 왜냐하면 교실에서 뛴다고 두 배로 맞는다. 너무 느리게 나가지도 말 것. 더 터질 수도 있다.

넷째, 비 오는 날엔 조금 두꺼운 옷을 입고 가자. 성격에 따라 다르지만 선생님 기분이 안 좋아 단체로 기합을 받을 수도 있다. 그러나 단체 기합에는 일석이조다. 맞는 힘도 흡수하지만 방수 효과도 있으니까.

이렇게 하면 적어도 혼날 때 적절히 쓸 수 있을 것이다.

제7절 논설문 쓰기 지도

1. 논설문이란

논설문은 아이들에게 가장 친숙한 갈래 글쓰기이다. 일기도 쓰지만 강제로(?) 쓰는 글 중에서 가장 많은 갈래가 논설문이기 때문이다. 환경에 관하여, 불조심에 관하여, 교통질서에 관하여 등등 아이들이 학교에 써서 내는 글은 매우 많다. 논설문은 주장을 쓰는 글이라는 점에서는 주장하는 글과 같다. 그러나 주장하는 글하고는 엄밀하게 말하면 다른 점이 있다. 이유와 근거를 적절하게 붙여야 한다는 것이다.

'주장을 내세우고 그 주장에 대한 이유와 근거를 서론, 본론, 결론으로 쓰는 글' 이 논설문이다.

2. 좋은 논설문은

첫째 : 서론, 본론, 결론이 형식으로 잘 지켜져야 한다. 글을 가장 효율적으로 쓰는 방법이 형식이기 때문이다.

둘째 : 생각이나 주장이 뚜렷하게 나타난 글이 좋은 논설문이다. 실컷 썼는데 읽는 사람이 무슨 말인지 못 알아듣는다면 아무 소용이 없을 것이다.

셋째 : 글에 힘이 있어야 한다. 확신에 차서 힘차게 말하는 사람에게는 믿음이 자연스럽게 생긴다. 글에 힘이 있으려면 정확한 낱말을 써야 한다.

3. 논설문 지도안

1) 논설문이란

① 논설문이 무엇인지 돌아가면서 이야기를 나누어 본다.
② 지금까지 생각해 온 논설문에 대한 개념이 정리되도록 교사가 용어를 정리해 준다.
③ 논설문은 어떤 특징을 가지고 있는지 같이 이야기를 해보고 교사가 정리해 준다.
④ 단정과 논증을 개념 설명한다.

단정 : 주장이나 의견을 내세우는 것 (중심 문장에 해당하는 문장)
논증 : 이유와 근거나 설명을 통하여 논리적으로 증명하는 것 (보조 문장에 해당하는 문장)
　예)단정 : 가을이 되면 슬프다.
　　　논증 : 왜냐하면 낙엽이 떨어지는 게 불쌍해 보이기 때문이다.

단정 : 시험이 없어졌으면 좋겠다.
논증 : 그 이유는 첫째, 공부하기가 힘들다. 왜냐하면 한꺼번에 공부를 많이 해야 하기 때문이다. 둘째, 긴장이 되어서 머리가 아프다. 성적이 안 나오면 어찌나 걱정을 너무 하기 때문이다. 셋째, 다른 친구보다 못하면 바보 같아진다. 다른 친구는 100점 맞았는데 나는 50점 맞으면 친구들이 나를 바보라고 놀리기 때문이다.

⑤ 단정과 논증을 연습한다.
 - 교사가 단정을 불러 주고 아이들에게 논증을 쓰게 한다. 아니면 단정을 여러 개 쓴 간단한 교재를 만들어 가서 아이들에게 채워서 쓰게 한다.
⑥ 단정과 논증이 합쳐져서 문단이 된다.
⑦ 주장이나 의견은 꼭 이유와 근거가 분명해야 한다는 것을 다짐해 둔다.
⑧ '어른들은 나빠요'라는 주제로 논설문을 쓰게 한다. 자유롭게 쓰도록 한다.

2) 논설문 구성과 서론 쓰기

① 서론에는 무엇을 쓰고, 본론에는 무엇을 쓰고, 결론에는 무엇을 쓰는지 설명한다.
② 서론은 주장이나 의견을 쓰는 동기가 된 일을 쓰고, 그 일 때문에 생기는 문제를 밝힌다. 또 이 글에서 어떤 주장을 할 것인지 밝힌다.
 예) 요즈음 청소년들 사이에 머리에 물을 들이는 게 유행이다. 거리에 나가면 원래 검은머리보다 물을 들인 머리가 더 많다. 더구나 방학이 되면서 중,고등학생들까지 머리에 물을 들이고 있다. 머리카락도 숨을 쉬어야 하는데 물을 들이니까 숨을 쉬지 못해서 머리카락이 죽어 간다고 한다. 유행을 무조건 따라 하다가 대머리가 될 수도 있다. 무조건 유행을 따라 하는 게 어떻게 나쁜지 알아보자.
③ '우리 학교는 이게 문제야'를 주제로 주고 서론을 써 보도록 한다.
④ 다 쓴 글은 큰소리로 읽는다.

3) 우리 동네는 이게 문제야

밖으로 나가서
① 동네를 교사와 같이 한바퀴 돈다.
② 문제라고 생각되는 것을 찾아서 위치와 내용을 쓴다.
③ 아이들이 집중을 못하면 우리 동네 문제점 10가지 찾기를 한다.
집으로 들어와서
④ 우리 동네 문제점 베스트 5를 다같이 뽑는다.
⑤ 그 중에서 가장 문제라고 생각되는 것 두, 세 가지를 골라서 서론을 써본다.

4) 본론 쓰기

① 본론에서는 무엇을 쓰는 지 설명해 준다.
② 지난주에 찾았던 우리 동네 문제점으로 본론을 써 본다.
③ 서론을 먼저 읽고 본론을 이어서 쓴다.
④ 다 쓴 다음에 큰소리로 읽는다.

5) 결론 쓰기

① '우리 학교에서 고쳐야 할 점'으로 서론과 본론을 쓴다.
② 본론에 쓴 것을 단정만 다시 한번 정리하고 강조한다. 그것이 결론이라고 말해 준다.
③ 처음부터 소리 내서 읽는다.

시간표를 바꿔 주세요

권혁진

우리 반 시간표는 수학이 거의 매일 있다. 그런데 체육은 두 번밖에 안 들어 있다. 우리들에게는 체육을 좋아하고 몸을 튼튼히 해야 하기 때문에 수학을 줄이고 체육 시간을 더 많이 넣어야 한다.

수학 시간을 줄이고 체육 시간을 늘리면,

첫째, 앉아서 문제 푸는 것이 아니라 지겨워하지 않고,

둘째, 자라나는 우리의 성장에 좋고,

셋째, 학교생활을 즐겁게 지낼 수 있다.

하지만 우리들은 모두 수학에만 치우쳐 있다. 수학은 우리가 살아가는 데 큰 도움을 주지는 못하고 있다. 그러므로 나는 수학 시간을 줄이고 체육 시간을 늘려야 한다고 주장한다.

체육 시간을 늘리면 우리가 자라는 동안에 몸이 튼튼해지고 즐거운 학교 생활을 할 수 있을 것이다.

요즘 어른들

샛별초 6학년

"아휴, 네 말을 들을 걸 그랬구나!"

어른들은 어린이의 말을 들어주지 않는다. 꼭 당나귀같이 고집을 세우고 그 시간이 지나면 이런 말씀을 하시면서도 고집을 세우신다.

심부름도, 한두 걸음만 가면 손에 잡히는 것도 "야야, 뭐 가져와라." 하나하나 다 시키고 가지고 오지 않겠다고 하면 "이 녀석이……." 하며 겁을 주신다. 무조건 어른들 말씀이 옳다며 고집을 세우신다.

게다가 그렇게 말씀하신 대로 해서 틀리면 "뭐 그럴 수도 있는 거지."하시며 넘어가지만 우리가 틀리면 "이 녀석아, 그것도 못 해! 어?"하며 다그치신다. 우리에게 말할 기회도 주지 않고 그냥 꾸짖기 바쁘시다.

해야 하는 일을 이렇게 해도 되냐고 여쭈어 보면 그냥 앞뒤도 가리지 않고 "안 돼! 해. 아니, 그것도 못 해? 이 녀석이 누굴 닮았길래 이렇게 해. 아니야! 그게 아니잖아."어른들의 그런 지배 때문에 쉬운 일도 우리는 어른들에게 여쭈어 본다.

"이거 해도 돼요? 이렇게 하면 되지요? 엄마, 이것 좀 해줘요."

어른들은 우리들의 자유를 빼앗고 마구 부려먹는다. 우리가 어리다고 우리 의견을 무시한다. 요즘 어른들은 옛날 어른들보다 좋아졌다고는 하나 언제나 부려먹는 일은 똑같은 것이다. 언제나 자기의 주장만이 옳다고 생각하는 이기주의자들이다. 난 공익주의자가 되겠다. 담배만 피우고 술만 먹는 어른들이 나는 싫다. 그 중에서 한 만분의 일은 그렇지 않겠지만 우리가 소중하다는 걸 모르는 어른들은 내 눈에는 모두가 바보로 보인다.

이제 우리들은 어른들의 억압과 지배를 받았으니 커서는 다시는 어른들이 한 행동을 우리는 절대로 하지 않을 것이다. 절대로.

제8절 견학기록문 쓰기 지도

1. 견학기록문이란

'어딘가를 구경하고 나서 구경한 것과 그 것에 대한 느낌이나 생각을 글로 정리한 것' 이렇게 견학기록문을 정의할 수 있다.

아이들이 학교에 써 가는 글쓰기 숙제 중에는 견학기록문도 만만치 않은 비중을 차지할 것이다. 그러나 견학기록문은 대부분 학부모 숙제가 되기 일쑤다. 아이들이 본 것을 적절하게 분석해 내지 못하니까 글로 풀어내는데 한계를 가질 수밖에 없다.

견학기록문을 잘 쓰려면 본 것을 꼼꼼하게 기록하는 것이 좋다. 작은 수첩을 들고 다니며 적거나 그려 놓으면 쉽게 기억해 낼 수 있고 본 것이나 들은 것에 대한 느낌이나 생각도 쉽게 떠올릴 수가 있을 것이다.

2. 견학기록문 지도안

1) 견학 계획 세우기

견학은 준비를 얼마나 잘 하느냐에 따라서 성공과 실패가 갈린다. 기껏 견학 장소까지 갔는데 필기구를 안 가져가서 아무 것도 못 적는다거나 갑자기 비가 왔는데 우산을 준비하지 않아서 몇 시간 동안 비를 피해야 한다면 견학을 실패하기 마련이다. 견학계획서를 얼마나 철저하게 짜느냐는 견학 준비를 얼마나 철저히 하느냐를 가르게 된다.

가. 견학계획서 짜기
<견학계획서>

견학 주제 : _____를 찾아서

① 견학 장소 :
② 날짜 :   년   월   일
③ 가는 사람 :
④ 교통수단 :
⑤ 눈 여겨 볼 것들
⑥ 준비물 :
  - 수첩과 필기구는 기본. 카메라 가지고 올 사람도 정한다.

⑦ 견학에 드는 돈
   - 밥값 :
   - 차비 :
   - 입장료나 재료비 :
   - 사진 찍는 비용 : 필름 : _____ 인화비 : _____
   - 간식비 : (아이 한 명당 2,000원 정도가 좋음-너무 많아도 좋지 않다.
   - 비상금 : (혹시 생길지도 모르는 경우에 대비해서 5,000원 정도를 따로 준비한다. 이 돈은 걷어서 공동으로 쓰지 말고 각자가 주머니에 가지고 있도록 한다.)
⑧ 조심할 것들
   - 주의 사항을 같이 생각하면서 쓴다. 아이들이 생각해 내지 못하는 것은 교사가 알려준다.

나. 자료 검토
   - 견학 갈 곳에 대한 정보를 미리 조사해 와서 충분히 공부를 하도록 한다. 아는 것만큼 보인다는 것을 잊지 말자. 교사가 자료집을 만들어서 아이들과 미리 공부하면 좋겠다.

2) 견학하기

가. 가면서
   - 본 것
   - 들은 것
   - 느끼고 생각한 것을 적게 한다.

나. 견학지에 가서
   - 본 것과 그것에 대한 느낌 생각을 적게 한다.
   - 많은 것을 보았을 때는 그 중에 두 개나 세 개를 적게 한다.

다. 돌아 오면서나 돌아 와서
   - 본 것
   - 들은 것
   - 느끼고 생각한 것을 적게 한다.

라. 견학기록문 쓰기
   - 견학하면서 적은 것을 펼쳐 놓고 순서대로 살을 붙여서 쓰게 하면 된다.
   - 다 쓴 다음에는 반드시 큰 소리로 읽게 한다.

3. 견학기록문 수업을 할 때 조심해야 할 것들

① 많은 아이들을 한 교사가 데리고 나가는 것이니 조심해야 할 것이 한두 가지가 아니다. 집과 교실에 갇혀 있던 아이들이 갑자기 주어진 자유를 주체하지 못해서 날뛰는 경우가 많다. 아이들이 뛰면 다치는 것이야 불을 보듯 뻔하다. 길에서 뛰지 않도록 해서 사고가 나지 않도록 해야 한다.
② 집에서 먹는 음식이 아니니 입에 안 맞을 수 있다. 더욱이 사람이 많이 몰리는 곳에서 파는 음식은 불결하기 일쑤니까. 햄버거 같은 걸 먹는 것보다는 끓인 음식을 먹는 것이 좋다. 도시락을 싸는 방법도 좋다.
③ 관람 태도이다. 박물관 안에서 함부로 사진을 찍는 사람은 이제 많이 없어졌지만 아직도 카메라 섬광이 얼마나 전시물에 나쁜지 모르는 사람이 있다. 아니면 전시물을 함부로 만진다든지 하는 것도 안 될 일이다.
④ 뭘 잃어버리는 것이다. 물건이나 지갑을 잃어버리면 그 아이는 견학이 아니라 악몽이 되어 버린다. 너무 많은 돈을 가지고 가지 못하게 하는 까닭도 여기에 있다.

KBS를 다녀와서

신림초 6학년

10월 29일! 손꼽아 기다리던 KBS 견학날이다. 나는 아침부터 호기심에 가득 차서 학교로 향했다. 나는 반 친구들에게 KBS 견학을 간다고 자랑을 늘어놓았다. 그러자 친구들은 모두 부러워하며 한마디씩 했다. "좋겠다." "연예인 만나면 사인 한 장만 해다 줘."

견학 갈 생각만 하고 있으니까 한 시간 한 시간이 지루하게만 느껴졌다. 드디어 5교시 종이 '땡땡땡' 하고 울렸다. 나는 좋아서 소리를 지르며 운동장으로 갔는데 아이들이 많이 오지 않아서 5분이나 기다렸다.

출발! 한 정거장을 걸어 버스를 기다리며 아이들은 떠들썩하였다. 버스가 저쪽에서 보였다. 아이들은 모두 '와' 하며 서로 앞으로 갔다. 버스에서 아이들은 신나게 놀았다. 드디어 목적지 도착!!!

KBS 견학홀로 향했다. 1층부터 계단으로 4층까지 올라갔다. 견학할 곳에 드디어 도착했다. 거기에는 옛날의 방송시대와 여러 각국의 방송에 대하여 자세하게 나와 있었다. 분장실, 조명실 등 아주 귀엽게 만든 것들이 아주 많았다. 또 명랑극장 녹화 현장을 위에서 보았는데 마음속으로는 직접 보고 싶었다.

견학홀을 다 견학한 후 밖으로 나와 여의도 광장에서 자전거를 탔다. 날씨가 추웠지만 아주 재미있었다. 선생님께서 사발면을 사 주셨는데 오랜만에 먹어서 더욱 맛이 있었다. 한 시간 정도 여의도 광장에서 보낸 후 집으로 출발!

광양 제철소를 다녀와서

신안초 6학년

우리 학년은 현장 학습을 하기 위해서 광양 제철소에 갔다. 광양 제철소에 가니 안내원이 친절하게 설명해 주었다. 그런데 무엇인가 산처럼 가득 쌓여 있는 것이 보였다. 안내원은 그것이 무연탄이라고 하시며, 열을 내는 재료라고 말씀하셨다. 또 유연탄은 '코크스'와 같으며, 우리나라에서는 생산되지 않는다고 하셨다.

광양 제철소에서 하루에 소비하는 돈이 1억이 넘는다고 한다. 또 용광로의 온도는 1300℃이고, 15년 동안 불씨가 꺼지지 않는다고 한다.

그 다음으로 간 곳은 하늘색 지붕인 '열연공장'이다. 쇠가 용광로에 태워져 빨갛게 된 것이 왔다 갔다 하면서 물이 부어졌다. 그리고 열이 식는 동안에 쇠망치 같은 기계가 쇠판을 얇게 만들었다. 완성된 것은 두루마리 형태로 코일이 만들어졌다. 그 값은 25만원이나 된다고 한다. 더욱 놀라운 것은 공장에서 다 사용한 물은 공장에서 생활하는 근로자 각 방에 난방 연료가 된다는 것이었다. 놀란 것을 한 가지 더 말한다면 '안내원'은 그곳에서 일하는 근로자의 부인들로 보수도 받지 않고 일한다는 것이다. 우리 선생님께서 말씀하셔서 알아낸 것이지만 말이다.

제2부 독서 지도법

제1장 어린이 독서지도 ▶ *2-3*
제1절 독서의 원리 • *2-3*
제2절 독서지도의 의미 • *2-6*

제2장 어린이 문학 ▶ *2-19*
제1절 동시와 동요 • *2-19*
제2절 그림책 • *2-33*
제3절 옛 이야기 • *2-36*
제4절 우리나라 창작동화 • *2-51*
제5절 세계 명작 • *2-57*

제3장 이야기를 통한 어린이 독서지도 ▶ *2-59*
제1절 스토리 텔링에 의한 독서지도 • *2-59*
제2절 북 토크 • *2-64*
제3절 독서토론 • *2-66*

제4장 예술활동을 통한 어린이 독서지도 ▶ *2-69*
제1절 문학 활동을 통한 독서지도 • *2-69*
제2절 미술 활동을 통한 독서지도 • *2-71*
제3절 놀이를 통한 독서지도 • *2-73*

부록 현장 독서지도 사례 모음 ▶ *2-75*
■ 사고력 개발을 위한 열린 독서지도 방법 • *2-75*
■ 책 읽기를 도와주는 창(窓) '독서이력서' • *2-90*
■ 신바람 나는 독서활동을 통한 독서력 신장 • *2-97*
■ 다양한 독서활동을 통한 독서지도 방안 • *2-105*
■ 참고문헌 • *2-127*

제1장

어린이 독서지도

제1절 독서의 원리

독서(讀書)란 글자 그대로 '책을 읽는다.' 혹은 '글을 읽는다'의 뜻이다. 책을 읽는다는 의미도 결국은 책 속의 글을 읽는 것이므로 독서란 '글을 읽는다'는 뜻이다.

1. 독서의 본질

독서의 본질은 대체로 다섯 가지로 말할 수 있다.

1) 독서는 독자가 의미를 재구성하는 과정이다.

독서란 필자가 써 놓은 글의 의미를 수동적으로 파악하는 것이 아니라 독자 자신이 가지고 있는 사상과 감정을 글 속에 투영하는 행위이며, 그런 행위를 통하여 독자는 글 속의 의미를 머리 속에 재구성하는 것이다.

2) 독서는 어휘력과 사고력을 필요로 한다.

독서의 기초 단계는 우선 글자를 술술 읽을 줄 아는 것이다. 그러나 글자를 읽는 것이 매끄럽다고 해도 단어, 글의 내용이 어려우면 독해는 정확해질 수 없다. 그러므로 독서가 원만하게 이뤄지려면 어휘력도 뛰어나야 하고, 글 내용을 이해하는 지식수준도 높아야 한다.

3) 독서는 목적에 따라 그 방법이 달라진다.

능수한 독자는 글을 읽는 목적에 따라 독서의 방법을 달리한다. 즉 소설을 읽을 때와 학습을 위하여 책을 읽을 때에는 각기 다른 방법으로 독서를 한다는 것이다. 또한 능숙한 독자는 자신이 무엇을 알고 무엇을 모르는지를 잘 알고 있으며, 읽고 있는 글이 왜 어려운 지를 인식하고, 그에 따른 적절한 대책을 세움으로써 문제를 해결하려는 노력을 기울인다.

4) 독서는 동기화가 이루어질 때 효과적이다.

독서에 대한 홍미와 욕구가 없는 상태에서 일종의 의무감과 강박 관념에 사로잡혀 독서를 하게 된다면, 그러한 독서는 바람직한 결과를 가져오지 않는다. 독서는 독서하는 사람이 읽고 싶은 동기가 바탕이 되고, 읽고 싶은 책을 선택하고, 재미와 기쁨을 가지고 책을 읽을 때 가장 효과적이다.

5) 독서는 평생의 과업이다.

독서 능력은 하루아침에 습득되지 않으며, 오랫동안의 독서를 통해서만 성취될 수 있다. 또한, 독서 능력은 단순히 독서 기술만을 습득한다고 해서 생기는 것은 아니며, 독서를 통하여 지식이 풍부해지고 사고하는 능력이 향상될 때에 온전해지는 것이다. 그러므로 독서 능력은 평생에 걸쳐서 향상시켜야 하며, 그 종착점이 없다고 해도 지나친 말이 아니다. 독서가 평생의 과업이란 말 속에는 이러한 의미 외에도 독서는 우리의 인격을 수양하기 위해서 평생 지속되어야 할 방법이란 뜻을 포함하고 있다.

2. 독서의 효과

1) 독서는 언어발달을 가져온다.

독서 능력을 갖추기 이전의 언어 발달은 음성 언어를 통하여 이루어 지지만 말하고 듣는 행위를 통한 언어의 습득은 극히 제한적이다. 음성 언어에 쓰이는 언어는 문자 언어의 쓰임에 비하여 훨씬 제한적이다. 이해하고 있는 어휘에 비하여 실제로 사용하는 어휘가 아주 적은 것만을 봐도 이를 짐작할 수 있다. 말하고 듣는 행위의 대상자는 시간적, 공간적으로도 극히 제한을 받는다. 언어의 발달이란 단순히 단어의 수를 많이 안다는 뜻만이 아니라, 그런 단어의 개념들이 담고 있는 지식을 풍부하고 깊게 아는 것을 뜻하며, 그것을 바탕으로 언어를 부릴 줄 아는 능력을 갖게 됨을 뜻한다.

2) 우리는 독서를 통하여 지식을 얻는다.

물론 보고 들음으로써 지식을 얻게 된다. 그러나 그러한 직접 경험을 통해 얻는 지식은 그 양과 질에 있어서 극히 제한적이다. 그보다는 책을 통한 간접 경험으로 얻는 지식이 훨씬 많고 깊이도 있다. 현대는 정보화 시대라고 한다. 매일매일 쏟아져 나오는 정보를 습득하는 길은 결국 책을 통해서이다. 특히, 현대는 무한 경쟁의 시대라고 하므로 책을 통한 지식의 습득은 경쟁에서 이기는 지름길이라고 해도 지나친 말이 아니다.

3) 독서를 통하여 교양을 쌓는다.

예로부터 독서는 인격 도야의 수단이었다. 책을 읽음으로써 높은 교양을 쌓고 인격을 도야하게 된다. 책을 통하여 깊은 깨달음을 얻게 되며 지혜를 얻게 된다. 책은 지혜의 샘이다. 그래서 선인들은 '하루라도 책을 읽지 않으면 입 안에 가시가 돋친다.'고 하였다.

4) 독서는 우리에게 즐거움을 준다.

그것은 오락적 수준의 즐거움일 수도 있지만, 독서에서 얻게 되는 진정한 즐거움은 깨달음에서 오는 희열에 있다.

5) 우리는 독서를 통하여 우리가 살아가면서 부딪치는 문제에 대한 해답을 얻을 수 있다.

우리는 살면서 무수한 의문을 가지게 된다. 사람은 왜 죽는가, 행복이란 무엇인가, 사람은 왜 싸우는가, 전쟁은 왜 일어나는가, 종교의 차이로 인한 전쟁은 피할 수 없는가 등등 개인과 사회에 대한 끊임없는 의문점들에 대한 답을 책을 통해 얻을 수 있다.

3. 독서교육의 필요성

독서는 사고력의 신장과 가치관 형성에 큰 영향을 주며, 진실 된 삶의 추구와 정서를 순화시켜 청소년, 성인에 이르기까지 연령과 지적 발달에 알맞게 독서에 대한 바른 안내와 독서 흥미를 유발시키고, 독서에 대한 바른 방법을 지도함으로써 교육의 효과를 높여 주는 기초적인 독서 교육과 차원 높은 독서 교육이 필요하다.

제2절 독서지도의 의미

독서는 사람의 지적인 욕구를 충족시켜 줄 뿐만 아니라, 한 개인이 건전한 인간으로 성장하고 자아를 실현하는데 중요한 역할을 한다. 이러한 의미에서 독서능력은 곧 사회 적응 능력을 의미하며, 장래의 자신의 인생을 만들어 갈 수 있는 능력을 의미한다.

독서지도는 유아기와 소년·소녀기, 청년기, 성년기, 노년기에 걸쳐 이루어지며 그 방법도 각 시기별로 차이가 있다. 그러나 문학을 자주 즐기는 어린이들이 학창시절에 그리고 어른이 되어서도 독서에 호의적인 태도를 갖는다는 점을 고려할 때, 유아기와 아동기의 독서지도의 중요성은 재론의 여지가 없다.

유아기와 아동기에는 독서의 기초적인 지도를 하게 되는데, 이 시기에 형성된 독서습관은 평생을 지배한다. 또한 읽기와 쓰기의 기초능력이 형성되는 시기이므로, 이 시기의 독서지도가 학습능력에도 커다란 영향을 미친다고 할 수 있다. 유아기와 아동기에 올바른 독서습관을 갖도록 하기 위해서는 우선 아동들이 거부감 없이 독서에 흥미를 갖도록 유도하는 것이 중요하다. 강압적이거나 부적절한 독서지도는 평생에 걸쳐 책에 대한 두려움과 부정적 인상을 남겨 줄 수 있다. 그러므로 독서에 대한 동기유발은 각 연령대의 어린이의 독서능력과 독서흥미의 발달단계를 고려하여 이루어 질 필요가 있다.

1. 독서능력 발달 – 독서 레디니스 발달을 중심으로

독서 레디니스(reading readiness)는 곧 읽기 학습에 필요한 심신의 성숙, 발달의 상태를 뜻한다. 독서 전에 생기기도 하고 지도과정 중에 생기기도 하며, 지능, 성숙 및 경험의 범위와 밀접한 관계가 있다. 독서 레디니스에는 그림 이해능력, 도형 판별력, 도형 기억력, 문자 인지력, 안구운동 조정력 등이 있다. 그 외 독서 레디니스 형성에는 흥미, 정서적 안정, 자립심, 풍부한 생활경험, 부모의 관심과 환경 교육이 영향을 미친다.

한편, 독서 레디니스에 영향을 미치는 요소에는 다음과 같은 것이 있다.

그림의 이해능력은 신변의 생활을 보고 이해하는 능력으로 4~5세 간에 급속히 발달한다. 이는 6세를 지나면서 그 정점에 이르며 8세 이후에는 상승하지 않는다. 도형 판별력은 서로 같은 도형과 다른 도형을 판별하는 능력으로 4세부터 발달하기 시작하여 5~6세 간에 급속히 상승하며, 7세 전후에 정점에 가까워진다. 도형 기억력은 도형을 순간적으로 기억했다가 재인식하는 능력으로 3세에서 7세까지 거의 직선적으로 발달하며 도형 판별력보다 반년 앞서 발달, 7세 이후에도 발달이 계속된다. 문자 인지력의 경우 문자를 인지하는 양은 5세까지는 극히 적다. 5세에는 18%, 6세에는 49%, 7세에는 93%로 6세 전후부터 7세 사이가 문자를 깨닫는 절정기가 된다. 안구운동의 조정력은 5~6세 사이에 급속히 성장하여 7세에 고원 상태에 이르며 그 이후도 계속 상승한다.

2. 독서 흥미의 발달

사람은 그들의 심신의 성장 발달에 따라 이질적인 독서 자료를 독서하게 된다. 이것을 독서 흥미의 발달이라고도 볼 수 있다.

1) 2세에서 4세의 시기는 가정에서 예의범절을 가르치는 시기라고 할 수 있으며 어린이의 사회적인 적응이 중심이 되는 시기이다.

자기가 할 수 있는 것은 자기가 하며 틀리지 않고 잘 한다. 또한 하지 말라고 하는 일은 하지 않는다. 이 시기에는 이야기 자체가 짧아야 한다. 동식물과 무생물도 등장인물이 되지만, 듣고 있는 어린이 자신과 이야기해 주고 있는 성인이 주인공이 되는 것이 좋다. 자기들의 일상생활에서 일어난 한 장면을 말로 재인식시키는 형식을 취하거나 리듬과 유머가 있으며 다소 교훈적인 내용이 있는 것으로서 설화 형식의 즉흥적인 창작 이야기 형식을 취한다.

그리고 2세에서 6세까지 글자는 읽을 수 없지만 그림책을 보여주면서 읽고 듣게 하며 그림에 대한 대화도 시작한다. 그림책으로는 생활 그림책(어린이의 생활을 그린 것)과 관찰 그림책(동물, 식물, 승용차류, 가구 등 생활 주변에 있는 물건의 이름들을 알 수 있는 것)을 이용하는 것이 좋다.

2) 4세에서 6세의 시기는 옛이야기 시기라고 한다.

이 시기는 제1반항기라고도 말하는데 자기의 주장만을 강조하고 떼를 쓰면서 어머니를 괴롭힌다. 이 때 어린이의 주장을 무조건 억압해서는 안 되며 이런 때일수록 이야기를 통해서 선과 악의 구별을 이해시켜 선을 찬양하고 악을 증오하는 심정을 길러주어야 한다. 또한 논리적인 사고를 할 수 없기 때문에 자기중심적인 상상 세계에서 모든 일의 도리를 깨달을 수 있도록 지도하는 것이 좋다.

이 시기에는 그림책과 함께 옛이야기를 제공하는 것이 좋을 것이다.

옛이야기의 경우는 소재가 어린이 신변의 생활환경인 것이 좋다. 또 무생물이 살아서 등장하고 추상적인 관념이 물체에 표현되며 마법(魔法)이 진실로서 표현되어야 한다. 그리고 이야기의 시작과 끝이 조화를 이루는 것도 중요하다.

3) 6세에서 8세는 우화기이다.

이 시기는 생활환경이 가정으로부터 학교로 확대되며 급격히 넓은 사회 장면에 적응해야 한다는 것이 중요 과제가 된다. 따라서 새로운 사회생활에서의 행동적인 규칙에 주의하고 이 규칙을 위반하는 것을 억제해야 한다. 이 규칙을 순응하는 것은 선(善)이며 이것을 위반하는 것은 악이라는, 선과 악의 가치판단이 가능하기 때문이다. 더욱이 자기 판단으로서는 자신이 없어서 성인의 판단을 무조건 받아들이기 때문에 이 시기를 타율도덕시대(他律道德時代)라고도 한다.

4) 8세에서 10세까지는 동화기라고 한다.

이 시기에는 미분화된 자기중심적인 심성에서 이탈하여 객관적인 현실을 이해하려고 하는 시기이다. 또 타율적이었던 행동의 기준을 초월하여 자주적인 판단에 의거하여 적극적으로 행동하게 된다. 따라서 자기만의 생활을 개척하는 것이 과제가 된다. 대인 적응이 주가 되는 시기이기도 하다. 특히 자기중심적인 심성에서 주관과 객관이 분화된다는 점에서 비밀이라는 것에 흥미를 가지기 시작한다. 그래서 거짓말을 의식적으로 하기도 하고 더 나아가서는 물건을 훔치는 행동이 시작되는 경우가 있기 때문에 생활지도면에서도 매우 중요한 시기라고 할 수 있다.

이 시기에는 옛이야기, 우화, 일화와 함께 창작동화와 환상적 이야기를 읽기 시작한다.

3. 독서의 방법

1) **느끼며 읽기** : 집중력과 감성을 키우면서 읽는 단계.

   - 주인공이 된 기분으로 읽게 한다.
   - 인물의 심정을 느끼며 읽게 한다.
   - 인물의 행동을 자신의 경험과 결부시켜 읽게 한다.

2) **상상하며 읽기** : 머릿속에 어떤 이미지를 상상하여 떠올리며 읽는 단계.

   - 작품 속의 장면, 정경, 분위기를 상상하며 읽게 한다.
   - 인물의 기분, 성격, 얼굴 모습을 상상하며 읽게 한다.
   - 인물의 말투, 표정, 태도, 행동, 옷차림 등을 상상하며 읽게 한다.
   - 장소, 날씨, 거리, 넓이 등을 상상하며 읽게 한다.
   - 빛깔, 모양, 크기, 촉감, 소리, 무게 등을 상상하며 읽게 한다.
   - 책 속의 그림을 보고 글의 내용을 상상해 보게 한다.
   - 읽으면서 연상되는 것을 말해 보게 한다.
   - 상상한 것을 그림으로 그려보게 한다.

3) 추리하며 읽기 : 책을 읽는 과정에서 이야기의 논리에 대하여 끊임없이 의문을 던지며 읽게 하는 단계.
   - 글을 읽으며 '왜?'라고 의문을 품어 보게 한다.
   - '그래서? 그 다음에는?'하고 생각하며 읽게 한다.
   - '무엇 때문에?'하고 생각하며 읽게 한다.
   - '만약에 나라면 어떻게 할 것인가?'하고 생각하며 읽게 한다.
   - '그와 반대라면?'하고 입장을 바꾸어 생각해 보게 한다.

4) 비판하며 읽기 : 책을 읽으면서 제시된 사실이나 상황에 대하여 평가하고 판단하며 읽는 단계.
   - 옳고 그름, 좋고 나쁨을 가려내어 보도록 한다.
   - 글의 사실성, 진실성을 비판해 보며 읽도록 한다.(설명문)
   - 논리의 타당성을 비판하며 읽도록 한다.(논설문)
   - 과장된 표현은 없는지 판단해 보도록 한다.(선전 홍보문)
   - 생각이 자연스럽게 펼쳐지고 있는지 비판해 본다.
   - 글쓴이의 태도가 주관적인가, 객관적인가를 생각해 보고 비판해 본다.
   - 주장이 타당한가를 비판해 본다.

5) 창의적으로 읽기 : 읽은 자료의 조합을 통해서 새로운 지식을 생성해 내는 단계
   - 여러 가지 의문을 제시해 보며 읽게 한다.
   - 그림만 있는 만화를 보고 대화를 써넣어 보게 한다.
   - 그림만 제시한 포스터나 광고의 제목이나 문구, 책 광고물 등을 만들어 보게 한다.
   - 여러 가지로 이야기를 변형시켜 다시 써보도록 한다.

4. 동기 유발

1) 스토리 텔링

   독서교육에 있어서 이야기를 이용하고 그 방법을 확립시킨 것은 미국과 유럽의 아동 도서관이라고 할 수 있다. 미국과 유럽의 스토리 텔링은 독서에 흥미를 가지지 못한 어린이들에게 즐거운 책의 세계로 여행하면서 독서 흥미와 의욕을 가질 수 있도록 한다.

스토리 텔링을 실시할 때는 첫째 이야기의 소재를 선택하는 방법, 둘째 이야기하는 사람의 조건, 셋째 환경의 조성 등 세 가지의 문제가 가장 중요하다.

이야기의 소재는 이야기를 들은 어린이들이 내용을 자기의 머리 속에 연속된 그림으로 상상할 수 있는 것이 좋다. 그러므로 이야기의 줄거리가 단순하게 진행되면서 기승전결(起承轉結)이 명확한 것이어야 한다. 그리고 이야기의 줄거리에 클라이맥스가 있고 강하게 인상을 가질 수 있는 것이 좋다. 이렇게 본다면 대표적인 것으로서는 옛날부터 이야기로 전승되어 오고 있는 민화를 들 수가 있다.

이야기할 사람에게 필요한 기본 조건은 상상력이 풍부해야한다는 것이다. 자기가 감동할 수 없는 것을 단지 작품을 비평하는 식으로 이야기해서는 듣는 사람에게 인상을 강하게 줄 수는 없다. 이야기하는 사람은 이야기의 줄거리를 연속되는 그림으로 생각하고 이 그림을 토대로 자기의 말을 통해서 어린이들에게 이야기가 전해져야 한다는 기분과 태도가 있어야 한다.

좋은 환경의 조성이라고 하는 것은 이야기를 듣고 있는 어린이들이 이야기의 세계에 집중할 수 있도록 해주는 것이다. 이야기가 끝난 후에는 도덕적인 이야기를 하지도 않거니와 어린이들에게 질문도 많이 하지 않으며 이야기의 여운을 소중히 간직하게 한다.

2) 북토크

스토리 텔링은 책 속의 내용 전부를 이야기하여 듣게 하는 것이지만 북 토크는 독서할 수 있는 계기를 만들어 주기 위해서 책 자체를 소개하는 것이다. 따라서 스토리 텔링은 아직 본격적인 독서를 시작하기 이전의 어린이와, 활자에 충분히 익숙하지 못한 어린이들을 대상으로 독서에 접근시키기 위한 방법으로써 많이 실시하지만 북 토크는 독서를 어느 정도 하고 있는 어린이에게 책과 어린이를 직결시키기 위한 작업인 것이다. 어린이나 학생들이 정보가 범람하고 있는 속에서 잘못하면 불필요하고 소용이 없는 정보를 수집하기가 쉽다. 북 토크는 교사나 사서교사가 선택한 책에 대해서 소개를 받을 뿐만 아니라 정보를 얻기 위한 방법을 터득할 수도 있다.

북 토크를 실시하기 위해서는 어떤 테마에 알맞은 책을 5권에서 10권정도 선정하는 것이 적당하며 소개하는 방법으로는 내용의 난이성(難易性)과 내용의 범위 등을 고려하면서 선택한 도서 전부에 대해서 동일하게 소개하는 방법과 테마의 중심이 되는 도서 2,3권 정도를 자세하게 소개하고 그 밖의 도서는 간단하게 소개하는 방법 등이 있다.

북 토크를 실시할 때 유의해야 할 점은 다음과 같다. 우선 지도를 담당한 사람은 소개할 대상 도서를 충분히 읽고 이해할 필요가 있으며 그 도서의 어떤 부분을 강조하여 독서흥미를 유발시킬 것인가를 연구해 둘 필요가 있다. 이렇게 하기 위해서는 삽도(挿圖), 그림 등을 이용할 수 있다. 그렇지 않으면 내용의 한 부분을 낭독해 주는 방법 등도 매우 효과적일 것이다. 한 번의 북 토크에 소요되는 시간은 30분에서 1시간 이내가 적당하며 한 권의 책을 소개하는 시간도 7분에서 10분 정도가 좋을 것이다. 그 이상 되면 지루해져서 오히려 독서의욕을 상실할 우려마저 있다. 소개할 도서의 내용은 전부, 즉 처음부터 끝까지 설명하지 말고 사건의 발단이나 주인공을 소개하는 데서 그치도록 한다. 이야기 도중에 어린이나 학생들에게 토론하도록 하거나 준비한 노트를 읽어 주는 일은 되도록 피하는 것이 좋다.

3) 듣는 독서

듣는 독서는 책을 직접 읽고 듣게 하는 것으로써 스토리 텔링보다 직접적인 독서라고 할 수 있다. 듣는 독서는 지도하는 사람이 직접 책을 쥐고 있기 때문에 어린이나 학생들이 책에 대한 관심도 강할 뿐 아니라 독서 동기를 유발시키는 데도 매우 효과적이다. 스토리 텔링은 어느 정도 기술적인 연습과 사전의 준비가 있어야 하며 이러한 준비를 하기 때문에 효과 면에서 볼 때 매우 인상적이며 감명도 높다. 그러나 듣는 독서는 비교적 손쉽게 실시할 수 있으며 개인적인 기술도 크게 필요하지 않다.

지도자가 책을 읽어 주며 듣게 하는 독서의 방법으로는 우선 책 내용을 전부 읽으며 듣게 하는 방법이 있다. 그림책일 경우에는 그림을 보여주면서 읽고 듣게 한다. 이 방법은 일반적으로 많이 실시하는 방법으로써 독서 입문기의 지도에 있어서 독서 동기 유발을 위해 많이 실시한다.

두 번째로 책 내용의 일부분만을 읽어 주며 듣게 하는 방법이 있다. 이 방법은 이야기 줄거리의 클라이맥스에 도달하기 직전까지를 지도자가 읽어 주며 듣게 하고 그 이후의 내용은 어린이들 자신이 독서하고 싶다는 의욕을 가지게 하는 방법이다. 흥미 있는 내용에 유도되며 어린이가 자연히 책을 찾게 하는, 적극적으로 독서와 직결시켜 주는 방법이다.

4) 마지막으로 어린이들이 서로 읽으며 듣게 하는 방법이 있다.

한 권의 책을 어린이들 서로가 윤독(輪讀) 형식으로 읽는 방법으로서 독서의 동기 유발에도 효과적일 뿐만 아니라 낭독 연습에도 도움이 된다. 이 방법은 교사만이 읽어 주고 듣게 하는 것보다 참여 의식이 강하기 때문에 독서지진아(讀書遲進兒)와 독서를 좋아하지 않는 어린이들에게 용기를 북돋아 주는 데도 효과적이다. 이 방법은 초등학교 저학년뿐만 아니라 고학년 어린이들에게도 적용될 수 있는 좋은 방법이라 하겠다.

5. 독서 동기 유발 프로그램 – 공공도서관 중심

아래 표는 16개 서울시립도서관의 어린이 독서교육 프로그램 현황표이다.

<표 1> 서울시립공공도서관의 어린이독서교육 프로그램 현황

	현장학습	계절 독서교실	1일 독서교실	독서회	이야기 교실	비고
강 서	○	○	○			
양 천		○		○		
고 척		○	○	○		
구 로			○	○	○	어린이독서퀴즈
동 작	○	○			○	
용 산		○	○	○		
강 남						
개 포		○	○			동화 구연
송 파		○	○			유아독서지도, 모자교육 프로그램
강 동		○	○	○		동화나라, 어린이 전자책 서비스
동대문						
남 산						
종 로						
서대문	○	○	○			
정 독						엄마와 함께하는 이야기교실
도 봉	○				○	

각 프로그램의 내용을 살펴보면, 우선 현장학습에서는 단체로 구성된 학생들 단위가 도서관을 견학하여 도서관 이용법, 독서위생, 도서 검색법을 배운다.

계절 독서교실은 여름이나 겨울 방학처럼 학과에 얽매이는 시간이 적은 때에 시간을 넉넉하게 가지면서 독서습관을 길러줄 수 있는 장기간의 프로그램으로써 여러 단계로 이루어져서 체계적인 훈련이 가능하다. 가장 많이 활성화되어 있는 프로그램으로써 9개 도서관에서 실시하고 있다.

1일 독서교실은 하루 동안 도서관에서 학습한다는 점에서 현장학습과 비슷하지만 현장학습이 도서관 견학을 중심으로 이루어지는 활동이라면 1일 독서교실은 인근 거주 학생을 대상으로 그 때마다 다른 다양한 주제로 독서의 내용에 중점을 두고 지도하는 프로그램이다.

독서회는 독서 후 감상문을 쓰거나 토론을 통하여 문장력과 표현력을 길러주는 자발적인 모임을 말한다. 독서 퀴즈나 독후감상화 그리기 등으로 감상 발표를 할 수 있는 프로그램도 있다.

이야기교실은 동화구연을 기본으로 한다. 아이들에게 동화를 들려주고 감상을 그림으로 그리게 하는 곳도 있다.

독서회나 독서교실에서 조직되어 있는 프로그램은 다양하여 책 선정에서부터 시작하여 감상에 이르는 과정을 총괄하여 운영되는 곳이 많으며 이 과정에서 동기유발의 방법인 북 토크나 스토리 텔링을 사용하는 경우가 많다. 북 토크는 독서교실이나 독서회를 중심으로 이루어지고 있으며 스토리 텔링은 구연동화 프로그램이 있는 이야기 교실이나 독서교실을 중심으로 이루어지고 있다. 구연동화 프로그램은 어린이들 스스로 하게 하는 경우도 있지만 어린이들의 능력이 아직 발달되지 않은 점과 부모의 정서적 유대감이 미치는 교육적 효과를 고려하여 학부모들의 구연동화 프로그램이 있는 곳도 있다.

1일 독서교실이나 현장학습에서 지도하고 있는 내용은 독서동기 유발과는 직접적인 관련은 없어 보이나 어린이들이 도서관 사용법을 일찍부터 터득하고 익숙해지도록 하여 자발적으로 책 근처에 갈 수 있는 기회를 제공한다는 점에 있어서 중요한 부분이다.

어린이 도서관에서는 다수의 글짓기 대회나 감상문쓰기 대회 등을 주관하며 다른 공공도서관에서도 실시하고 있는 독서교실, 구연교실, 독서회 등을 운영하고 있다.

그 밖에 눈길을 끄는 프로그램으로 독서퀴즈 대회나 감상화그리기 대회, 동극 등이 있는데, 독서 퀴즈 대회는 독서 후 내용을 보다 오래 기억할 수 있게 하는 방법을 흥미있게 시도해 본다는 점에서 널리 시행될 만한 가치가 있다. 또한 감상화나 동극 등은 인간의 오감을 이용하여 감정으로 표현하는 방식으로 추상적인 사고보다는 감각적인 느낌이 발달한 어린이들에게 독후 감상을 표현하게 하는데 적합하다. 오감을 이용하는 것은 독후 감상뿐만 아니라 독서동기 유발에 이용하여도 효과적인 방법이 될 수 있으므로 앞으로 이 부분에 대한 다양한 방법이 개발될 필요가 있다.

아래 표는 서울의 각 어린이 도서관에서 시행하고 있는 어린이 독서지도 프로그램 현황이다.

<표 2> 어린이 도서관의 어린이 독서지도 프로그램

프로그램명	대상	내용
어린이 독서 감상화 그리기 대회	서울시내 초등학교 4학년 어린이	당일 지정도서를 읽고 감상화를 그림
어린이 글짓기대회	서울시내 초등학교 6학년 어린이	당일 지정제목으로 현장 글짓기
어린이 독서 감상문 쓰기 대회	서울시내 초등학교 5학년 어린이	당일 지정도서를 읽고 감상문 쓰기
어린이 동화구연대회	서울시내 초등학교 3학년 어린이	예선 녹음 심사 후 본선 실연
어린이 독서교실	초등학교 4학년 어린이	도서관이용법, 도서선택법, 독후처리법, 독서감상문쓰기, 독서감상화 그리기, 동화구연 등
1일 독서교실	유치원 및 초등학교 어린이 120명 내외	도서관이용법, 독서위생, 자료검색법, 도서선택법 등
어린이 동화구연교실	초등학교 3학년 어린이	동화구연 이론 및 실제
어린이 독서운동 교실	중부, 서부, 동작교육청 초등학교 어린이회장	독서 생활화를 위한 교양강좌, 도서관 이용법, 영화상영 등
어머니 독서 세미나	중부, 서부, 동작교육청 관내 초등학교 어머니 회장	독서지도에 관한 교양강좌, 도서관 이용안내 등
이야기한마당 잔치	도서관 이용자	구연동화, 동극, 동요 등
이야기 교실	취학전 어린이, 초등학교 저학년 어린이 및 학부모	동화구연 실연, 율동, 동요 부르기
가정독서 지도 교실	학부모	가정에서의 어린이 독서지도 방법
교사 동화구연교실	서울시내 유치원 및 초등학교 저학년 어린이 담당교사	동화구연의 이론(내용 선택법, 개작법, 구연법), 동화구연의 실연(화술, 동작, 태도 등)
어머니 동화구연교실	주부	동화구연이론(내용선택법, 개작법, 구연법) 동화구연실연(화술, 동작, 태도)
사직어린이 독서연구회	가정 독서지도교실 수료자	아동문학토론, 어린이 독서지도 토론, 도서관 자원봉사
어린이독서회	초등 4-6학년 어린이중 희망자	독서토론, 글짓기, 독서발표, 주제토론, 견학

6. 외국의 독서 동기 유발 프로그램

1) 영국의 사례

영국에서는 아이들의 독서량이 감소하는 추세를 우려하여 북 스타트, 북 토큰 같은 독서 동기 유발 지도를 실시하고 있다.

-Book Start Project

Book Start Project는 7~9개월이 되어 국가가 실시하는 건강진단을 받는 아이들의 부모에게 아이가 쉽게 볼 수 있는 두 권의 무료 유아용 도서와 여러 가지 충고나 정보가 담긴 도서 안내 지도서, 지역 도서관 초청서 등이 들어있는 꾸러미를 주는 것이다. 부모에게 주는 도서 안내 지도서는 책을 부담스럽게 생각하는 부모들도 쉽게 읽을 수 있도록, 그림과 짧은 글로만 구성되어 있으며, 아이들은 글자를 모르기 때문에 책을 읽고 즐길 수 없다는 부모들의 고정관념을 깨어줌으로써, 아이들이 보다 많은 책을 어릴 때부터 접할 수 있도록 하고 있다.

Book Start Project가 시작된 지 6년 후, 버밍햄 대학 연구진이 북 스타트를 실시한 가족과 실시하지 않은 가족의 두 그룹으로 나누어 비교 조사한 결과, 이 프로그램에 참여했던 아이들은 Baseline Assessment에서 또래 아이들보다 9개영역에서 현저히 높은 점수를 기록, 읽고 쓰기, 산수에서도 확실히 앞섰다는 사실을 발견했다. 2000년 여름까지 210개소 이상에서 Book Start Project를 진행하고 있다.

아이들이 어릴 때부터 책과 친해지는데 큰 역할을 하고 있는 북 스타트 운동은 읽고 쓰는 능력의 저하, 상상력의 결여, 엷어진 부모 자식 관계 등의 문제를 위한 해결책의 하나로 1992년 독서 추진 단체〈영국 북 트러스트 협회〉를 중심으로 버밍햄 도서관, 남쪽 버밍햄 보건국, 버밍햄 대학 교육학부가 하나가 되어 시작됐다.

*우리나라에서도 책읽는 사회만들기 국민운동(http://www.bookreader.or.kr)이 중랑구 보건소, 국민일보 등과 힘을 모아 2003년 4월 1일부터 "아가에게 책을" 이라는 북스타트 시범사업을 시작했다.

이 사업은 보건소에 DPT 3차 접종을 받으러 오는 영아(생후 만 6개월)에게 영·유아용책 두 권, 부모용 안내책자, 북스타트 안내전단, 스티커, 북스타트 회원증이 들어있는 가방을 제공하는 것을 주된 내용으로 하고 있다. 이를 받은 부모는 집에서 아이에게 책을 읽어주거나 장난감 삼아 놀게 한다. 이러한 과정을 통해 아이는 책의 형태, 냄새, 촉감 등에 일찍부터 친숙해질 수 있게 된다. 또한 책을 매개로 해서 부모와 활발하게 상호작용을 하게 되고 이는 아이에게 따뜻한 교감을 느끼게 해 준다. 나아가 아이에게 읽어줄 책을 누구에게나 고르게 나누어줌으로써 빈부 차이에 구애받지 않고 아이들이 책을 접할 수 있는 기회를 제공하는 것도 중요한 목표로 삼고 있다. 이렇듯 가정에서 아이들에게 일찍부터 자유롭게 책을 만지고 놀게 하면서 책을 읽어주면서 부모와 아이가 사랑을 나누는 일이 새롭게 시도되고 있다.

- 북 토큰

대문호 셰익스피어의 탄생일이자 '책과 저작권의 날'인 4월 23일을 기념하여 학교와 서점 연합은 어린이 독서 캠페인 중 하나로 북 토큰(Book Token)을 실시한다. 이것은 어린이에게 일정액 할인권(1파운드)을 배부하여 보다 싼 가격에 책을 구입하게 하는 제도이다. 북 토큰은 행사 두 달 전쯤에 학교를 통해 영국과 아일랜드의 모든 어린이들에게 직접 나누어 주는데, 이것은 아이들이 읽고자 하는 책을 스스로 선택하도록 하기 위함이다. 또한 1파운드 할인권으로만 책을 구입할 수 있도록 4종류의 1파운드짜리 책을 만들기도 하였다.

북 토큰은 아이들에게 싼 가격에 책을 구입할 수 있는 기회를 주는 것뿐만 아니라, 아이들에게 책과 독서의 가치를 알고 즐길 것을 목적으로 하고 있다.

2) 일본의 사례

- 아침 10분 독서운동

일본 마이니찌 신문 조사에 따르면 일본 초등학생은 1년에 91권의 책을 읽는다. 이에 비해 한국 초등학생의 한 학기 독서량은 23.3권으로 일본 초등학생이 우리나라 학생보다 2배나 많이 읽고 있는 것이다. 일본은 최근 들어 더욱 초등학생 독서교육에 박차를 가하고 있다. 오전 수업 시간 전 10분간 학생 스스로 읽고 싶은 책을 읽히는, 일본 전역으로 퍼지고 있는 '아침 10분 독서운동'이 그것이다. 이 운동은 일주일의 4일 이상 수업시간 10분전에는 모두 함께 독서하는 시간을 갖는 것인데, 이때 교사도 함께 책을 읽는다. 현재 이 독서운동을 실시하는 학교는 5000개교에 이르며, 일본의 초등학교들은 이 운동을 통하여 아이들이 책을 스스로 택하고, 자발적으로 읽을 수 있도록 유도하고 있다.

3) 미국의 사례

LA의 윌튼 초등학교에서는 독서진행표를 복도에 걸어두고 있다. 독서 진행표에는 매달 아이들이 읽은 독서량(페이지 수)을 그래프로 기록해 놓고 있는데, 아이들은 매달 선생님과 자신의 독서량을 점검하고, 다음달 독서량 계획에 대하여 의논한다.

또 학교에서는 하루 20분 이상 독서하는 것을 원칙으로 하면서, 개인의 능력, 수준에 따라 나뉘어 있는 그룹별로 독서프로그램을 진행한다. 이러한 독서프로그램의 실시 후 이 학교에서는 2년 동안 아이들의 독서량이 2배 이상 증가하였다고 한다.

시카고에서는 「한 권의 책, 하나의 시카고(One Book, One Chicago)」라는 슬로건 아래 시민들이 일제히 한 권의 책을 읽고 있다. 시카고 시 당국은 책 읽는 문화를 조성하기 위해 아이디어를 짰다. 막연히 독서주간을 정해놓고 책을 읽자고 캠페인 하는 것이 아니라, 책을 한 권 정해 화두를 던지고 자연스럽게 토론과 논쟁을 유도해 책 읽는 풍토를 만들자는 의도였고, 그 전략은 적중했다.

시 당국의 노력만이 아니라 시카고 내 공공도서관과 서점, 공영 TV 등이 전폭적인 지지를 하고 있다. 공공도서관들은 선정 도서 4000권을 추가 구입하고, 시민 독서클럽들을 지도할 토론전문가 수천 명을 시 전역에 파견하고, 인터넷에 채팅룸도 마련했다.

시민들의 호응도 매우 좋다. 독서클럽을 비롯한 각종 모임과 단체들이 스터디그룹을 만들었으며, 커피숍 곳곳에 삼삼오오 모여 토론하는 광경이 벌어지고 있다. 책이 불티나게 팔리고 있다.

이처럼 책 한 권을 정해 도시 전체가 읽는 프로그램은 4년 전 시애틀에서 시작됐는데 지금은 미국의 여러 도시로 번져가고 있다.

4) 독일의 사례

독일에는 각 학교에 독서재단이 마련되어 학교의 독서 지도를 지원해 주는 역할을 하고 있다. 그 중 마인쯔에 있는 독서재단은 '흥미에서 독서가 시작되어야한다'는 생각으로 멀티미디어를 이용한 독서유형, 강의 자료를 다양하게 개발하고 있다. 동화 속 주인공을 통한 창작 이야기 대회를 주최하거나, 20세기 폭스사와 손을 잡고, 영화대본 10,000개를 학교에 보급한 것 등이 그 예이다.

제 2장

어린이 문학

제1절 동시와 동요

1. 동시란 무엇인가

　동시라 하면 어른이 어린이에게 주는 시라고 할 수 있다. 아무리 훌륭한 시가 있더라도 어린이 마음에 선뜻 다가가지 못하면 동시로서의 자격을 갖추지 못한 시가 된다.
　이러한 동시는 언제 생겨났고 발전해 왔을까? 우리나라는 1908년 최남선의 신체시 '해(海)에게서 소년에게로'가 우리나라 최초의 잡지인 '소년'에 실린 이후 비로소 '자유시'의 출현이 있었지만, 어린이를 독자 대상으로 하는 시의 출현은 없었다. 있었다면 전래동요가 유일한 것이었다. 그런데 1923년 3월 20일 소파 방정환이 우리나라 최초의 순수 아동 잡지인 《어린이》를 창간, 여기에 자신의 창작동요인 '형제별', '늙은 잠자리'를 발표하고서부터 많은 동요들이 창작되기 시작했으며 이는 바로 동시문학의 태동을 위한 자리 마련과도 같았다.
　이로부터 우리나라 동시문학은 전래동요에서─→ 창작동요─→ 동요시─→ 동시의 단계를 거쳐 오늘날의 명실상부한 동시문학으로 자리 잡게 되었다. 이런 동시의 역사로 일반 사람들은 동시라면 초창기의 동요나 동요시를 곧잘 머리에 떠올리게 마련이다.
　동시란, 아동 세계 (관념적인 동심이 아니라 살아가고 있는 아동의 현실 세계)에 대한 깊은 관심과 이해가 있어야 한다.

그러므로 동시란,
① 어린이들이 즐길 수 있는, 어린이들이 마음으로 느낄 수 있는 시
② 어린 마음이 스며 있는 시(동심으로 씌어진 시)
③ 어린이들이 이해할 수 있는 말로 씌어진 시(아동에게 감상되기에 좋은 시, 아동의 감정과 생각이 나타나 있는 시) 어린이가 이해할 수 있는 언어와 소박하고 단순한 사상·감정을 담은 시다.
④ 어린이를 위해서, 어린이에게 읽히기 위해서 쓴 시다.

2. 동시의 특성과 제약성

1) 동시는 어린이를 으뜸 독자 대상으로 한다

동시는 어린이를 으뜸 독자로 삼는 시문학이라는 데엔 다른 의견이 있을 수가 없다. 그러면 어른은 동시의 독자가 될 수 없는가, 라는 반론이 나올 수 있다. 어른이라고 하여 어찌 동시의 독자가 될 수가 없겠는가. 어른도 분명히 동시의 독자에 포함될 수 있고, 포함되어야 한다. 하지만 이는 시인이 동시를 창작할 때에 일차적인 독자인 어린이를 염두에 두고 있어야 한다.

2) 동심이 스며 있어야 한다.

【예문】<어린이의 눈이나 맘으로 표현한 시>

콩, 너는 죽었다.

콩 타작을 하였다
콩들이 마당으로 콩콩 뛰어나와
또르르또르르 굴러간다
콩 잡아라 콩 잡아라
콩 잡으러 가는데
어, 어, 저 콩 좀 봐라
쥐구멍으로 쏙 들어가네
콩, 너는 죽었다.

-김용택. 1998년

빗 방 울

어, 어
나뭇잎에
떨어졌네
그럼
또르르
구슬되어 굴러가지
어, 어
전깃줄에
걸렸네
그럼
어디 한번
매달려 볼까
대롱대롱대롱대롱
아이고
힘 빠졌다
톡-.

-권오삼 1999년 '어린이문학 10월호

3) 어린이들이 이해할 수 있는 말로 써야 한다.

　동시는 되도록이면 어린이들이 이해할 수 있는 말로 쉽게 표현해야 한다. 그렇지 않으면 어린이들이 멀리하게 된다.

【예문 1】 <*표현상에 문제가 있는 것>

　어릴적 내 유년이/ 하늘이 되어 내려온다. //
　한 점 풍경화처럼/ 유리창 위로 돋아나고/
　투명한 하늘빛 물소리로/ 내 마음을 넘나든다. //
　('비오는 날')

눈이 큰 더위는/ 튀는 물을 피해/ 풀숲으로 몸을 숨긴다. //
('산마을의 여름')

골짝물 타고 꽃잎으로 흐르는 도갑사
푸른 꿈 터널을 지나/ 안개 꽃송이 속에 안겨/ 꽃구름송이 속에 안겨/
하늘을 오르내리는가. // 저녁 노을로 곱게 타오르시는 부처님/
꽃초롱으로 뜬 별들을 보면 바라보노라면/ 꽃잎으로 하늘을 흘러가는 도갑사. //
('꽃잎으로 흐르는 도갑사')

【예문 2】 <*문장에 문제가 있는 것>

시라고 하여 문장이 아무렇게나 되어야 하는 것은 아니다. 특히 동시에선 문장이 명확해야 한다.

맑은 물가 애들이/ 모래탑을 쌓고/ 다둑이는 손등에/
두꺼비 노래 부르며/ 별들이 피는 건/ 애들이 어둠을 밝히고/피워야 할
꽃이기에/ 조용히 깜박이며 가고 있다. //
('아기별이 가는 건')

*문장 구성이 이상하여 이해가 안 된다.

개울가 찔레나무/ 날마다 햇살 찾아와/ 그 따슨 입김으로/
찔레 풋열매 몇 겹씩 싸안아 가고
('찔레 열매')

*날마다 햇살은/ 개울가 찔레나무 찾아와/ 그 따슨 입김으로/ 해야 말이 된다.

어쩌다/ 보도블록 틈새기에/ 뿌리 내린/ 민들레/ 오가는 뭇사람의/ 발에 밟힐라/
걱정도 안되는지/ 천진스레 피어 있는/ 노오란 꽃에,/ 홀로 헤매는/
배추흰나비 암컷이/ 나래 접고 앉았습니다.
('민들레꽃')

*'천진스레 피어 있는 노오란 꽃에'는 → '천진스레 피워놓은 노오란 꽃에'로 해야
이치에 맞다.

4) 어린이들의 감정과 생각을 나타내야 한다.

어른의 감정이나 말, 취향을 그대로 드러내지는 않았는가? 동시의 독자는 어린이이다. 따라서 어른의 감정 표현으로 동시가 되어서는 안된다.

어릴 적 내 유년이/ 하늘이 되어 내려온다. //
잊혀진 먼 산은/ 한 점 풍경화처럼/ 유리창 위로 돋아나고//
오늘은/ 투명한 하늘빛 물소리로/ 내 마음을 넘나든다.
('비 오는 날')
애처로이/ 별/ 기다리는/ 눈물겨운/ 기다림인가.
('구절초 한 송이가')
네온사인이 펄럭이는/ 타향의 뒤켠에서/ 고향 사람 만나면
우리들도 어깨동무하고/ 고향집 같은 포장마차에 간다. //
('고향을 딛고 서서')
여기저기 무더기로/ 흐드러지게 구절초 피어나면/ 바람따라 모두들 서둘러 길 떠나고//
들판엔 꽃내음 같은/ 짙은 그리움만
('구절초 피어나면')

3. 동요와 동시의 차이점

1) 시작 — 노래, 민요라는 큰 줄기 속에 자리를 잡아 온 구전 동요에서 시작됨. 작자가 알려지지 않은 4·4조를 기본으로 한다. 구전에서 정착(기록)의 과정을 밟아 1920년대에 들어서 신문학의 대두와 함께 7·5조의 율조를 가진 창작 동요로 바뀜.

2) 발전 — 1920년대의 민족주의적 아동문화운동 시대에 크게 각광을 입어 나라 잃어버린 어린이에게 모국어의 노래를 부르게 함으로써, 한때 동요 황금시대를 가져 왔다. 1930년대에 들어서 시적, 문학적 가치가 문제되어 동시 운동으로 바톤을 넘김.

【예 1】 *동요

봄 편지

서덕출

연못가에 새로 핀
버들잎을 따서요
우표 한 장 붙여서
강남으로 보내면
작년에 간 제비가
푸른 편지 보고요
조선 봄이 그리워
다시 찾아옵니다.

('어린이' 1925년 4월)

　4·3조의 외형률을 갖춘(4·4조의 기본 형식에 따른) 동요로서 시적인 요소보다 스스로 노래 부르려는 성질이 있다. 따라서 노래 가사로서 더 적절하다고 볼 수 있다.

【예 2】 *동요시

북쪽 동무들

권태응

북쪽 동무들아
어찌 지내니?
겨울도 한 발 먼저
찾아왔겠지.
먹고 입는 걱정들은
하지 않니?
즐겁게 공부하고
잘들 노니?
너희들도 우리가
궁금할 테지.
삼팔선 그놈 땜에
갑갑하구나.

(1994년 권태응 동시집 '감자꽃'에서)

일정한 자수율은 갖추지 않고 있으나 전체적으로 7·5조의 변형된 율조를 갖추고 있기에 동요의 범주에 들어간다고 할 수 있다. 그러나 단순히 노래 부르려는 성질보다 시적인 의미를 더 강하게 띄고 있기에 동요시라고 할 수 있다. 즉 형식은 동요 형식이나 그 안에 담긴 내용으로 볼 때에는 시이기에 동요시라 함이다.

【예 3】 *동시

호주머니

윤동주

넣을 것 없어
걱정이던
호주머니는,
겨울만 되면
주먹 두 개 갑북갑북

(1936년)

음률을 외형률에 두기보다 시가 지닌 내재율에 두고 있으며 글자 수보다는 시의 의미에 더 중심을 두고 있다.

4. 동시의 역사

동시는 1920년대를 기점으로 시작된 우리 근대아동문학 작품이다. 동요는 20년대에 비로소 7·5조로 된 창작동요가 나오기 시작했고, 동시는 그보다 훨씬 뒤인 30년대 정착된 것으로 흔히 알려져 있다.

1) 구전동요

구전동요야말로 동심을 제대로 그려낸 시에 가깝다.

해야 해야 붉은 해야
김치물에 밥 말아먹고
장고 치고 나오너라

-'해' 全文, 함경북도 전래동요

구전동요에는 자연을 대상으로 하는 것뿐만 아니라 가난한 생활을 하면서도 꿋꿋함을 잃지 않고 일하는 모습을 건강하게 드러내고 있었다.

> 양반은 가죽신
> 쌍놈은 메투리
> 어른은 짚신
> 아희들은 맨발
> — '양반 쌍놈' 全文, 경상남도 구전동요

> 순사나리 개나리
> 나리 중의 개나린
> 봄동산에 피었는데
> 순사나리 궁둥이엔
> 개가 왕왕 짖누나
> — '나으리' 全文, 황해도 지방 구전동요

구전동요는 말과 리듬의 자연스러운 사용이다. 또한 입에서 입으로 불려지던 까닭에 그 형식은 짧고 단순한 것이 대부분이다. 그러나 우리나라에서는 이런 입말문학이 글말문학으로 넘어오는 과정이 결코 자연스럽지 않았다.

2) 창작동요의 탄생

1923년, 우리 아이들에게 '새로운 노래'를 찾아주어야겠다고 나선 이가 있었다. 바로 방정환이다. 방정환은 잡지 「어린이」를 통해서 부지런히 동요를 실으려고 노력했다. 이때 나온 동요들이 방정환의 '늙은 잠자리', 윤극영의 '반달', 지영의 '고드름' 같은 동요들이다. 그러나 이 동요들은 엄격히 말해서 일본 동요쪽과 가까운 '애상조'와 '7·5조'의 특징을 갖고 있다.

> 밤이면 별은별은 눈뜨는애기
> 서리찬 달나라의 길을가노라
> 기럭이 끼럭끼럭 설게울어서
> 한잠도 못일우는 은구슬얘기
> — '별' 부분

바람.

바람.

바람.

늬는 내 귀가 조흐냐?

늬는 내 코가 조흐냐?

늬는 내 손이 조흐냐?

내사 왼통 빨애졌네.

내사 아므치도 안타

호. 호. 치워라. 구보로!

- '바람' 全文, 정지용

3) 프롤레타리아 동요

프롤레타리아 아동문학은 1925년 결성된 카프(KAPF)의 운동 후에 그 영향을 많이 받았다. 그들이 쓴 대부분 동요에는 야학하는 가난한 소년이나 어린 나무장수, 공장일 하는 아버지나 누이를 둔 어린이들이 시적화자로 등장한다.

논두렁에 혼자 안저

꼴을 베다가

개고리를 한 마리

찔러보고는

미운 놈의 모가지를

생각하얏다

- '낫' 1연, 손풍산

4) 윤석중과 이원수

'한숨과 슬픔을 동요에서 몰아내자!' 윤석중이 어린시절 결심한 내용이다. 그는 '한숨과 눈물'로 비유되는 1920년대 동요의 감상주의를 극복하기 위해 웃음을 찾았지만, 그 웃음은 아이들의 발랄한 모습이 아니라 어른의 관점에서 본 아이의 모습이라는 오류를 범하고 있다. 그래서 현실과 싸워 이긴 문학이 아니라 현실과 유리된 문학으로 전락하고 말았다.

난 밤낮 울 언니 입고 난
허톰뱅이 찌께기 옷만 입는답니다.
아, 이, 쬐끼도 그러죠.
아, 이, 바지도 그러죠.
그리구, 이 책두 언니 다 배구 난 책이죠.
이 모자두 언니가, 작아 못쓰게 된 모자죠.
어떻게 언니의 언니가 될 순 없나요?

- '언니의 언니' 全文

　윤석중과 더불어 1930년대 개성 있는 시인으로 꼽을 수 있는 시인이 바로 이원수다. 그는 가난한 식민지 아이의 모습을 아주 구체적으로 잡아낸 시인이다.

찔레꽃이 하얗게
피었다오.
언니 일 가는 광산 길에
피었다오.
찔레꽃 이파리는
맛도 있지.
배고픈 날 따 먹는
꽃이라오.
광산에서 돌 깨는
언니 보려고
해가 저문 산길에
나왔다가
찔레꽃 한 잎 두 잎
따 먹었다오.
저녁 굶고 찔레꽃을
따 먹었다오.

- '찔레꽃' 全文

이렇게 어린이가 어린이의 눈으로 자신을 둘러싼 세계를 보고 자신의 말로 그 세계를, 삶을 노래했다. 하지만 이원수는 태평양 전쟁 시기에 친일시를 발표했기 때문에 그의 시정신을 다시 검증받아야 할 것으로 평가받고 있다.

>지원병 형님들이 떠나는 날은
>거리마다 국기가 펄럭거리고
>소리높이 군가가 울렸습니다.
>정거장, 밀리는 사람 틈에서
>손 붙여 경례하며 차에 오르는
>씩씩한 그 얼굴, 웃는 그 얼굴
>움직이는 기차에 기를 흔들어
>허리 굽은 할머니도 기를 흔들어
>'반자이'(만세) 소리는 하늘에 찼네.
>나라를 위하여 목숨 내놓고
>전장으로 가시려는 형님들이여
>부디부디 큰공을 세워주시오.
>우리도 자라서, 어서 자라서
>소원의 군인이 되겠습니다.
>굳센 일본 병정이 되겠습니다.

5) 해방과 분단

농촌을 무대로 아이들의 세계를 그려낸 시인은 권태응이다. 그는 아이들의 말 그대로 옮겨놓아 동심을 잘 표현했다.

>혼자서 떠 헤매는
>고추잠자리.
>어디서 서리 찬 밤
>잠을 잤느냐?
>빨갛게 익어 버린
>구기자 열매
>한 개만 따 먹고서
>동무 찾아라.
>
>— '고추잠자리' 全文

달리기만 배운 기차

가는 덴
서울
오는 덴
부산
－－ 꽥꽥 －－
큰 소리만 칠 줄 알지
바보 같은 기찬
뺑뺑이만 친다.
"이번엔 마음먹고
신의주까지 달려보아라."

- '기차' 全文, 이진호

6) 임길택과 김은영

70년대 중반 이오덕이 제기한 현실주의 시정신의 영향을 받아 가난한 약자인 아동의 삶에 집중적으로 관심을 갖는 동시인들이 등장했다. 바로 임길택과 김은영을 꼽을 수 있는데, 임길택은 탄광마을 아동들, 농촌에서 일하는 부모들 밑에서 살아가는 아동들 세계를 노래했다. 질박한 언어와 절제된 감성으로 고단한 아동의 현실을 사실적으로 그려냈기 때문에 우리나라 동시가 '짝짝꿍 동시', '동심천사주의'에서 비로소 벗어날 수 있었다.

거미줄

고추밭 옆 풀숲에
조그만 거미줄 하나
솜털 같은 풀씨들만
걸려 있구나
속상해서 거미는
나와 보질 않나
북녘 동무들도
밥 굶은 지 오래라는데
거미도 오늘 저녁
굶어야 하나

산골 아이 1

어머니와
산밭으로 가 콩밭을 매는데
윗골 한 두둑을 무엇이 다
뜯어 먹었다.
토끼가 한 짓이라 했다.

그 토끼를 잡아야겠다며
어머니가 웃으며 나를 보았다.

니가 걸음마를 배워
마당에서 놀 때
익지 않은 토마토도 따고
배추밭에 들어가
어린 싹을 부러뜨려도
할머니는 널 보고
"토끼 같은 우리 새끼" 하며
귀여워하셨단다.

그 토끼가 배가 고파
좀 뜯어 먹은 걸
잡으면 어떡하니.

어머니는 딴 사람처럼 되어
이야기를 해 주셨다.

 김은영 또한 시적 수련이 매우 탄탄한 시인으로 말을 다루는 솜씨, 표현 기술은 단순한 생활 미화를 넘어서 있고 더구나 그가 그려낸 농촌의 현실은 체험을 바탕으로 하고 있어 생생한 실감을 주기에 충분했다.

방문을 열면
닭들이 나란히 서서
나를 지켜본다
울타리로 다가가면
쪼루루루 몰려나와서
고개를 갸웃거려
혹시
모이 줄까 하고
그런데
모이 안 주고
달걀만 꺼내올 때
닭들에게 미안해.

- '닭들에게 미안해' 全文

제2절 그림책

1. 그림책이란 무엇인가

　그림책은 그림의 비중이 크고 상대적으로 적은 글로 구성된다는 점, 어떤 경우에는 글은 전혀 없고 그림으로 정보나 이야기를 전해준다는 점에서 여타 문학장르와 다르다.
　그림책의 본질은 글과 그림이 함께 어울려 하나의 이야기를 하고 있는 책이란 점이고, 이점에서 그림책의 특성은 책장을 넘기면서 그림만 보고서도 이야기의 흐름을 이해할 수 있게 꾸며야 한다. 그림책은 아직 충분히 발달하지 못한 어린이의 상상력을 보충하고 풍부하게 하는 큰 역할을 하고 그림의 질에 따라 어린이의 상상의 질을 결정하게 된다.
　뉴질랜드의 도서관 사서이며 아동문학가 평론가인 화이트 여사는
"그림책은 어린이가 처음으로 만나는 책입니다. 긴 독서 생활을 통해 읽는 책 가운데 가장 소중한 책입니다. 그 아이가 그림책 속에서 찾아낸 즐거움의 양에 따라 한평생 책을 좋아하게 될지, 좋아하지 않게 될지 결정될 것입니다. 따라서 그림책이야말로 가장 아름다운 책이어야 합니다."
라고 말하며 그림책과 어린이와의 만남을 강조했다.
　그림책은 일러스트레이션을 담고 있기 때문에 다른 스토리 텔링 형식과는 다른 즐거움을 준다. 그림은 시간이 아닌 공간을 차지하기 때문에 간단한 그림만으로도 전체의 의미를 알릴 수 있어야 한다. 그러므로 그림책을 고를 때는 그림이 얼마나 예쁜가 뿐만 아니라 스토리에 대한 이해를 펼쳐가는 데 얼마나 공헌하느냐를 생각해야 한다.

2. 그림책과 언어

　훌륭한 언어가 담긴 그림책을 반복해서 소리 내어 읽는 것이 중요하고 귀로 들어서 알기 쉽고 즐겁고 아름다운 문장이 있는 그림책이 진짜 좋은 책이다.
　그림책을 선택할 때에는 문장을 귀로 들어서 문장이 얼마나 훌륭한가, 잘 알 수 있는가, 이미지가 풍부하게 나타날 수 있는가를 들어봐야 한다.
　유아가 그림책으로 즐거움을 맛보는 가장 좋은 방법은 스스로 즐거움을 발견하는 것, 그림책의 세계에 들어가기 전에 먼저 아기에게 말을 해주고 엄마의 존재감을 나타내주는 것이다.

3. 그림책의 조건

1) 화문일치(畵文一致)

그림책은 문학과 미술이 하나로 융합된 예술형식이다. 그러므로 좋은 그림책은 글과 그림이 하나로 잘 어우러져 있어야 한다.

2) 문장은 시어(詩語)처럼

그림책의 문장은 짧다. 아무리 길어도 일반 동화책의 글보다 짧은 것이 보통이다. 그러므로 그림책의 글은 천금같아야 하고, 간결하고 소박하고 아름다워야 한다. 시인의 시어처럼 압축된 금싸라기 같은 언어여야 한다.

3) 번역 실명제

우리나라보다 그림책의 역사가 긴 외국의 그림책이 아직도 서점에 많다. 그렇기 때문에 외국의 그림책을 번역할 때는 번역한 사람의 이름을 확실하게 밝혀주어 더 아름다운 언어를 선택할 수 있게 책임을 물어야 한다. 외국의 그림책을 발간하는 경우, 간혹 다른 출판사의 번역본을 무단복제 하는 경우가 있기 때문에 번역 실명제는 꼭 필요하다.

4. 그림책의 주제

1) 날개를 달아주는 그림책

어린이가 생각하는 세계는 어른의 세계와 사뭇 다르다. 특히 유아기의 사고는 아주 특수하다.

피아제는 이 시기의 가장 두드러진 특성을 물활론(物活論 : 사람과 동물 외에 나무나 돌 등 무생물도 모두 살아있다고 생각하는 방식), 인공론(人工論 : 이 세상의 모든 것을 사람이 만들었다고 믿는 생각), 실재론(實在論 : 꿈이나 머리 속에서 상상한 모든 것이 실제로 존재한다고 생각하는 사고)으로 표현했다. 그만큼 유아들은 비체계적이고 비논리적인 세계를 갖고 있고 그것을 믿는다. 상상력이 왕성하기 때문이다. 그러므로 상상력의 날개를 달아주는 것은 그림책 주제의 영원한 요소이다.

『아빠, 달 따 줘요』, 『지각대장 존』, 『장갑』, 『목욕은 즐거워』

2) 호기심의 세계

어린이들은 끊임없이 새로운 것에 호기심을 갖고 그것을 경험하고 싶어 한다. 실생활에서 경험할 수 없는 많은 것을 그림책을 통해서 경험하게 도와주는 것은 건전한 상상력을 키워주기도 하고, 안전한 모험을 즐기게 해 준다. 어린이는 새로운 호기심 속으로 도망치고 싶은 욕구를 가지고 있지만, 곧 안전한 곳으로 돌아오고 싶어 하는 기본적인 욕구가 있기 때문에 그림책은 달아나고 싶다는 주제를 담고 있지만 다시 돌아오는 것이 기본 형식이다.

『아프리카여 안녕』, 『원숭이 죠지』, 『앵거스와 두 마리 오리』, 『말괄량이 기관차 치치』, 『엄마 어디 있어요』

3) 똥을 좋아하는 유아

보통 유아들은 똥에 대해 비상한 관심을 갖는다. 구강기(口腔期), 항문기(肛門期), 남근기(男根期)와 같은 발달 단계에 맞게 유아들의 관심도 그림책에서 소화할 수 있게 도와주어야 한다.

『누가 내 머리에 똥 쌌어』, 『모두 응가한다』, 『강아지 똥』

5. 우리나라 그림책

좋은 그림책이란 글을 쓴 작가와 그림을 그린 화가가 같은 사람이 만든 책이라고 할 수 있다. 글을 쓴 의도와 그림의 의도가 서로 부담으로 느껴지면 제대로 표현하기 어렵기 때문이다.

그런데 우리나라에는 아직까지 글과 그림을 함께 작업할만한 역량 있는 작가가 부족하다. 그래서 대부분의 그림책이 번역본이다. 이는 어린 독자들이 그림책을 통해 생애 최초로 문학 경험을 하게 된다는 점을 생각하면, 한국정서에 맞는 그림책을 만드는 것이 매우 중요하다. 또 그림책이란 일차적으로 읽어주는 책이라는 점을 생각하면 하루빨리 우리나라의 작가를 발굴해야 한다.

1990년대 중반부터 시작해서 완성도가 높은 그림책을 많이 볼 수 있게 되어 이제는 외국으로 나가는 그림책도 많고 외국의 그림책과 어깨를 나란히 할 만한 그림책도 많이 만날 수 있다.

류재수 <백두산 이야기>, <노란 우산>, <자장자장 엄마 품에>
이억배 <솔이의 추석 이야기>, <모기와 황소>, <반쪽이>
정승각 <강아지 똥>, <황소 아저씨>, <오소리네 집 꽃밭>
이태수 <우리 순이 어디 가니>, <심심해서 그랬어>, <우리끼리 가자>
권윤덕 <만희네 집>, <엄마, 난 이 옷이 좋아요>
정순희 <바람 부는 날>, <내 짝꿍 최영대>, <나비가 날아간다>

제3절 옛 이야기

1. 설화

설화란 한 민족 사이에 구전(口傳)되어 오는 이야기를 총칭하는 말로써 대별하면 신화・전설・민담의 세 가지가 된다. 설화의 발생은 자연적이고 집단적이며, 그 내용은 민족적이고 평민적이어서 한 민족의 생활감정과 풍습을 암시하고 있다. 또 그 특징은 상상적이고 공상적이며, 그 형식은 서사적이어서 소설의 모태가 된다. 이러한 설화가 문자로 정착되고, 문학적 형태를 취한 것이 곧 설화문학이다.

1) 독서지도의 목적과 설화에 관한 독서지도

많은 도서들 중 어린이가 접하는 최초의 문학적 경험인 전래 동화는 신화・전설 등과 같은 설화의 상징적 의미를 포함하였기 때문에 동화의 내용은 특수한 문화의 내용이 아니라, 인간 정신의 기본 유형과 집단 무의식의 과정을 가장 명백히 나타낸다.

울리히 한(Ulrich Hann)은 "어린이에게 가장 적합한 동화는 전래 동화"라 했고, 스미드(L. H. Smith)도 "전래 동화처럼 어린이들의 독서 흥미를 끌어 잡아당기는 것도 별로 없을 것" 이라고 단언했다. 이처럼 어린이의 마음을 끄는 전래 동화는 그들의 무의식과 얘기하면서 성장 불안을 치료해 준다. 현실에서는 어쩔 수 없는 문제를 공상의 세계에서는 부담 없이 수행하기 때문이다. 신기한 상상의 세계, 역동적인 사건의 전개, 말하는 동물 등의 다양한 등장인물, 환상적인 배경과 내용 등이 용해되어 있는 전래 동화는 어린이들의 심리를 충족시켜 줄 수 있는 좋은 교육자라고 할 수 있는 것이다. 그 중 설화는 옛이야기 본래의 권선징악적 주제 위에 악과 대결하여 행복한 생활을 찾으려고 한 우리 조상의 생활이 나타나 있다. 그러므로 옛이야기를 아이들에게 읽힐 때에는 권선징악의 교훈과 조상이 표현하려고 했던 내용의 상징을 찾아내도록 지도해야 한다.

2) 설화 독서지도의 목적

설화의 독서지도 목적은 두 가지가 있다. 첫째는, 바람직한 인간을 형성하는 것이다. 전래동화 교육을 통하여 육성할 바람직한 인간으로는 올바른 사고력과 언어 능력을 갖춘 인간, 한국적 정서와 가치관을 가진 인간, 고난 극복 의지를 가지고 적극적인 삶을 살아가는 인간, 사랑과 신뢰를 바탕으로 따스한 인간관계를 맺으며 사는 인간을 육성하는 것을 목적으로 하며 올바른 설화 독서지도를 통하여 설화가 지니고 있는 교육성을 십분 발휘할 수 있게 하면, 이러한 목적은 무난히 달성되리라 생각한다. 둘째는, 전통문화의 계승, 발전이다. 설화는 우리 조상들이 남겨 준 문화유산으로 그 속에는 우리 조상들의 풍속, 습관, 생활, 사상, 신앙, 가치관, 꿈과 소망, 웃음과 지혜 등 전통 문화적인 요소들이 많이 용해되어 있다. 재미있는 이야기 속에 녹아 있는 이러한 요소들을 전통문화의 계승, 발전을 위한 자료로 활용한다면 이 목적 역시 쉽게 달성할 수 있을 것이다.

2. 신화

신화는 신에 관한 이야기로서, 자연현상이나 사회현상의 기원과 질서를 설명하는 이야기이다. 또한 전승자에 의해 신성시 되는 이야기이다.

1) 특성

① 초자연성 - 신화는 인간 이상의 존재, 인간 이상의 능력을 이야기하고 있다.
② 인격화성 - 신화는 초자연적 존재의 이야기를 하되 모두 인격화되어 인격체로 등장한다.
③ 공생성 - 신화에서는 인간이 인간 이외의 존재와 생활을 함께 하며, 서로의 생활을 구별하지 않고 상호의존적이다.
④ 종교성 - 신화는 종교를 전제로 형성된다.
⑤ 불합리성 - 신화의 내용은 문화민족의 과학적이고 합리적인 사고로는 도저히 납득할 수 없는 점들이 많다.

3. 전설

전설은 전승자가 진실 된다고 믿고 실제로 있었다고 주장하며, 구체적인 시간과 장소가 제시되고, 특정의 개별적 증거물을 갖는 이야기이다.

1) 특성

① 진실성 - 이야기의 연대·사건 발생의 장소·주인공 등이 명시되어 있고, 민중의 경험과 사건의 진실성이 표현되며, 구체적 증거물을 가지고 있는 만큼 전설은 화자나 청자가 다 진실로 믿으려고 한다.
② 역사성 - 전설은 스스로 역사화함으로써 자기를 합리화시키려는 움직임을 보인다.
③ 체험성 - 전설에 나타나는 사상들은 생활체험을 바탕으로 하여 형성된다. 따라서 옛 선인들의 모습을 발견할 수 있다.
④ 설명성 - 전설은 산천·촌락 등의 형성, 유래 등을 그 진위에 관계없이 설명하려는 특성이 있다.
⑤ 비약성 - 전설은 시간과 공간적인 면에서 구체성을 띄면서도 이야기의 서술이나 사건의 결과에서는 비약이 많다.

4. 민담

민간에서 전승되는 이야기로, 특정의 장소·시대·인물이 지적되지 않고, 필연성이 전제되지도 않는, 흥미 본위의 꾸며낸 이야기이다.

1) 특성

① 민담은 흥미를 위주로 하여 꾸며 낸 이야기이다.
② 민담에는 시간과 공간, 증거물이 제시되지 않는다.
③ 민담의 주인공들은 대개 일상적인 인간들이다.
④ 민담은 우리 조상들의 꿈과 낭만, 웃음과 지혜, 교훈, 역경을 이겨내는 지혜 등이 문학적으로 잘 형상화되어 있다.

5. 신화, 전설, 민담의 비교

	신 화	전 설	민 담
전승자의 태도	신성하다고 믿음 ☞신성미	진실하다고 믿음 ☞진실미	흥미롭다고 믿음 ☞흥미위주
시간과 장소	아득한 옛날(태초), 신성한 장소	구체적인 시간과 장소	뚜렷한 시간과 장소가 없음
증거물	포괄적 (우주, 국가 등)	개별적 (바위, 개울 등)	보편적
주인공과 그 행위	신적존재, 초능력발휘	비범함 인간 비극적 결말	평범한 인간 운명개척
전승범위	민족적 범위	지역적 범위	세계적 범위

1) 전승자의 태도에서

신화의 전승자는 신화를 진실되고 신성하다고 인식하고 있다. 일상적인 경험에 비추어 꾸며낸 이야기라고 인정이 되어도 신화의 세계는 일상적인 경험 이전에 합리성을 넘어서 존재한다고 믿고, 그 진실성과 신성성을 의심하지 않을 때, 신화는 신화로서의 생명을 갖는다.

전설은 전승자가 신성하다고까지는 생각하지 않으나 진실하다고 믿고, 실제로 있었다고 주장하는 이야기이다. 전설의 진실성은 끊임없이 의심을 받지만, 증거물이 있어서 사실로서의 근거를 뒷받침받기도 한다.

민담의 전승자는 민담이 신성하다고 생각하지 않으며, 또 진실하다고 생각하지도 않는다. 민담은 흥미를 위주로 하기 때문에 사실성이나 진실성은 문제가 되지 않는다.

2) 시간과 장소에서

신화는 아득한 옛날, 즉 일상적인 경험으로 측정할 수 있는 범위를 넘어선 태초에 일어난 일로, 특별히 신성한 장소를 무대로 삼는 것이 보통이다.

전설은 구체적인 시간과 장소를 갖는다.

민담에는 구체적인 시간과 장소가 제시되지 않는 것이 보통이다.

3) 증거물에서

신화의 증거물은 매우 포괄적이다. 천지창조신화에서는 천지가 바로 증거물이다.

전설은 특정의 개별적 증거물을 갖는다. 바위나 나무에 관한 전설은 바위나 나무 일반을 증거물로 삼을 수 없고, 어느 곳에 있는 특별한 모양의 바위나 나무만 증거물이 될 수 있다.

민담은 이야기 자체로 완결되며 증거물이 제시되지 않는다.

4) 주인공 및 그 행위에서

신화의 주인공은 신이며, 그 행위는 신이 지닌 능력을 발휘한다. 여기서 신이라고 하는 것은 보통사람보다 탁월한 능력을 가진 신성한 자라는 뜻이지 인간과 전적으로 구별되는 존재라는 뜻은 아니다.

전설의 주인공은 한정해서 말할 수 없는 여러 종류의 인간으로, 그의 행위는 인간과 인간, 또는 인간과 사물 사이에 일어나는 예기치 않던 관계가 대부분이다.

민담의 주인공은 일상적인 인간이 대부분인데, 이들은 어떠한 난관에 부딪혀도 이를 극복하고 운명을 개척한다.

참 고

서정오[1]의 옛이야기 들려주기

1. 이야기 문화가 꽃피는 교실

옛날, 공교육 제도가 생기기 전에도 어른들은 아이들에게 무언가를 가르쳤다. 아이들은 어른들을 따라 들판으로, 산으로, 저자 거리로 다니면서 끊임없이 새로운 것을 배우고 익혔다. 이런 교육에서 중요한 수단이 되는 것은 이야기였다. 일방으로 시키기만 하는 지시나 명령이 아니라 어른과 아이가 서로 마음을 주고받는 이야기였다.

학교와 교실이 규격화하면서, 덩달아 아이들을 가르치는 방법도 딱딱한 틀 속에 갇히게 되었다. 이 답답한 틀에서 벗어나려면 교실에서 이야기 문화를 되살려야 한다. 줄거리가 있고 은유로써 진실에 다가가는 이야기는 듣는 이에게 깊은 인상을 준다. 외마디 명령과 단순한 반응만 가지고는 가르치는 이와 배우는 이의 교감을 바랄 수 없다. 이야기는 들려주는 이와 듣는 이의 정서와 생각을 한데 묶고 이어준다.

옛이야기는 이야기의 꽃이라 할 만하다. 거기에는 거침없는 꿈의 세계가 있고 준엄한 진실과 가르침이 있으며 아기자기한 재미가 있다. 주인공과 하나 되는 '대신 겪기'의 즐거움이 있고 가려운 곳을 긁어 주는 풍자가 있으며 시원스러운 웃음이 있다. 그리고 무엇보다도 깊은 인상을 심어 주는 은유가 있다. 아이들은 옛이야기를 들으면서 즐거운 꿈을 꾸기도 하고 세상을 똑바로 보는 슬기를 배우기도 하며 새로운 용기를 얻기도 한다.

교실에서 들려주는 이야기는 일방으로 들려주기만 하는 이야기여서는 안된다. 이야기꾼과 듣는 이가 함께 어울려 만들어 나가는 이야기여야 한다. 아이들은 언제든지 이야기 속에 끼어들고 싶을 때 끼어들 수 있어야 하며, 교사는 언제든지 그들의 참견을 받아들일 준비가 되어 있어야 한다.

교실에서 이야기는 언제나 어떤 경우에나 허용되어야 한다. 무슨 이야기든 어떤 상황에서나 자연스럽게 터져 나올 수 있는 교실, 이것이 우리가 만들어 가야 할 교실이다.

---

[1] 현직교사, 동화작가

2. 옛이야기의 성격

옛이야기는 이야기의 꽃이다. 옛이야기는 오랜 옛날부터 땀 흘려 일하는 백성들의 공동체 속에서 창조되고 전승되어온 말 문학의 알맹이다(민중성). 귀족들이 향유하던 글 문학과 백성들이 즐기던 말 문학을 견주어보면 옛이야기의 성격이 더 뚜렷해질 것이다.

	글 문학	말 문학
향유 계층	양반 사대부	일반 백성
도구	글(주로 한문)	말(토박이말)
소재를 대하는 태도	바라보기	들어가기
주제의 범위	기존 도덕의 틀을 고집함	풍부한 상상으로 도덕의 틀을 뛰어넘음

또, 옛이야기에는 준엄한 가르침이 들어 있다(교훈성). 이 가르침은 명심보감류의 따분한 가르침과는 딴판이어서 듣는 이의 귀를 번쩍 뜨이게 하는 힘이 있다. 심각하게 무게를 잡거나 공연히 윽박지르는 가르침이 아니라, 재미와 웃음과 감동 속에 버무려진 가르침의 힘이다.

그리고 옛이야기는 무엇보다도 재미있다(흥미 본위). 옛이야기는 재미가 생명으로 전승된다. 재미없는 이야기는 전승 과정에서 저절로 사라지게 마련이다. 재미있는 옛이야기는 전승 과정에서 수많은 각편을 낳게 되는데, 각편을 결정하는 것은 화소(話素, motif)이다. 이 성질을 알고 나면 이야기를 외워서 구연하는 것이 얼마나 잘못인가를 깨닫게 된다.

옛이야기의 서술구조에는 오랜 전승 과정에서 나름대로 굳어진 성질이 있다. 이것은 전승과 기억을 쉽게 하기 위한 장치라고 할 수 있는데, 이것이 사실 이야기의 재미를 살리는 구실도 한다. 어떤 성질이 있는가?

첫째, 말은 단순하게 되풀이된다.(반복)
둘째, 성질이 뚜렷이 다른 둘이 맞선다.(대립)
셋째, 점점 차오르는 구조가 있다.(점층)
넷째, 흥겨운 가락이 있다.(가락)
다섯째, 시점은 언제나 주인공에게 머물러 있다.(시점고정)
여섯째, 사건은 시간에 따라 단선으로 펼쳐진다.(평면성)
일곱째, 세세한 상황 설명이나 장면 묘사를 멀리한다.(단순발랄성)

이밖에 흥미를 돋우거나 듣는 이의 주의를 끌기 위한 장치, 안정성 있는 수(셋, 일곱), 짧은 말마디들도 옛이야기의 중요한 성질이다.

3. 옛이야기에 대한 편견 바로잡기

(1) 옛이야기의 비합리성은 약점일까?

옛이야기는 어느 것이나 합리성이 없고 비현실과 우연이 난무하며 상상과 현실의 세계를 마음대로 넘나든다. 이것이야말로 옛이야기가 가진 (약점이 아니라) 힘이다. 왜 어른보다 어린이가 옛이야기를 더 좋아하는가? 그것은 그 성질이 어린이의 정서에 가깝기 때문이다. 어린이들은 현실보다 비현실을, 객관보다 주관을, 합리성보다 단순발랄성을 더 쉽게 받아들인다. 보통 5~10살 된 어린이들은 정서의 극심한 혼란을 겪으면서 자라는데, 이 때 어린이의 정서를 압박하는 것은 도덕이다. 도덕이란 현실의 요구이며, 어린이는 이 요구를 이성으로 받아들일 준비가 돼 있지 못하다. 즉, 어린이가 '착한' 행동을 하는 것은 그것을 옳다고 믿어서가 아니라, 그런 행동을 했을 때 어른의 반응이 유쾌하기(또는 덜 불쾌하기) 때문이다. 따라서 이 시기의 어린이들은 숨어 있는 욕구를 스스로 억압하기 시작하는데, 이 욕구는 상상으로 채워 주는 것이 바람직하다. 이 때 상상을 도와 주는 것이 옛이야기이다. 옛이야기가 단순히 어린이들에게 즐거움을 줄 뿐 아니라 심리 치료의 도구로서도 유용하다는 보고가 있다(『옛이야기의 매력1』, 브루노 베텔하임).

(2) 옛이야기를 '순화'해서 들려주어야 하는가?

많은 사람들이 옛이야기의 교육 효과를 인정하면서도, 어떤 것은 '어린이 정서에 맞게', '순화'해서 들려주어야 한다고 믿는다. 줄거리가 있는 옛이야기를 가지고 말한다면 이러한 생각은 매우 어리석은 것이다. 가령, 악독한 계모에게 손을 잘리고 쫓겨난 딸이 나중에 다른 이의 도움으로 계모를 죽이고(또는 내쫓고) 잘 산다는 이야기를 보기로 들어보자. 이 이야기에서 '손을 잘리는' 대목이 너무 잔인하다 해서 이걸 빼고 '순화해서' 들려주면 어떻게 되겠는가? 손을 잘린다는 상징(여러 가지로 해석될 수 있다)이 사라지고 이야기 전개가 두루뭉수리로 되면서 듣는 이는 전혀 깊은 인상을 받지 못한다. 이런 유형의 이야기에서는 '손을 잘리는' 것이 강한 동기가 되어 뒷이야기를 생동감 있게 만들어 주는 것이다.

또, 계모를 죽이거나 내쫓는 것이 비정하다 해서 용서하고 같이 잘 산다는 결말로 바꾸어버린다면, 그것은 이미 이야기가 아니다. 착한 사람이 복을 받는 것처럼, 나쁜 사람은 벌을 받아야 한다. 나쁜 사람이 벌을 받지 않으면 듣는 이는 불안에 휩싸인다. 이 불안은 현실의 불안보다 더 나쁜 내면의 불안이다. 명확한 전형의 인물과 그 인물의 대립은 옛이야기의 중요한 성질이며, 이 성질이 강할수록 듣는 이는 안심(무의식을 정돈)하게 된다. 어린이는 어른처럼 생각하지 않는다. 옛이야기의 몇몇 화소(話素)를 더 재미있게 바꾸는 것은 좋지만, 전체의 틀을 '순화'하거나 허물어버리지 말 일이다.

(3) 옛이야기에 주제는 있는가?

창작동화나 소설처럼, 옛이야기에도 보편의 주제가 있는가? 그렇지 않다. 만약 이야기 하나에 주제가 하나씩 있다고 본다면 그것은 어른들의 생각일 뿐이다. 어린이들은 옛이야기를 저마다 자기 경험과 의식의 범위 안에서 받아들인다. 이를테면 '구렁덩덩 신선비' 이야기를 들은 어린이들은 각각 다음과 같이 반응한다.

1) 구렁이가 허물을 벗으니 신랑이 되었네. 그렇지만 구렁이는 징그러워. (구렁이)
2) 색시는 신랑을 찾으려고 고생을 많이 했구나. 나도 집에서 고생을 하는데. (고생)
3) 세 가지 내기는 모두 어렵다. 세상에는 어려운 것이 많아. (어려움)

정신분석의 시각을 빌면 (1)의 경우는 구순기에서 남근기로 넘어가는 자연스러운 반응이다. (2)와 (3)의 경우는 억압의 인식이다. 그러나 우리는 이것을 시시콜콜 따질 필요는 없다. 듣는 이마다 이야기를 다르게 받아들인다는 사실만 명확하게 하면 된다. 각각 다르게 받아들이는 만큼 각자에게 유용하면 그만이다. 옛이야기를 들려주고 나서 주제를 말하게 한다든지 '뭘 느꼈느냐?'고 묻는 것은, 이래서 불필요하다.

(4) 같은 이야기를 여러 번 되풀이 들려주는 것은?

만약 어린이가 이미 한 번 읽은 책을 또 읽으라고 한다면? 참을성이 있는 어린이라면 지루함을 무릅쓰고 한 번 더 읽을 것이다. 그러나 세번째부터는 아무도 더 읽지 않으려고 할 것이다. 책읽기는 낯선 사람이 글자를 매개로 전하는 것을 일방으로 받아들여야 하기 때문이다. 옛이야기는 이와 다르다. 몇 번이고 되풀이 들어도 괜찮다. 좋은(듣는 이가 좋아하는) 이야기라면 여러 번 들을수록 좋다. 왜냐하면 옛이야기는 머리로 '이해'하는 것이 아니라 바로 가까운 곳에서 가슴으로 '느끼기' 때문이다. 똑같은 자장가를 아무리 되풀이하여 들어도 질리지 않는 것과 같은 이치다. 옛이야기가 어린이의 정서에 제대로 감응하려면 단 한 번 듣는 것으로는 턱없이 부족하다. 여러 번 되풀이해서 들으면 어린이는 자기에게 유용한 것을 더 깊이 새겨 둘 수 있다. 다만, 이 때 화소를 조금 달리하여 변화된 맛을 느끼게 해 주는 것은 좋다. 어린이는 틀림없이 '아니에요, 틀렸어요.'라고 반응할 것이다. 그러면 이렇게 대꾸한다. ― '이런 이야기도 있어.' 그러면 어린이는 금방 이해하게 된다. 옛이야기란 박제된 표본이 아니라 살아 움직이는 생명체임을.

(5) 그림은 이야기의 이해를 돕는가?

옛이야기는 상상력의 산물이다. 자유로운 상상력이야말로 옛이야기를 떠받치는 힘이다. 그런데 줄거리나 상황을 좀더 잘 설명하려고 그림을 보여 준다면? 더구나 움직이는 그림이나 영화로 보여 준다면? 결과는 듣는 이의 상상력을 제한할 뿐이다. 어린이의 상상력은 눈에 보이는 장면 속에 갇히게 되며, 이렇게 고정된 상상은 '개념'을 낳는다. 우리나라 아이들이 도깨비를 상상할 때 머리에 뿔이 달렸고, 가시방망이를 들고 있고, 얼룩이 가죽옷을 입었다고 생각하는 것은 오로지 그림(삽화와 움직이는 그림) 탓이다. 말로 전하는 어떤 이야기에도 그런 모습은 묘사되어 있지 않다. 그것은 이웃 나라 사람들이 옛이야기를 매개로 상상해 온 도깨비(오니)의 모습이다. 선녀가 하늘하늘한 잠자리 날개 같은 옷을 입었다고 생각하게 만든 것도 편견에 사로잡힌 화가들 덕택이다. 아이들에게는, 하늘을 나는 데 새의 깃털 같이 생긴 옷보다 더 자연스러운 상상이 어디 있겠는가? 아이들의 상상은 막연한 추상이 아니라 경험에서 출발한 생각의 '넓힘'이다. 그게 사실 건강한 상상력이다.

4. 옛이야기 들려주기

옛이야기를 들려주는 데에 특별한 방법이 있는 것은 아니다. 특별한 방법이나 기술이 있어야 이야기를 할 수 있다면, 이야기는 아무나 할 수 있는 것이 아니라 그 방법을 배운 사람만이 할 수 있게 된다. 그렇게 되면 이야기 문화가 되살아날 리 없다.

이야기는 입 가진 사람이면 누구나 할 수 있다. 언제, 어디서나 할 수 있다. 이것이 옛이야기를 전승해 온 옛사람들의 생각이었다. 이 생각은 오늘날에도 그대로 유효하다. 아이들에게 옛이야기를 들려 줄 때는 말을 꾸밀 필요도, 꾸미려고 애쓸 필요도 없다. 꾸미려고 애쓸수록 이야기의 알맹이는 빠져나가고 껍데기만 남게 된다. 평소에 주고받는 말, 살아 있는 입말 그대로 들려주면 된다. 때와 장소도 가릴 필요가 없다. 이야기는 이야깃거리와 입만 있으면 언제 어디서나 누구나 할 수 있는 것이다.

(1) 이야기 자료 찾기

그러나 이야기를 모르고서는 할 수가 없다. 옛이야기는 〈듣고, 기억했다가, 들려주는〉 것이 가장 좋다. 이것은 전승의 전형이기도 하다. 그러나 요즈음에는 옛이야기를 듣기가 무척 어렵게 되었다. 이야기를 듣기 위해서는 일부러 이야기꾼을 찾아다녀야 하는데, 이렇게 찾아다니며 받아 쓰는 일은 품이 많이 들고 시간도 이만저만 걸리는 게 아니다. 따라서 손쉽게 구할 수 있는 이야기책에서 자료를 얻기를 권한다. 이야기책을 고를 때는 될 수 있는 대로 받아 쓴 자료를 고르고, 다시 쓰거나 고쳐 썼더라도 본래 모습을 크게 허물거나 뒤틀지 않았는지 살펴봐야 한다.

※ 도움이 되는 이야기책
   ① **받아 쓴 것**
      조동일외, 한국구비문학대계 모두 85권, 한국정신문화연구원
      임석재, 한국구전설화 전 12권, 평민사
      최운식, 한국의 민담, 시인사
      최운식, 충청남도 민담, 집문당
      김광순, 경북민담, 형설출판사
      최내옥, 전북민담, 형설출판사
      진성기, 제주민담, 형설출판사
      임동권, 한국의 민담, 서문문고
      한상수, 한국민담선, 정음문고
      한국구비문학회, 한국구비문학선집, 일조각

   ② **다시 쓰거나 고쳐 쓴 것**
      손동인 외, 남북어린이가 함께 보는 전래동화 전10권, 사계절
      손동인 외, 한국전래동화집 전14권, 창비아동문고
      서정오, 옛이야기보따리 전10권, 보리
      서정오, 우리가 정말 알아야 할 우리 옛이야기 백가지1,2, 현암사

(2) 이야기 목록 만들기

 찾고 고른 이야기를 정리하여 목록을 만든다. 주제에 따라, 또는 월별로 나누어 목록을 만들어 두면 쓰기에 편하다. (붙임 목록 참조)
 목록은 언제나 눈에 띄는 곳에 두고 아이들에게 이야기를 들려 줄 때마다 표시를 해 두면 좋다. 이게 번거로우면 아예 책의 차례에 있는 이야기 제목에 표시를 해 두어도 된다. 목록에 있는 이야기는 줄거리를 대충 알고 있어야 함은 물론이다.

(3) 들려주기의 실제

 옛이야기는 들려주는 것 자체에 목적을 두고 들려 줄 수도 있고, 다른 목적을 위해 들려 줄 수도 있다. 앞의 경우에는 별다른 준비 없이 이야깃거리만 결정되면 바로 들려 줄 수 있다. 뒤의 경우는 미리 목적에 알맞은 이야기를 골라 두었다가 필요할 때 써야 한다.
 ① 시간 : 언제든지. 그렇지만 대체로 다음과 같은 시간을 이용하자.
  • 수업을 시작할 때 : 주의를 모으기 위해 잠깐. 아주 짧은 이야기, 또는 이어서 들려주기. 수업 내용과 관계있는 것이면 더욱 좋다.
  • 수업 중 분위기 전환이 필요할 때 : 짧은 이야기. 수업 내용과 관계있는 것이면 좋다.

- 수업 중 자료로 쓸 때 : 듣기 자료, 예화 자료, 발상 자료로 쓴다. 미리 알맞은 이야기를 골라 두어야 한다.
- 예정보다 수업이 일찍 끝나 자투리 시간이 남을 때 : 시간을 고려해서. 이어서 들려주기가 효과 있다.
- 특별활동 또는 재량 시간 : 미리 준비를 해 두었다가 길고 재미있는 본격 이야기를 들려준다. 들려주는 것 자체에 목적을 두자.
- 그밖에 (점심시간에 점심 먹고 나서, 청소하면서, 일하면서, 아이들이 놀다가 심심해 할 때, 방과 후) : '화롯가 이야기'의 분위기를 살려서, 그러나 너무 재미있는 이야기는 아껴 두자.

② 이야기 주고받기 : 이야기 도중에 아이들의 참견을 받아들일 준비를 한다. 아이들이 너무 얌전해서 반응이 없으면 일부러 군소리를 집어넣어 참견을 이끌어낸다. '그 다음 어떻게 되었을까? 나도 모르겠네.'

③ 이어서 들려주기 : 긴 이야기는 몇 도막으로 자른 다음 이어서 들려준다. '요기까지 하고 다음에 또 해 줄게.' '어디까지 했더라? 옳아, 그렇지. 그럼 슬슬 시작해 볼까.' 다음 이야기가 궁금해지는 대목에서 끊으면 더 좋지만 반드시 화소 단위로 끊을 것.

④ 비슷한 이야기 : 옛이야기는 화소 몇 개만 바꾸면 새로워진다. 유능한 이야기꾼은 얼마든지 많은 각편을 만들어낸다.

⑤ 읽어주기 : 웬만큼 배우 기질이 없으면 아이들이 싫증낸다. 그러나 기억에 부담을 느끼면 가끔 시도해도 좋다. 이어서 읽어 주기는 효과 있다. 줄거리가 재미있을 것.

⑥ 이럴 땐 이런 이야기를
- 상으로 : 힘든 일이나 공부를 시작할 때 미리 예고해 둔다. '잘 하면 옛이야기 하나 해주지.' 우스운 이야기나 줄거리가 가벼운 것이 좋다.
- 꾸중을 대신하여 : 가르침이 담긴 이야기. 그렇지만 이야기 끝에 사족을 달 필요는 없다. 감동이 목적이니만큼 무게 있는 이야기를 고른다.
- 친해지기 : 줄거리가 아기자기한 것. 주인공에게 아이들 이름을 붙여 줘도 좋다 (옛이야기 주인공에는 본래 이름이 없다).
- 주의를 모을 때 : 아주 짧은 이야기. 줄거리가 없어도 좋다.

5. 이야기를 주제로 한 여러 가지 활동

(1) 나도 이야기꾼

아는 이야기를 여럿 앞에서 해 보거나 글로 써 본다. 종이에 쓴 것을 게시판에 붙여 놓아도 좋다. 뒷이야기를 꾸며 쓰는 것도 좋지만, 반드시 앞뒤가 맞게 꾸미도록 하자. (상상력이란 이것저것 마구 생각하는 힘이 아니라 짜임새 있는 생각의 틀을 만드는 힘이다.)

(2) 이야기 이어가기

처음에 교사(또는 아이)가 서두(書頭)를 뗀 이야기를 자꾸 이어가는 것이다. 말로 이야기할 수도 있지만, 글로 쓰는 것이 더 재미있다. 작은 종이에 서두를 써서 게시판에 붙여 놓으면, 그 다음부터 누구든지 뒷이야기를 써서 붙인다. 이렇게 해서 누구든지 "그래서 잘 살았더란다" 하면 끝난다.

(3) 이야기책 만들기

(2)에서 얻은 종이를 묶으면 그대로 책이 된다. 아예 처음부터 빈 종이로 책을 만들어 놓고 차례차례 적어 나가도 된다.

(4) 이야기를 듣고 나서

① 글쓰기 : 느낌을 써본다. 주인공의 행동에 비판의 여지가 있는 이야기라면 이런 활동은 필요하겠다.
② 그림 그리기(협동그림 그리기) : 이야기 장면을 그릴 때는 책에서 본 삽화를 흉내 내지 않도록 한다. 협동 그림 그리기는 재미있는 활동인데, 다음과 같은 차례로 그린다.
저마다 생각나는 대로 이야기 그림을 그린다 ⇒ 모아서 재미있는 것을 골라낸다 ⇒ 골라낸 것을 이리저리 배열하여 큰 그림의 틀을 잡는다. 이 때 서로 다른 이야기 장면이 섞여서 이야기 세상을 만들게 된다 ⇒ 큰 종이에 옮겨 그린다 ⇒ 나누어 맡아 그린 다음 이어 붙인다.

6. 전승의 숨결을 잇자

가르침의 마당이든 소통의 마당이든 옛이야기는 바로 이 시대, 이 자리에 머무르는 것이 아니다. 몇 백년, 몇천 년 전부터 겨레의 삶과 함께 살아 전해져 왔다. 또 앞으로 몇 백년 몇 천년을 두고 살아 전해질 것이다.

우리는 조상들이 남겨 준 이 귀한 유산을 다음 세대에 온전하게 전해 줄 짐을 지고 있다. 만약 이 짐을 벗어 던져버리면 그대로 이 유산은 전승의 맥이 끊어진다. 전승의 숨결을 잇는 일은, 춤이나 노래처럼 몇몇 전문인들에게 맡겨 둘 일이 아니다. 옛이야기를 찾아내고 보존하는 일은 전문인들에게 맡겨도 좋다. 그러나 다음 세대에 전해 주는 일은 우리 모두가 맡아야 한다. 옛이야기는 입에서 입으로 전해져야 제 구실을 다한다. 펄펄 살아서 방방곡곡을 누비고 다니며 아이들에게 힘과 용기와 슬기를 주고 옛사람들이 남긴 삶의 향기를 맛보여야 한다. 구수하고 감칠맛 나는 겨레의 말도 살려야 한다. 옛이야기를 살려서 전하는 일은 선택이 아니라 의무이다.

좋은 옛이야기 160선

제목	성격	주요소재	제목	성격	주요소재
이상한 수수께끼	모험	병,자라	닭값과 모이값	슬기	닭,병아리
신통한 점괘	모험,신이	점괘	장님의 꾀	슬기	항아리
호랑이가 준 보자기	신이	보자기	저승빚	슬기, 교훈	수수
세 신랑의 재주	신이	재주	수수께끼를 푼 주막	슬기	수수께끼
삼 년 걸린 과거길	교훈	호랑이	닭 잡은 매	슬기	닭, 매
은혜 갚은 개구리	응보	개구리	눈뜬 사람 속인 장님	슬기, 교훈	빚
나무장수의 요술바가지	신이,교훈	바가지	말 내기 장기	슬기	말,장기
원님이 된 어부	신이,응보	자라	전라도 물기와	해학	코, 머리
장승이 준 삼백냥	신이,교훈	장승	방귀 시합	해학	방귀
효자 만든 금반지	교훈	반지	시골 양반 말 타기	풍자	말
어떤 해몽	교훈	꿈	종이에 싼 당나귀	해학	당나귀
노루왕의 의지	교훈	노루	바보 원님의 판결	해학	고기, 가죽
저승에 있는 곳간	신이,교훈	곳간	먼지 건달	해학	돼지
살막이 돌담	교훈	돌담	뿔난 도둑놈	풍자	메밀묵
능텅감투	신이,교훈	감투	이야기 흉내 내기	해학	흉내
버리덕이 이야기	모험	꽃, 숯	좁쌀 한 알로…	해학	좁쌀
네 장사의 모험	모험	버드나무	방아 찧는 호랑이	슬기	호랑이
천생배필	신이	광주리	세 가지 유산	모험	유산
이야기 귀신	신이	결혼	도깨비가 준 보물	신이	도깨비
구렁덩덩 신선비	모험	구렁이	고샅섬과 고샅돌	슬기	고사, 벼
땅 속 나라 도적 퇴치	모험	땅속	거북이와 차돌이	모험	거북,차돌
주먹이	신이,모험	소	중국 임금이 된 머슴	모험	날개
남의 복 빌리기	신이,교훈	복	해몽 못할 꿈	모험	자
두꺼비 신랑	신이,모험	두꺼비	거짓 명궁	해학	활
세 가지 소원	교훈	소원	며느릿감 고르기	교훈	양식
말하는 꾀꼬리와…	모험	꾀꼬리	시어머니 길들이기	슬기	시어머니
버들잎 도령	신이,모험	버드나무	시아버지를 팔려다가	슬기	시아버지

제목	성격	주요소재	제목	성격	주요소재
쿵쿵절싸 지팡이	신이	지팡이	저승길도 같이 가라	교훈	염불
불여우와 할머니	신이	여우	떡자루와 돈자루	교훈	떡
거지 형제와 도깨비	신이,응보	도깨비	집안이 화목한 비결	교훈	송아지
은혜 갚은 두꺼비	응보	두꺼비	나락 모가지를…	교훈	나락
내쫓긴 의붓딸	신이,응보	손	산삼과 이무기	교훈,응보	산삼
금송아지	신이,응보	송아지	송아지와 바꾼 무	교훈	송아지
호랑이 잡는 망태	교훈,응보	망태	배고프니 먹고 보자	교훈	꿩
빨간 부채 파란 부채	교훈,응보	부채	메주 도사	신이,교훈	메주
두고도거지	모험,응보	말, 버섯	요술 항아리	신이,교훈	항아리
샛별머슴	신이,교훈	벼	씨 뿌리는 강아지	신이,교훈	강아지
소금을 내는 맷돌	교훈,응보	맷돌	팥죽 할멈과 호랑이	신이,교훈	호랑이
신기한 나뭇잎	교훈,응보	나뭇잎	느티나무 총각	신이,교훈	느티나무
호랑이 잡는 피리	모험	피리	지네 처녀와 지렁이	신이	지네
노루가 된 동생	신이	노루	열어도 자옹…	교훈	복
신돌이 선돌이 부돌이	신이,교훈	구렁이	호랑이 잡는 기왓장	교훈,해학	기왓장
여우 누이	신이	여우	쌀 나오는 구멍	교훈	쌀
꼭두각시와 목도령	신이,교훈	얼굴	천 냥짜리 아버지	교훈	아버지
고생 바가지	신이,모험	고생	말하는 원숭이	신이,응보	원숭이
정신 없는 도깨비	신이,해학	건망증	신기한 샘물	신이,교훈	샘물
이상한 돌쩌귀	신이	돌쩌귀	백 냥으로 살린 목숨	교훈	엽전
배운 사위와 못 배운…	교훈	일하기	박박 바가지	해학	바가지
방귀 안 뀌는 사람	슬기,교훈	방귀	떡 먹기 내기	해학	떡
가짜 산신령	슬기	산신령	갓에는 물 붓고	해학	갓,뚝배기
뛰는 놈 위에 나는 놈	슬기	금덩어리	보리밥 장군	해학	보리밥
의관 대접	슬기,교훈	옷	사나운 색시 길들이기	해학,슬기	꿀, 똥
먹여 주고 재워 주고	슬기,교훈	머슴	내 담뱃대 어디 갔나	해학	건망증
하늘 나라 밭 구경	슬기	하늘, 밭	방귀쟁이 며느리	해학	방귀

제목	성격	주요소재	제목	성격	주요소재
슬기로운 재판	슬기	수달	소금 삽쇼	해학	소금
여름 기러기	슬기	기러기	새끼 서 발로…	해학	새끼
천 냥짜리 거짓말	슬기	거짓말	메기의 꿈 풀이	해학	메기, 꿈
말도 아닌 말	슬기	새	이마가 벗겨진 메뚜기	해학	메뚜기
대장장이와 목수의…	슬기,교훈	이사	잔나비 궁둥이	해학	잔나비
냄새 맡은 값	슬기,교훈	냄새	떼굴떼굴 떡 먹기	해학	떡, 음식
어린 원님	슬기	수숫대	배부르고 우습고…	해학,슬기	메추라기
왕굴장굴대	슬기,교훈	밥, 떡	호랑이 뱃속 구경	모험	호랑이
나귀 방귀	교훈,해학	나귀	아기 보는 호랑이	신이,교훈	호랑이
바위로 이 잡기	교훈,해학	이	호랑이 형님	해학	호랑이
재주 많은 여섯 쌍둥이	신이,교훈	재주	소나무 아들	신이,모험	소나무
시아버지 팥죽땀	해학	팥죽	임금님 아우가 된…	신이,교훈	구렁이
세상에서 가장 긴 이름	교훈,해학	이름	여섯모난 구슬	모험	개,고양이
대문밖에 소금 뿌려라	풍자	소금	도깨비 장난	신이	도깨비
달을 산 사또	풍자	달	무서운 엽전	신이,해학	도깨비
느린둥둥이…	해학	머슴	도깨비 수수께끼	신이	도깨비
호랑이 꼬리 잡기	풍자	호랑이	신통방통 도깨비	신이,교훈	도깨비
호박씨를 먹이면	해학	호박씨	도깨비 씨름 잔치	신이	도깨비
닭값과 봉값	해학	닭	아기 장수 우투리	신이	아기장수
꿀강아지	해학	꿀	풀죽새	신이	뻐꾸기
고춧가루	풍자	고추	할미꽃	신이,교훈	할미꽃
말 못할 양반	해학	말, 소	일곱 오라비 접동	신이,응보	접동새
소보다 미련한…	풍자	소	좁쌀꽃	교훈	좁쌀꽃
서울 양반에게…	풍자,슬기	메밀풀	민들레	신이	민들레
자린고비와 달랑꼽재기	해학	구두쇠	소쩍새	신이	소쩍새
바보 남편 인사 배우기	해학	인사	떡보의 수수께끼	해학	떡

제4절 우리나라 창작동화

1. 동화

동화란 어린이들에게 즐거움과 교훈을 주기 위해 꾸며진 이야기로 넓은 의미의 동화 속에는 소년 소설도 포함된다. 글자 그대로 해석하면 어린이를 위해 쓴 이야기라 할 수 있다.

아동문학으로서의 동화는 현실에의 해방을 꿈꾸는 문학이다. 그것은 결코 현실 사회의 개조나 현실적 구체적인 인간을 탐구 창조하여 우리에게 새로운 인간상이나 인간 해석의 새로운 측면을 보이려는 것이 아니다. 그것보다는 공상 속에 펼치는 꿈의 세계를 보여주는 것이다.

구 분	내 용	비 고
시 대	전래동화－우리나라 전래동화 외국(번역)전래동화	신화, 전설, 민담, 현대동화
	창작동화－우리나라 현대동화 외국(번역)현대동화	
국 적	외국동화	우리나라를 제외한 동서양의 동화
	우리나라 동화	우리나라 동화
상상성/현실성 여 부	순수동화(환상동화)	상상에 기초
	생활동화	현실성에 기초

2. 동화의 특성

동화의 가장 큰 특성은 현실과 판타지의 조화이다.

동화에서는 현실에서는 절대로 일어날 수 없을 것 같은 것들이 자주 나온다. 해와 달이 말과 생각을 할 수 있고, 동물들이 인간처럼 행동하기도 한다. 또한 사람이 바람과도 이야기를 나눌 수 있다. 이렇게 현실에서 보면 황당한 것들이 자주 등장한다. 그러나 비현실적인 장면이 많이 등장하지만 동화는 그 뿌리를 현실에 두고 있다. 다시 말하면 동화 속에 나타나는 판타지가 비합리적이고 비논리적으로 보여도 그 동화 속 세계에 맞고 그들 나름대로의 타당한 논리를 가지고 있어야 한다는 것이다.

예를 들어 동화는 <해님>, <달님>의 이야기라든가, <눈>과 <꽃>이며 <도깨비>와 <호랑이>의 이야기 등 자연과 인간 또는 상상의 세계에서 취재하되, 이른바

동화적으로 승화시키고 있다. 만약, 동화가 현실에 뿌리를 두지 않는다면 동화는 정말로 황당무계한 이야기로 전락하고 만다. 또한 이러한 동화에는 초자연적인 사건의 스토리가 많은 데, 여기에는 자연현상이며 삼라만상을 신의 의사로 보던 원시적인 종교사상이 다분히 내포되어 있다.

3. 창작동화의 의의

창작동화를 흔히 소재의 성격과 표현 방법으로 보아 순수 동화와 생활 동화로 나눈다. 여기에서 순수 동화를 예술동화라 말하기도 한다. 순수 동화란 아동을 독자 대상으로 동화 작가가 쓴 판타지의 산물이다.

우리나라의 창작동화가 전래동화에 그 근원을 두고 있다는 점을 생각하여 전래동화에 나타난 우리 민족의 사상에서 우리 창작동화의 개념 요소를 찾아볼 수 있다.

4. 창작동화의 문학적 가치

창작동화의 문학적 특성들을 중심으로 창작동화의 문학적 가치를 종합 정리하면 다음과 같다.

1) 창작동화는 어린이들에게 판타지의 세계를 경험하게 해준다.

판타지는 상상에서 꿈(행복)을 찾아가는 탐험의 세계이다. 이 세계를 탐험할 수 있는 힘은 사랑에서 탄생하며 강한 생명력을 갖는다. 이 생명력은 예술적 사랑으로써 넓은 의미의 미의식과 인간끼리의 사랑, 인간과 사물 사이의 사랑에서 오는 심미적 체험을 뜻한다. 어린이들은 이런 판타지의 세계를 경험하면서 인간과 자연을 사랑하고 미의식을 향상시켜 아름다운 꿈을 찾는다. 또한 그 꿈을 실현시키기 위해서 논리적 질서를 바탕으로 강한 생명력을 창조해 나간다. 창작동화가 독특한 문학적 가치를 지니는 것도 이 판타지 세계를 경험할 수 있기 때문이다.

2) 창작동화는 발달 단계에 따른 리얼리티를 경험하게 한다.

창작동화에서 리얼리티는 일반 문학에서 제시되는 리얼리티와 다르다. 창작동화에서의 리얼리티는 먼저 판타지의 뒷받침으로써 존재한다. 리얼리티가 부족한 판타지는 그 생명력을 제대로 발휘하지 못하기 때문이다. 또한 창작동화에서의 리얼리티는 어린이의 발달 단계에 맞아야 한다. 저학년 단계에서 모든 사물과 이야기하는 것이 가능한 리얼리티가 고학년 단계에서는 비논리적인 것이 되어버린다. 어린이들은 자신들이 경험하는 판타지의 세계가 결코 황당무계한 것이 아니라 꿈의 실현과 사랑과 우주에 대한 아름다운 생각의 차원에서 얼마든지 가능한 세계라는 것을 알게 해주는 리얼리티를 배우게 된다.

3) 창작동화는 동심을 발견케 하고 지속시켜 준다.

신이 인간에게 최초로 준 마음이 동심이다. 그것은 선과 악이 분리되기 이전의 마음으로 그저 동심 그 자체이다. 이 동심은 상상의 세계에서 분화된 세계로 이동되면서 점차 변화되거나 소멸되어 간다. 동심을 많이 간직하면서 분화되는가 하면 거의 잃어버리고 살아가는 사람도 있다. 그러나 인간이 분화된 이 세상을 떠나게 되면 다시 상상의 세계로 돌아가듯 인간의 마음도 동심을 다시 찾게 된다. 창작동화는 이 소멸되어 가는 동심을 계발하여 어린이들로 하여금 참다운 동심을 경험하게 해준다. 또한 창작동화가 많은 어른들에게도 감동을 줄 수 있는 것도 동심이라는 문학적 가치 때문이다.

4) 창작동화는 시적 산문으로 미적 체험을 갖게 한다.

모든 문학의 가치 중에는 미적 체험이 있다. 그러나 창작동화에서의 미적 체험은 창작동화가 시적 산문으로 표현된 문학이라는 특성에서 시작된다. 시적 산문은 시가 가지고 있는 상징과 압축, 감춤 등의 기법을 가르쳐 주고, 그 속에 담긴 것을 찾도록 함과 동시에 산문이 가지고 있는 사건의 빠른 진행과 명쾌한 사실성을 가르쳐 준다. 이 시적 산문과 판타지의 분위기에서 어린이들은 언어 예술에 의하여 표현되는 갖가지 미적 체험을 갖게 된다. 이는 문학교육에서 학습자의 자발적 의도에 의한 인지적 정의적 가치 변화 과정을 중시하는 것과 일맥상통한다.

5) 창작동화는 문학적 재미를 갖게 한다.

창작동화가 아무리 예술적으로 창작되었다 하더라도 거기에 재미가 없다면 어린이들은 창작동화 읽기를 기피한다. 다른 문학에서 제시하지 못한 신비로운 판타지의 세계와 구성의 단순성, 사건의 빠른 진행, 발달 단계에 맞는 리얼리티 등이 창작동화의 재미를 높인다. 이러한 창작동화의 문학적 재미성은 어린이들을 문학의 세계로 끌어들이고 문학적 수준을 향상시키는 데 귀중한 가치가 있다.

5. 우리나라 동화의 역사

동시와 마찬가지로 방정환에서 비롯된 20세기의 동화는 한마디로 현실주의 정신을 바탕으로 전개되었다고 할 수 있다. 일제시대 전국 각지의 소년운동과 굳게 맺어진 동화가 시대현실의 문제 곧 사회성으로부터 따로 떼어내어 생각할 수 없기 때문에 기억에 남는 작품들도 판타지보다는 사실 동화나 단순한 의인동화, 우화류가 대부분이다.

이러한 어려움 속에서 방정환· 마해송· 이주홍· 이원수· 현덕· 권태응· 이오덕· 권정생 같은 주요 작가들은 민족현실과 서민아동의 삶에 바짝 붙어서 한국 아동문학의 자리를 마련하였다.

1) 동심주의와 교훈주의

아동문학에 대한 일반인들의 상식은 이러하다. 어린이는 현실의 때가 묻지 않은 순수하고 미성숙한 존재이므로 이들에게 주는 문학은 작고 어여쁘며, 품안의 꿈과 환상을 한껏 느낄 수 있는 것, 그리고 교훈적이라야 한다는 것이다. 그러나 이러한 생각은 국정교과서와 신춘문예, 그리고 지난 시기의 몇몇 상업주의 출판물이 만들어낸 협소한 관념에 지나지 않는다. 이를 가리키는 말이 바로 '동심주의'와 '교훈주의'다.

동심주의는 어린이를 순수하고 무구한 천사라고 보는 태도이다. 동심주의는 어린이를 현실로부터 차단한 진공의 상태에서 파악하려는 경향을 지닌다.

교훈주의는 어린이를 미성숙한 존재로 보고 도덕적·교육적 견지에서 이야기를 제공하려는 태도이다. 동심주의와 마찬가지로 교훈주의는 구체적인 현실을 문제 삼지 않는 관념적인 태도로 말미암아 대개는 지배문화를 보수·재생산하는 구실을 한다.

2) 밥 대신 꽃을 선택한 방정환

방정환은 우리나라 아동문학의 어머니임에 틀림없다. 그럼에도 불구하고 '영웅주의'와 '눈물주의'의 한계를 극복하지 못한 아쉬움을 간과할 순 없다.
　<참된 동정>, <만년샤쓰>

3) 최초의 창작동화를 낸 마해송

마해송이 1923년에 발표한 <바위나리와 아기별>은 우리나라 최초의 창작동화라고 불린다. 사랑하는 사람을 잃고 절망적인 상태에서 자신의 처지를 그대로 쓴 동화인데, '동심천사주의적인 동화관'과 '전래동화의 형식'을 벗어나지 못했다. 또한 <바위나리 아기별>은 상당히 환상적이다. <바위나리와 아기별>이 창작동화로서의 확고한 위치를 가지려면 역시 그 당시 조선어린이들의 삶의 진실이 스며들어 있어야 한다. 그러나 이 <바위나리와 아기별>에서는 도저히 조선 어린이들의 삶의 모습은 찾아보기가 어렵다.

그러나 1930년대를 중심으로 쓴 동화에는 동심천사주의에서 벗어나 사실적이며 민족의식이 강한 동화를 쓰기 시작했다.
　<토끼와 원숭이>, <호랑이와 곶감>, <떡배단배>

4) 자신의 삶을 그대로 표현한 이태준

이태준은 자기가 겪었던 어릴 적의 고통스런 삶을 있는 그대로 써서 우리 동화문학에 하나의 새로운 모범을 보여주었다. 하지만 북으로 넘어갔기 때문에 남에선 그의 작품을 더 이상 볼 수 없게 되었고 북에서도 '친일분자며 숭미주의자'로 낙인 찍혀 작가로서의 자격을 박탈당하고 집필금지를 당한 후 그의 행방을 알 수 없게 되었다.

5) 카프동화 작가들

최청근·노량근·진동열·정영조·이주홍·안평원, 이들은 일제시대 절망적인 현실에서 아이들은 누군가에 의해 만들어지는 존재가 아니라 스스로 자기의 삶을 만들어가는 존재로 보았다. 그래서 이야기 속에 나오는 아이들은 식민지 시대 암흑세상을 적극적으로 살아가는 것으로 보여준다.

방정환은 어린이를 수동적이고 누군가 보호해야할 대상으로 보았지만 카프작가들이 만들어 놓은 어린이들은 슬픔도 알고 지금의 고통이 어디에서 오는지 잘 알고 있다. 그래서 어른에 의해 길러지는 아이들이 아니라 어른들을 변화시키는 주체가 되기도 한다.

<꿀단지>, <청어 뼈다귀>, <고래>, <불탄촌>

6) 아이들의 삶을 파고든 현덕

현덕은 1938년 <남생이>로 작가 활동을 시작했다. 그의 작품에 이어져 오는 주인공 노마는 어른들의 갈등 세계에서 동심을 잃지 않고 화해까지 보여준다. 현덕은 순수한 동심에 대한 강한 믿음으로 아이들은 어떠한 갈등이 있더라도 그들의 타고난 동심으로 인한 화해의 세계에 이른다는 단순한 세계관을 갖고 있었다. 하지만 <나비를 잡는 아버지>에서는 동심의 한계에 갇혀있던 자신의 세계관을 한 단계 더 승화시켜 갈등하는 세계에 직면해 있는 아이를 그렸다. 그러나 아쉽게도 6·25 때 북으로 넘어가서 더 이상 그의 작품을 볼 수 없다.

<남생이>, <고구마>, <너하고 안 놀아>, <나비를 잡는 아버지>

7) 이원수와 이오덕

분단시대의 '제도권과 비제도권' 또는 '주류와 비주류'가 지니는 서로 다른 성격 때문에 아동문학에서도 '순수파와 사회파'라는 구분이 생겨났다. 사회파를 대표하는 이론가는 이원수와 이오덕이다. 이들은 동심주의와 교훈주의의 흐름을 비판하면서 '역사를 살아가는 동심' 또는 '일하는 아이들'의 세계를 그려낸 작품을 만들어왔다.

<꼬마옥이>, <메아리 소년>, <장난감과 토끼 삼형제>, <불새의 춤>, <잔디숲 속 이쁜이>, <글쓰기 어떻게 가르칠까>, <어린이 시 이야기>, <일하는 아이들>

8) 낮은 삶, 권정생

권정생의 동화는 철저하게 '삶에서 죽음으로 가는' 세계관에 기초하고 있다. 운명적인 현실의 중심에서 주변으로 밀려난 영혼들이 그들의 해체된 생명을 다시 피워 부활하는 세계관에 기초하고 있다.

권정생은 일제시대부터 해방 이후 분단의 그늘에 갇혀 우리 겨레가 겪은 슬픈 운명을 침착하게 그려내고 있다. 우리 역사의 가장 밑바닥에서 건져올린 사람들, 갈곳없이 버려진 존재들에게 남아있는 영혼을 구제하고, 그 해결방법은 바로 비폭력이었다. 또한 그리스도에 대한 믿음을 바탕으로 <강아지똥>을 비롯해서 거의 모든 동화가 나를 죽여 남을 살려냄으로써 결국 자신이 영원히 사는 그리스도의 삶에 기초하고 있다.

<강아지똥>, <똘배가 보고 온 달나라>, <몽실언니>, <깜둥바가지 아줌마>

9) 현재의 동화

서점에 나가면 여느 때와 다르게 아동문고가 많음에 적지 않게 놀란다. 그 작품들을 들여다보면 생활동화와 판타지가 주류임을 금방 알게 된다.

생활동화와 판타지에 대한 논란은 끊이지 않고 있다. 서양의 동화가 판타지에 익숙해 있는 반면 우리나라는 그렇지 못하기 때문에 진정한 우리나라의 판타지를 만들어야 한다는 논쟁과 한편 아이들에게 주는 동화란 것이 좋은 문학으로 되자면 지은이의 삶에서 우러나온 이야기, 지은이의 몸에 배어있던 일들이 정선되고 잘 정리된 이야기로 나타나야 한다고 주장이 팽팽하게 대결하고 있다.

임정자 <어두운 계단에서 도깨비가>, 박기범 <문제아>, 김진경 <고양이 학교>, 황선미 <마당을 나온 암탉>, 김중미 <괭이부리말 아이들>

제5절 세계 명작

1. 지나간 시대의 꿈

　책에 관심이 있는 사람들 가운데 많은 사람들이 갖고 있는 생각 중 하나는 바로 세계명작을 읽어야 한다는 것이다. 세계명작에는 재미와 작품성이 뛰어난 것이 많은 것은 사실이지만 세계명작을 읽은 뒤에 느끼는 감동과 우리나라 창작동화를 읽은 뒤 느끼는 감동은 사뭇 다르다.
　유럽의 정서와 우리의 정서가 다른 것뿐만 아니라, 역사적 현실이 다르기 때문이다.
　서양 아동문학은 우리가 겪고 있는 우리의 문제를 다루고 있지 않다. 우리 문제와 정신은 우리의 창작동화만이 다룰 수 있고, 그것이 우리의 문학이 발전해 가야 하는 이유이다.
　<톰소여의 모험>, <소공녀>, <보물섬>, <로빈슨 표류기>, <피노키오>, <작은 아씨들>
　이러한 책들은 대부분 서양 열강들이 아프리카, 라틴 아메리카, 아시아를 침략하면서 식민지를 확대하는 시기의 작품이다. 따라서 그 시대 서양 열강들이 추구하던 가치관이 강하게 들어있다. 또한 서양 동화에서는 해적을 통해 식민지에서 약탈한 재물을 당당하게 차지하도록 미화하고 있다.
　게다가 세계명작에는 그릇된 세계관과 인종차이가 그대로 드러난다. 마크 트웨인은 백인 우월입장에서 흑인 노예를 해방시켜야 한다는 생각을 갖고 있었고, 인디언은 백인과 흑인 공동의 적이라고 생각했다.

2. 새로운 세계 명작

　과거 자신이 읽었던 명작에 대한 고정관념을 버리고 새로운 시각으로 외국 동화를 평가하려는 노력이 필요하다. 다른 인종이나 종족, 문화, 지역에 대한 편견이나 증오심이 나타나지 않은 것을 고른다. 가능한 한 세계 각국의 책을 고르게 볼 수 있도록 신경을 쓴다. 사람이 사람답게 사는 길과 인류가 직면한 문제를 사랑과 화해로 풀어가는 길을 찾기 위해 노력하는 책을 고른다.
　1980년대 후반에 들어서면서 뜻있는 여러 출판사들이 다양한 주제를 담은 현대 외국 동화를 발간하고 있다.
　<내꺼야>, <잠잠이>, <세계 교과서에 실린 명작 동화>, <내 작은 친구>, <내 친구 비차>, <제닝스는 꼴찌가 아니야>, <아프리카 동화>, <사랑을 나누는 곰, 보로>, <늙은 자동차>, <한밤중 톰의 정원에서>, <라무스와 방랑자>, <산적의 딸 로냐>, <노랑 가방>, <줄리와 늑대>, <핵 쟁 뒤의 최후의 아이들> 등.
　각 출판사에서도 외국 동화를 번역할 때에는 내용 전달에만 만족하지 말고, 서로 다른 언어를 사용하고 문화가 다른 데서 오는 이질감을 최소한으로 줄여 문학의 향기와 문체까지도 전달하려고 애쓰는 출판 풍토를 조성하려는 노력을 게을리 해서는 안 될 것이다.

제3장

이야기를 통한 어린이 독서지도

제1절 스토리 텔링에 의한 독서지도

1. 독서동기 유발과 스토리 텔링

　　동화는 어린이들이 그들의 삶에 있어서 처음 만나는 문학이며, 문학작품이라는 한계를 넘어서서 자라나는 어린이들에게 바른 가치관을 심어주고 인간성의 심화를 꾀하여 참 인간으로 형성하게 하는 중요한 역할을 함에 틀림없다. 따라서 각 연령에 맞게 적절한 동화를 제공하는 일은 아동의 교육에 중요한 과정이다.

　　어린이들은 책을 읽기 이전에 이미 귀로 듣고 여러 가지의 정보를 얻고 있으며 이야기를 들음으로써 독서와 똑같은 경험을 얻기도 한다. 글자를 지각하고 뜻과 내용을 이해하는 과정과 이야기를 듣고 뜻과 내용을 이해하는 과정은 질적으로 볼 때 매우 가깝다. 단지 말을 이해한다는 것과 비교하여 문자기호의 지각 이해가 어려운 작업이며 저항도 많다는 것은 틀림이 없다.

　　어린이가 자기 힘으로 뜻과 내용을 이해한다는 과정, 이 과정이 부드럽지 못하면 문자에 대한 공부를 마쳤다고 해도 바로 독서와 연결시킬 수는 없다. 따라서 어린이들은 문자의 지각과 뜻, 내용을 이해하는 이중의 고통을 독서에서 부닥치고 있었던 것이다.

　　이야기하는 것과 독서가 질적인 면에서 가깝다면 나이 어린 어린이들에게 저항이 적은 편이 유리하다는 것은 너무나 당연하다. 동기 유발에 있어서 이야기해 주는 것이 강조되는 이유도 바로 여기에 있는 것이다.

　　이야기를 듣는 시기는 유아 때 만이라는 생각들을 가지고 있으나 사실은 글자와 말이라는 매체의 차이는 있어도 내용의 이해라는 본질적인 면에서는 별로 차이가 없다고 할 때 이야기를 듣는 대상을 연령으로 구분한다는 것은 옳지 않다. 이야기는 글자에 대한 저항을 제거한다는 것만이 아니고 새로운 독서영역을 확대하는 동기 유발에도 효과가 있다.

2. 스토리 텔링(story telling)의 정의

　스토리 텔링은 사전적 의미로 '이야기하다' 라는 뜻으로 모든 종류의 이야기를 하는 행위를 지칭하는 말로써 다소 광범위하게 느껴진다. 하지만 독서지도법에서 의미하는 스토리 텔링은 동화라는 이야기를 주제로 읽어주는 행위를 의미하여서 그동안 스토리 텔링이라는 말이 동화구연(童話口演)내지는 그림책 읽어주기 등과 혼용되어 사용되어 왔었고 각 책마다 스토리 텔링의 정의가 명확하지 않고 제 각각이었다. 그렇지만 동화구연과 그림책 읽어주기라는 것이 이야기를 더욱 재미있게 들려주기 위한 방법의 하나임을 생각한다면 스토리 텔링이란 동화구연과 그림책 읽어주기를 포함하는 상위의 개념이라고 정의할 수 있을 것이다.

3. 그림책 읽어 주기

　그림책 읽어주기는 스토리 텔링에서 가장 많이 활용되는 것으로 할머니나 어머니에게서 듣던 옛날이야기에서 그 전통을 찾을 수 있다. 그림책 읽어 주기는 주로 어린 학생들을 대상으로 이야기 그림책의 그림을 보여주면서 이야기 하는 것이다. 그림책 읽어주기는 책을 읽지 못하는 아이들도 그림을 보면서 듣기를 즐길 수 있다는 점에서 올바른 듣기 훈련도 할 수 있다.
　우선 그림책을 읽어주기 위해서는 이야기를 선택하는 것이 가장 중요하다. 따라서 책을 선택할 때에는 작품의 질 이외에 청중의 나이를 미리 염두에 두고 그들의 흥미와 경험을 가늠하고 책을 선정해야 한다. 특히 아주 어린 아이들은 집중하는 시간이 짧으므로 짧은 이야기를 골라야 하며 동물 이야기, 아이들 이야기, 가족의 이야기에 흥미를 보인다. 또한 그림책을 읽어주기 위해서는 그림책 읽어주기를 위한 장소의 분위기를 이야기의 줄거리에 맞게 꾸미는 것도 효과를 높일 수 있다.

4. 스토리 텔링의 효과

1) 아이들이 그 책에 대한 흥미를 갖게 된다.

　"선생님이 이 책을 서점에 읽어봤는데, 너무 재밌어서 사가지고 왔어요. 한번 읽어줄까요?"
　이 말만으로도 아이들의 호기심은 발동한다. 책은 무엇보다도 읽는 아이의 흥미 가 유발되어야 한다.

2) 책을 읽어가는 동안 아이들의 호기심과 상상력이 크게 발동된다.

아이가 혼자 책을 읽으면 모르는 부분도 많고 집중이 되지 않아 책 내용에 접근 하기가 매우 어렵다. 그러나 부모나 선생님이 읽어주면 내용이 쉽게 이해가 되고 자연스럽게 그 분위기에 이끌리게 된다. 그리고 아이들의 본능인 호기심과 상상력이 풍부하게 발동되기 시작한다.

"선생님, 그 다음엔 어떻게 돼요?"

아이들의 호기심과 질문은 끝날 줄 모른다.

이러한 호기심, 의문 그리고 상상력이 그 아이의 지능을 한없이 높여준다.

3) 아이들이 차츰 책과 가까이 하게 된다.

부모님은 시간이 날 때마다 '공부 좀 해라', '책 좀 읽어라'하고 잔소리가 입에 붙는다. 그러나 아이들은 본능적으로 그 반대로 나아가게 된다. 하지만 어른들이 잠깐이라도 매일같이 책을 읽어주면 아이들의 태도는 금방 달라진다. 아이들은 저절로 그 책에 관심을 갖게 되고 차츰 책을 가까이 하게 된다.

4) 언어 표현력과 사고력이 크게 늘어난다.

언어의 기본은 듣거나, 말하는 것, 그리고 쓰거나 읽는 것에서 나타난다. 그런데 이런 능력은 끊임없이 새로운 표현을 접하게 됨으로써 가능하다. 새로운 표현은 일상생활 속에서 얻기는 사실상 어렵지만, 책을 자주 읽으면 저절로 익혀지게 된다.

그리고 책을 많이 읽는 아이들은 사고력이 다양해지고 또한 깊어진다. 이것은 책을 읽으면 책의 내용에 이끌려 그 내용과 같은 생각을 하게 되기 때문이다.

5) 집중력이 생긴다.

학습은 먼저 잘 듣는 것이 필요하다. 잠시도 가만있지 못하고 산만한 것은 이런 훈련이 안 되었기 때문이다. 이런 아이들에게 집중력을 숙달시켜주는 가장 좋은 방법은 재미있는 책을 읽으면서 그 내용에 이끌리게 하는 것이다. 아이들에게 자주 재미있는 책을 읽어주면 자연스럽게 책의 내용에 빠져들고 이것에 반복 되는 동안 집중하는 습관이 저절로 길러진다.

6) 아이들의 정서가 풍부해지고 성격이 좋아진다.

책을 읽지 않고 텔레비전이나 컴퓨터 앞에 앉아있는 아이들이 많아지는데 이것 이 아이들의 정서를 메마르게 하거나 성격을 거칠게 만들고 있기 때문에 어느 나라나 청소년 문제가 큰 골칫거리로 대두되고 있다. 이 아이들이 외로움 때문에 혼자서 텔레비전이나 컴퓨터 앞에 앉아있게 하지 말고 어릴 때부터 좋은 책 에서 흥미와 위안을 얻도록 어른들이 바른 길잡이 역할을 해야 한다.

7) 아이들에게 인생의 좋은 길잡이 구실을 한다.

아름다운 동화, 위인전, 신비한 과학 이야기, 먼나라 이야기를 통해서 아이들은 새로운 경험을 하고, 인생의 큰 꿈을 키울 수 있다. 아이들은 책에 나오는 등장 인물을 모델 삼는 경우가 많다. 새로운 인물을 만나면 또 새로운 모델이 탄생 하긴 하지만, 책을 통해서 자신의 모델을 정하고 그에 맞게 노력하는 모습은 참으로 긍정적인 발전이다.

【실예】

책을 읽기 싫어하는 초등학교 1학년 남자아이가 있었다. 우연히 도서관에서 재미있게 들었던 이야기는, 1학년이 읽기에는 부담스러운, 두껍고 활자도 작은 책 속에 수록되어 있었다. 이 남자아이는 이야기가 너무나 재미있어서 이야기시간이 끝난 후 그 두꺼운 책을 빌렸다. 비록 자기는 그 책을 읽지 못하더라도 아주 소중하게 책을 쓰다듬으며 친구에게 자랑하는 말을 했다.

"이 책에 ○○○라는 이야기가 들어 있는데 굉장히 재미있는 이야기다."

⇒ 이는 비록 자신은 이해하기 어려운 책이었지만 목소리라는 표현형식이 그 이야기를 더욱 즐거운 감동을 가지고 이해하도록 도와주었기 때문이다.

중, 고등학교에서도 조회나 종례시간, 또는 국어시간에 단 10분이라도 문학작품을 연속낭독 해 주면 그 책이 많이 대출된다.

이렇듯 이야기는 듣는 그 자체만으로도 독서한 것과 같은 효과가 있다. 이야기의 내용이, 좋은 독서경험이 될 뿐 아니라 이야기를 듣는 중에 이미지를 만들게 되어, 상상력이나 집중력을 기르고 어휘력을 기를 수 있기 때문이다. 이야기는 목소리라는 표현형식을 빌려 우리들에게 들려주기 때문에 우리의 마음을 더욱 즐겁게 하고 감동시키는 문학적 요소를 가지고 있다. 또 이야기를 들은 후에는 곧바로 그 이야기가 기록된 책으로 접근하도록 유도하는 독서동기유발의 좋은 방법이다.

5. 언제부터 책을 읽어 주어야 하는가?

어머니 뱃속에서부터 책읽기가 시작된다.

미국 노스 캘롤라이아 대학의 심리학 교수인 안소니 드캐스퍼와 그의 동료들은 태아에게 미치는 책 읽기의 영향력에 대해 실험하였다. 임산부에게 출산 예정일 6주 전부터 하루에 두 번씩 동화책을 읽어주라고 당부했다. 아기가 태어났을 때 한번도 들어본 적이 없는 동화를 들려주고, 또 전에 들었던 이야기를 들려주며 아기의 태도를 비교 관찰하였다. 엄마 젖을 빨고 있을 때 전에 들려주었던 동화를 들려주자 매우 활기차게 모유를 먹으며 유쾌해 했다. 그러나 한 번도 들어본 적이 없는 이야기를 들려주자 특별한 반응을 보이지 않았다. 아기는 태아시절 들어본 경험이 있는 동화를 더 좋아한 것이다.

또한 쿠실라라는 아이는 염색체 손상으로 비장과 신장, 구강이 기형인 상태로 태어났다. 의사들은 아기를 '정신 신체 박약아'로 진단했고, 전문 기관에 수용시킬 것을 권했지만 부모는 하루에 14회씩 아이에게 책을 읽어주었다. 다섯 살이 되었을 때 쿠실라는 의사들로부터 보통 이상의 지능과 사회적응력을 가졌다는 판단을 받았다.

6. 책 읽어 주는 방법 – 12가지 방법

1) 아동이 읽고 싶어 하는 것을 선택하여 흥미를 유발시킨다.

   읽어줄 책을 고를 때는 나이보다 조금 수준이 높은 것으로 택하되, 아동이 관심을 가지고 있는 주제를 택하도록 한다. 듣는 아동이 여러 명인 경우에는 모두 한자리에 앉혀 놓고 읽어주되, 그림책을 선택하는 것이 보다 흥미를 유발하고 관심을 집중시킬 수 있는 요령이다.

2) 독서하는 동안 주위를 산만하게 하는 것을 없애도록 한다.
3) 어린이가 책을 집어서 훑어보게 함으로써 책에 대한 흥미를 느끼게 한다.
4) 다 읽은 후 어린이가 책장을 넘기도록 유도한다.
5) 집중력을 강화하기 위해 그림을 보며 질문하거나 이야기의 인물에 대해 질문해라.

   예) "너 강아지 봤지?"

6) 어린이가 책을 읽는 도중에 질문하면 항상 대답하도록 해라.
7) 어린이에게 칭찬을 한다.

   예) "늑대와 개를 참 잘 구분하는 구나."

8) 그림을 지시하고 그것에 대해 이야기 해본다.

   예) "어? 여기 조그만 검은 고양이가 있네. 뭐하고 있을까?"

9) 중요 단어를 지적해준다.
10) 같은 이야기를 반복해서 읽는다. 왜냐하면 어린이는 반복을 통해 자신감과 독서기술의 기본을 개발하므로 한 이야기를 반복해 읽어준다.

    어떤 어린이들 중에는 자신이 좋아하는 이야기를 계속 반복해 읽어줄 것을 요구하는 경우도 있는데, 이럴 경우 같은 책을 읽어주어도 무방하다. 다만 동일한 이야기를 반복해서 계속 읽어줄 때는 중간 부분마다 아이로 하여금 그 부분을 기억해서 알아 맞춰보게 하는 것이 좋다.

11) 이야기를 어린이의 경험과 관련지어준다.

    예) "그림책에 나온 개하고 옆집 개하고 비슷한 것 같네."

12) 어린이가 단어를 큰소리로 말하게 하고, 어린이가 내용을 이해하도록 읽는 속도를 조절한다.

제2절 북 토크

1. 북 토크의 정의

　북 토크(Booktalk)는 우리말로 책 이야기, 또는 책의 소개라고 말할 수 있다. 책을 소개하되 마치 이야기를 들려주듯, 이야기(Storytelling)의 방법을 활용하여 재미있게 소개해야 독서흥미유발에 그 효과가 크다. 책을 소개할 때는 그 자료에 대한 기초적인 서지사항(저자, 서명, 출판사 등)과 내용을 충분히 검토하여 독자의 관심과 흥미를 끌어낼 수 있는 요소들을 찾아보도록 한다.

　책 이야기는 도서관이나 또는 이와 유사한 독서교육기관이라면, 정기적인 프로그램으로 개발해서 여러 명이 함께 참여하도록 하면 좋다. 예를 들어 매월, 또는 방학이 시작되기 전이나 새 학기가 시작될 때, 계절이 바뀔 때 등 적절한 시기에 정기적으로 책을 소개하여, 독서흥미유발뿐 아니라 계속적인 독서계획을 세울 수 있도록 도와주어야 한다.

2. 주제의 선택

- 어떤 주제나 분야일지라도 구체적인 것으로부터 추상적인 것에 이르도록 선택한다. 이는 이해하기 쉬운 것으로부터 시작해야 한다는 말이다.
- 계절을 고려하거나 학습과제로 주어진 주제를 선택하는 것도 한 방법이다.
- 책 이야기에 참여하는 그룹의 일반적인 경험과 일치하는 주제, 또는 시사성 있는 주제를 선택한다.
- 전쟁, 일제 강점기, 가족애, 이성친구, 우정, 죽음, 학교생활, 집단 따돌림……

3. 북 토크 자료 만들기

자신이 읽은 책을 다른 사람에게 자세히 소개할 줄 아는 건 훌륭한 능력이다.
내가 읽은 책에 대해서 다른 사람에게 이야기할 때는 어떤 것들을 살펴야 할까?
아래 질문들에 차근차근 대답한 후 공책에 정리해 두면 큰 도움이 될 것이다.

1) 이 책을 읽기 전에 어떤 내용이 들어 있고, 내용은 어떨 거라고 생각했나요?

　예) '책 제목'이 '놀기 과외'라서 노는 이야기가 잔뜩 들어있을 것이라 생각했다. 친구가 재미없다고 해서 재미없을 줄 알았는데 뜻밖에 커다란 감동이 있었다.

2) 책의 겉모양(예를 들어, 그림이나 책의 두께)을 보며 어떤 느낌이 들었나요?
3) '누구' 때문에 또는 '무슨 일' 때문에 이 책을 읽게 되었나요?
4) 책 내용 전부나 일부분을 짧게 간추립니다.
   그리고 그 다음엔 보지 않고 말하는 연습을 해 봅니다.
5) '내 눈길을 끈 부분'은 어떤 부분의 어떤 내용이었는지 정리해 둡니다.
6) 책을 읽고 나서 '새롭게 알게 된 사실들'을 찾아 정리해 둡니다.
7) 책을 읽으면서, 또는 읽고 나서 '새롭게 갖게 된 생각'을 정리합시다.
8) 내용 가운데 나한테 인상 깊었던 말이나 표현을 옮겨 적어 둡시다.

4. 소개하는 방법

- 부드럽고 딱딱하지 않은 분위기를 위해 동화부터 시작한다. 그리고 비슷한 구성을 가진 책끼리 모아서 소개한다.
- 정해진 주제를 중심으로 선정된 모든 책을 같은 비중으로 소개해도 좋고, 또는 2~3권의 책을 중점적으로 깊이 있게, 나머지는 저자나 서명만을 제시하는 요약소개도 좋다.
- 도서관 등에서의 책 이야기 시간이라면 전체시간이 30~45분이 넘지 않도록 하고, 한 권에 소비되는 시간은 5~7분이 적당하다.
- 소개된 책은 어린이들이 잘 볼 수 있는 곳에 전시하거나, 책의 목록을 배부하면 더욱 효과적이다.

제3절 독서토론

1. 독서토론 목적

독서토론은 책을 읽고 서로의 의견을 나누는 활동이다. 특정도서를 선정하여 핵심사항들을 가려낸 다음 각자 이해한 바를 토대로 서로 의견을 나누고, 책에 대한 자신의 이해를 높이고자 하는 집단 활동이 바로 독서토론이다. 독서토론이 필요한 이유는 그 책을 올바르게 이해하여 편협하고 독선적인 생각을 갖지 않게 하기 위함이다.

2. 독서토론의 효과

1) 책에 대한 여러 가지 다양한 해석을 쉽게 접함으로써, 개인적인 책읽기에서 흔히 빚어질 수 있는 독단적인 이해의 위험을 극복할 수 있다.
2) 좋은 책을 골라 정독하는 능력과 자세를 키울 수 있다.
3) 자기의사를 논리적이고 효율적으로 표현할 수 있는 능력과 상대의 의견을 존중하며 듣는 자세를 키울 수 있다.
4) 토론하는 과정을 통해 참가자 각자의 민주적 소양을 기를 수 있다.

3. 토론회 진행 순서

독서 토론의 순서는 토론 주제나 방법, 도서의 종류에 따라 다소 다르나 대체로 다음과 같은 순서로 진행하는 것이 좋다.
- **인사** : 구성원 소개(사회자가 소개하는 방법, 자기가 소개하는 방법)
- **토론 도서 소개** : 사회자가 토론할 도서를 소개함(책명, 지은이, 지은이의 약력, 출판사 등)
- **독후감 발표** : 1~2분 정도 간략하게, 토론 주제를 명료하게 하는 방향으로 구성원이 윤번제로 돌아가면서 토론회 때마다 1명씩 발표함
- **토론 주제 확인** : 사회자가 이미 선정되어 있는 토론 주제를 확인하여 토론 방향을 다시 제시함
- **상호 의견 교환(토의)** : 한 권의 책일 경우, 주제와 관련해서 의견을 모은다. 주제토론으로 여러 권의 소주제를 발표하면서 대주제를 확인한다.
- **토론 시작** : 자신이 준비한 내용과 다른 사람이 준비한 내용의 같은점 반대되는점을 서로 교환한다. 다른 사람의 의견에 대해 질문을 하거나 자신의 의견을 수정하기도 한다.

- **중간 정리** : 사회자는 10여분 정도 토론이 진행되면 중간에 오고간 토론 내용의 요지를 중간 정리할 필요가 있다.
- **토론 내용 정리 및 결론** : 사회자가 토론자들이 토론한 내용을 정리하여 안내한다.
- 토론에 대한 각자 느낌 발표 및 지도 교사의 조언 듣기
- 다음 도서 선정

4. 토론 지도교사의 역할

사회자가 토론회의 구성원일 때는 모든 권한을 사회자에게 위임하여 지도 교사의 개입은 최대한 줄여야 한다. 그러나 독서 토론이 원만하게 이루어지도록 지도해야 한다.
- 지도 교사는 각 주제에 대해서 해당 주제에 대한 보충 의견이나 설명을 해 주도록 한다. 또한 지나친 자기주장으로 인해 토론의 분위기가 사회자의 통제를 넘어설 경우에 원활한 토론을 위해 조정자 역할을 한다.
- 지도 교사는 토론의 서두에 구성원이 토론의 분위기를 살릴 수 있도록 동기를 유발해 준다.
- 토론이 모두 끝난 뒤에 종합적으로 정리하면서 당회 토론에 대한 강평을 하는 것은 지도 교사의 몫이다.
- 구성원이 지도 교사를 인식하지 않고 토론의 한 구성원으로 인식한다면 분위기가 훨씬 나아질 것이다.

5. 독서 토론회별 지도

가. 소집단 독서 토론
  (1) 같은 책을 소집단에서 돌려 읽기를 한 후 독서토론회를 운영한다.
  (2) 독서 토론에 앞서 자기의 입장을 정하고 주장과 근거를 사전에 기록으로 준비하게 한 후 토론에 임하도록 한다.
  (3) 학년별로 교과, 특활과 관련하여 적절한 시간에 매월 소집단 독서 토론회를 운영한다.

나. 대집단 독서 토론
  (1) 같은 책을 여러 권 준비한 후 학급의 전 학생이 1개월 동안에 다 읽게 한다.
     (마련 방법 : 학급 문고, 학교 도서실, 지역 도서관에서 대출, 개인 구입 등)
  (2) 한 가지 주제를 정하고, 그에 맞는 추천도서를 여러 권 선정하여 주제 토론을 하게 한다.
  (3) 도서실 도서 확충시 한 종류의 도서를 40권씩 구입하여 한 학급의 전 학생이 같은 책을 읽을 수 있게 한다.

제4장
예술 활동을 통한 어린이 독서지도

어린이들은 책을 읽는 동안이나 책을 읽고난 후의 생각과 느낌을 자유롭게 표현하고 싶어 한다. 따라서 올바른 독서지도의 한 방법으로 책을 읽은 후에 다양한 방법으로 표현하게 함으로써 독서에 흥미를 갖도록 지도한다.

제1절 문학 활동을 통한 독서지도

1. 주인공과 함께

책을 읽은 후 감상을 표현하는 방법의 하나로, 동화책에 나오는 주인공을 이해하고 가까이하는 기회를 갖도록 한다. 주인공에게 전화하기, 주인공에게 편지 쓰기, 내가 만일 주인공이라면 어떻게 할 것인가 등, 다양하게 접근하도록 유도한다. 주인공과 함께 하는 여러 가지 실천 방법은, 아이들이 마치 동화 속의 주인공이 실제 인물인 것처럼, 또는 자기 자신인 것처럼 생각하게 됨으로써, 훨씬 더 책에 대한 친밀감을 갖게 된다.

2. 작은 책 만들기

읽은 책의 내용을 간추려, 작은 책을 만드는 활동이다. 종이를 여섯 면이 되게 접어서 이야기를 적고, 삽화도 그려 넣는다. 자신이 읽은 책의 내용을 다시 한 번 되새겨 보고 재창조하는 과정이므로, 완성하였을 때의 성취감이 상당히 높다.

3. 그림자 연극

모둠별로 책의 내용을 극본으로 만들어 역할을 나누고, 소품을 장만하여 그림자 연극을 하는 놀이이다. 책의 내용을 완전히 이해하고, 어린이 수준으로 연출도 할 수 있다.

4. 역할 극

책을 읽고 난 후에 책의 내용 중 가장 인상적인 장면을 극본으로 꾸며 역할극을 하는 놀이이다. 책의 주인공이 되고, 대사를 외우면서 다시 작품에 대한 이해와 등장인물에 대한 이해력을 높일 수 있다.

5. 독서엽서와 연하장 만들기

정겨운 사연을 담은 편지 쓰기가 사라지는 요즘 편지 쓰기보다 부담이 없는 엽서 쓰기를 통해 책 소개를 하여 쓰기와 읽기를 동시에 한다.

6. 여러 가지 지도 만들기

- 문화지도 만들기 : 서점지도, 헌책방지도, 도서관지도, 우리학교 도서관에 있는 책 지도, 책을 정해주고 학교도서관에 가서 가장 짧은 동선으로 찾기 지도 등을 아이들이 직접 그리고 만들게 하여 독서동기를 유발한다.
- 독서지도 만들기 : 자신이 읽은 책을 대상으로 어느 나라 작가의 작품인지를 간략한 정보와 함께 전국 또는 세계지도에 표시한다.
- 이야기지도 만들기 : 책의 내용을 정리하면서 이야기의 흐름에 따라 지도를 만들어 간다. 이야기지도를 만드는 동안 줄거리 정리가 쉽게 된다.

7. 책 광고하기

(1) 책 소개 전자메일 보내기

컴퓨터실 사용시간을 이용해서 전체 어린이의 e-메일 주소를 공개하고 책을 소개하는 편지를 워드로 작성하여 e-메일로 보낸다.

(2) 책 신문 광고 꾸미기

신문에 나온 책 광고의 특징을 살펴보고 권장할 만한 책을 광고하도록 한다. 특히 광고에 실리는 작품의 간단한 줄거리나 짧은 해설, 작가의 생각과 철학 등은 작품을 읽고 올바르게 이해하는데 많은 도움을 주기도 한다. 시각적으로 광고의 효과를 얻을 수 있도록 유도하고 책 사진, 광고 문안 넣기, 자기가 그 책을 읽는 모습을 찍은 사진, 부모님이나 선생님에게 책에 대한 질문을 해서 그 답 싣기, 그 책에 대해 여러 어린이를 대상으로 묻는 설문들을 넣도록 한 다.

(3) 책표지 다시 꾸미기

가장 기억에 남는 그림을 그대로 베껴 그리거나, 직접 상상해서 그린 후 여러 가지 도안을 이용해서 책 표지를 다시 만든다. 출판사의 로고도 직접 만들어본다.

제2절 미술 활동을 통한 독서지도

1. 독서 감상화 그리기

가장 감명적인 부분을 생각하여 그림으로 표현하는 방법이다.
어떤 장면이 왜 감명적이었는지를 먼저 모둠의 친구들과 충분히 이야기해 보는 기회를 갖게 된다. 처음엔 책 속의 삽화 중에 가장 감명적인 것을 그려보는 것에서 시작하여 그림이 없는 부분까지 나름대로 자유롭게 표현해 보도록 한다.

2. 등장인물 표정 그리기

동화책에 등장하는 주인공을, 이야기 진행 순서대로 그려본다. 어린이들이 책을 제대로 이해하지 못했다면 책을 처음부터 펼쳐 보면서 차근차근 그려 나가도록 한다. 그 다음부터의 독서는 건성건성 지나치지 않고 자세히 읽으며, 아예 책을 읽으면서 주인공의 표정을 상상하는 힘을 기르게 된다.

3. 독서 띠벽지(또는 책받침) 만들기

컷 자료 도안집에서 알맞은 도안을 복사하거나 등장인물의 얼굴이나 특정장면을 상상하여 그리거나 또는 독서명언이나 기억할 만한 구절을 소개하여 띠벽지를 만든다. 그리고 좀더 크게 만들어 코팅 처리하면 예쁜 책받침을 만들 수도 있다.

4. 독서달력 만들기

월별 독서달력을 만든다. 내가 읽을 작가별 또는 장르별로 작품을 미리 선정해두고 책을 읽는다. 계절에 맞는 책을 선정할 수 있도록 도와준다.

5. 과학자 사전 만들기

과학 책을 읽은 후 과학자 사전을 만들 수 있다. 카드만한 크기에 앞면에는 과학자 이름을 적고 뒷면에는 업적 또는 발명품을 적도록 지도한다. 과학자 사전을 만들기 위해 과학 책을 읽을 때는 틈틈이 메모하는 습관이 필요할 것이다.

6. 독서 감상 공작으로 협동작품 만들기

작품내용을 5~6개로 나누어 모둠별로 할당하고 그에 따른 공작표현을 다양한 재료를 활용하여 만들도록 지도한다. 모둠별 작품을 모두 합치면 규모가 큰 협동작품이 나온다.

7. 만화 그리기

책을 읽고 나서, 이야기의 흐름이 잘 나타나게 네 컷 만화로 나타내면 기, 승, 전, 결의 문단나누기도 익히고, 글의 줄거리 파악도 할 수 있다.

8. 숨은 그림 찾기

숨은 그림 찾기는 신문이나 잡지에서 독자들에게 흥미를 유발하기 위해 제시되는 방법이다. 독서 후 해당 도서에서 인상적인 장면을 옮겨 적은 뒤, 한 장면으로 그리고 숨은 그림을 찾도록 하는 것은 자신 뿐 아니라 다른 사람과 독서 내용을 공유하고 독서 동기를 유발하는 측면에서 의의가 있다.

9. 책 나무 만들기

모둠으로 공부하는 아이들마다, 또는 모둠별로 나무를 만든다. 처음엔 나뭇가지만 있는 앙상한 나무지만, 책을 읽을 때마다 잎을 달아준다. 잎은 카드를 이용하거나, 색종이를 이용한다. 나뭇잎처럼 접어서 겉에다 책이름, 글쓴이, 출판사 따위를 쓴다. 속에는 느낌을 짧게 쓰고, 등장인물의 특징도 써 넣는다. 나무가 예정한 만큼 무성하게 자라면 축하 잔치도 열어준다.

10. 독서 저금통 만들기

책을 읽은 후 자신이 읽은 책에 대한 정보를 간단하게 적어서 저금통에 넣는다. 투명한 저금통을 사용하여야 성취감을 맛볼 수 있다. 독서 저금통이 꽉 차면 통장을 만들어주고, 통장이 정해진 목표에 달성하면 상을 준다.

11. 씨앗 가꾸기

우선 문구점에서 아이들이 좋아하는 스티커를 산다. 아이들이 한 권의 책을 읽었을 때 책 모서리에 스티커를 붙여준다. 책꽂이에 꽂힌 스티커로 아이들 스스로 자신의 독서상태를 확인할 수 있다.

제3절 놀이를 통한 독서지도

1. 독서카드 만들어 게임하기

게임의 속성은 흥미에 있다. 독서를 하고 난 뒤 그 내용을 게임으로 제작하여 독서흥미를 촉진할 수 있다는 점에서 권장할 만하다.

2. 우리 집에 왜 왔니?

책을 읽은 후에 책이름과 주인공을 연결하는 놀이이다. "우리 집에 왜 왔니?"라는 전래놀이를 응용한 것인데, 우선 어린이를 두 팀으로 나눈다. 한 팀은 책이름, 다른 한 팀은 주인공의 이름이 적힌 도구를 머리에 쓴다. 그리고 "우리 집에 왜 왔니?"라는 노래를 부르면서 서로 마주치면 가위, 바위, 보를 하여 이기는 팀은 상대팀 중 자기와 관련된 사람을 데려오게 되며, 많이 데려 오는 팀이 이기게 되는 놀이이다. 앉아서 하는 놀이지만 움직임이 있는 놀이여서 우선 어린이들의 관심이 크다.

3. 피자 파티

책을 읽은 후에 책이름과 관련내용을 연관시키는 놀이이다. 2명 또는 4명이 피자 판을 나누고 카드를 뒤집어 놓는다. 카드를 한 장씩 교대로 뒤집고, 그 카드가 자신의 피자조각에 정해놓은 책과 관련된 내용이 나오면 자신의 피자조각에 토핑을 한 개 얹는다. 토핑을 제일 많이 얹은 사람이 이기게 된다. 어린이들이 친근하게 느끼는 피자와 연관시켜, 독서 후 활동을 하는 것은 책 읽기에 대한 흥미를 더욱 높게 하는데 효과가 있다. 중간에 '찬스'가 나오면, 상대편 피자조각 중 자기 것보다 토핑이 많이 얹혀있는 조각으로 교환할 기회가 주어지므로, 전세가 순식간에 뒤집어지기도 한다.

4. 요리하기

<손 큰 할머니의 만두 만들기>와 같은 책을 읽고나면 요리 만들기를 한다. 주방장을 정하고 각자 재료를 분담해서 가져온다. 주방장이 된 아이는 다양한 방법으로 요리 순서를 알아오고, 주방장의 책임하에 요리를 만든다. 주방장이 된 아이는 칠판에 요리순서를 적고 요리법을 설명해야 하기 때문에 자연스럽게 발표력과 논리력이 생기게 된다.
<아씨방 일곱 동무-바느질하기>

5. 서점 나들이

어느 정도 독서교육이 정상 괘도에 오르고 있다고 생각되는 방학부터 1달에 1번 정도 서점에 가서 책 구경도 하고, 직접 사고 싶은 책을 구입도 해 보도록 한다. 어린이들은 처음에 서점에 갔을 때는 책의 양이 그렇게 많은 줄 몰랐다는 반응을 보인다.

서점에서 즉흥적으로 여러 가지 놀이를 할 수 있다.

예) 작가 찾기 놀이, 출판사 찾기 놀이, 사고 싶은 책 목록 만들기, 용돈 모으기 작전

6. 퍼즐 활용하기

퍼즐은 단어와 단어 사이를 맞추어보는 것으로 이것도 일종의 언어놀이에 속한다. 그러나 단순한 언어놀이에 국한하지 않고 언어의 의미를 파악하면서 즐기는 놀이로 발전시킨 프로그램이다. 독서 후 도서에 사용된 언어를 사용하여 퍼즐을 만들어보거나 우리가 읽은 책 목록, 작가목록, 지명 등으로 다양하게 접근할 수 있다.

부록

현장 독서지도 사례모음

사고력 개발을 위한 열린 독서지도 방법

홍정희

목차 ▶
1. 머리말
2. 열린 독서지도 방법
   (1) 읽기 과정
   (2) 생각하기 과정
   (3) 표현(정리)하기 과정
3. 독서지도안 사례
4. 맺음말

1. 머리말

오늘날 정보화 시대를 맞아 교육도 많이 변했다. 모든 것이 복잡, 다면하고 급격하게 돌아가는 정보화 시대를 효과적으로 대처하기 위해서 세계 각국에서는 교육개혁에 박차를 가하고 있다. 우리나라도 이에 발맞춰 미래의 국가 비전을 교육개혁을 통해 찾으려는 의도 하에 다양한 교육적 방안을 강구하고 있다. 교육 개혁의 방안 중 가장 두드러진 특징은 사고력 향상에 중점을 둔 교과과정의 대폭적 변경과 대학 입시에 수학능력시험 제도를 도입한 것이라 할 수 있다.

1993년 도입된 대학 수학능력시험제도는 과거 암기 위주의 주입식 교육을 개선해야 한다는 사회적, 교육적 합의가 종전의 어느 제도보다 강하게 반영된 새로운 형태의 시험으로, 학생들의 사고력 증진에 초점을 맞춘 제도이다. 교육 개혁의 일환으로 진행된

이 제도는 주입식 공부에 훈련이 되어 있던 학생들의 공부 방법에 많은 변화를 주게 되었고, 변화를 수용하기 위해 교육현장에서는 '학습 방법 바꾸기' 비상이 걸렸다. 그 결과 교육인적자원부에서는 7차 교육과정을 입안해 교육 방법을 대폭 변경시켰고,. 학교에서는 자료 수집과 탐구학습, 토론 및 실습을 통한 실험 학습, 서술형 시험 문제의 강화, 수행 평가제도 도입 등 새로운 교육 방법을 적용해 암기보다는 사고력 증진을 위한 열린 교육을 시행하고 있다. 이와 같이 사고력과 창의력 개발에 중점을 두고 있는 변화된 교육 내용은 21세기 정보화시대를 살아나가는데 필요한 전인적 인간 양성을 목표로 한다. 교육계에서는 변화된 교육적 목표를 달성하기 위한 가장 근원적인 해법이 독서에 있다고 판단하게 되었고, 자연히 독서는 교육 과정에서 매우 중요한 위치를 점유하게 되었다.

독서의 중요성이 부각됨에 따라 교육 현장에서는 독서교육에 대한 관심이 고조되고 있다. 이러한 시점에서 읽고 쓰기 위주였던 과거의 독서지도에 대한 재평가와 함께 효과적인 독서교육방법, 즉 어떻게 효과적으로 읽히느냐 하는 지도 방법상의 문제가 숙제로 남게 되었다.

과거의 독서지도 방법으로 가장 기본적이고 널리 사용되어 오던 것이 독후감 쓰기이다. 독후감 쓰기는 작품에 대한 정확한 이해를 하는 동시에 자신을 되돌아보는 반성의 기회를 제공하고 문장력을 향상시키는 등 많은 순기능을 갖고 있고 그 활용도 또한 높다.[1] 그래서 독후감은 그동안 교육 현장에서 독서지도의 중요 영역으로 인식되고 권장되어 온 것이 사실이다. 그러나 독후감 쓰기는 순기능과 함께 역기능 또한 적지 않다. 대부분의 어린이들은 읽기 그 자체에는 흥미를 갖지만 쓰기와 같은 숙제 형식의 교육이 진행되면서 책읽기에 부담을 갖는 동시에 독서해 대한 흥미를 잃어버리기도 한다. 이러한 사실은 쓰기 위주였던 과거의 독서지도 방법이 어린이들에게 긍정적 효과를 주지 못한다는 사실을 입증한다. 이와 같은 현실을 직시할 때 어린이들의 흥미를 유발하는 동시에 사고력 개발에 긍정적 영향을 줄 수 있는 효과적인 독서지도 방안이 절실히 요구된다.

이에 본 연구에서는 어린이들의 흥미 유발과 함께 사고력 향상에도 효과적인 결과를 제공하는 열린 독서지도 방법을 제안해 보았다. 필자가 제안하고자 하는 독서지도 방법은 과거의 읽고, 쓰기 위주였던 독서지도의 문제점을 보완한 '읽고, 생각하고, 표현하는' 3단계 독서지도 안이다. 읽기 과정에서는 어린이들이 자발적으로 책을 읽을 수 있도록 유도하고, 생각하기 과정에서 생각을 유도하는 다양한 발문과 토론을 통해 사고력을 개발하고, 마지막 표현하기 과정에서는 앞의 두 단계에서 경험한 내용을 정리, 완성하여 어린이들의 사고를 지식화, 종합화하는데 목표를 둔다.

---

[1] 한중경. 『초독서교육법』 (서울 : 프레스 빌, 1996). p.72

2. 열린 독서지도 방법

(1) 읽기 과정

읽기 과정에서 가장 우선적으로 고려해야 할 것은 자발적 독서 흥미의 유발이다. 교육에서 '자발적인 것'처럼 좋은 약은 없다. 독서지도도 예외는 아니다. 그러나 자발적이란 것은 언제나, 누구에게나 쉽게 발생되는 것이 아니다. 어린이들이 자발적으로 독서를 하도록 하기 위해서는 흥미와 관심을 유발하여야 한다. 흥미와 관심이 없이는 호기심을 갖고 계속적으로 탐구해 나가기 어렵기 때문이다. 일단 책에 대한 흥미와 관심이 높아진다면 어린이들의 독서지도는 그리 어려운 문제가 아니다. 그렇다면 어린이들이 어떻게 책에 대해 관심과 흥미를 갖게 할 수 있을까 하는 문제가 관건으로 떠오른다. 이제 어린이들로 하여금 책에 대한 흥미를 유발시키기 위한 방법을 생각해 보기로 한다.

① 독서환경을 조성하자

요즘 많은 어린이들이 만화, 전자오락 인터넷 게임 등 현란하고 매혹적인 시청각 매체의 유혹에 빠져 책을 기피하고 있다. 어린이들이 TV나 컴퓨터에 앉아있는 시간을 책을 읽는 시간의 몇 배가 된다는 것은 누구나 인정할 수밖에 없는 현실이 되고 말았다. 이러한 상황에 있는 어린이들이 자발적으로 독서를 하도록 하기 위해서는 우선 독서 분위기와 환경을 조성해 주어야 한다. 부모는 어린이들의 독서 시간에 TV를 끄고 조용한 분위기를 만들어 주어야 하고, 도서관에 데리고 가서 책을 빌려 주거나 서점에 가서 책을 사 주는 등 주변에서 책을 많이 접할 수 있는 환경을 만들어 주어야 한다. 또 부모가 가정에서 책 읽는 자세를 보여주는 것도 어린이들의 독서 분위기를 조성하는데 매우 효과적이다. 대부분의 아이들은 어른의 행동을 무의식중에 모방하는 습성을 갖고 있기 때문이다. 학교에서는 학생들이 읽을 수 있는 책과 시설을 충분히 구비해 놓는 것이 독서 환경 조성의 1차적 과제가 된다고 할 수 있겠다.

② 어린이의 관심거리가 뭔지 알아보자.[2]

책에 대한 좋은 인상, 즉 관심을 갖게 하기 위해서는 어린이들이 무엇에 흥미를 느끼는지 그 관심거리를 찾는 것이 우선이다. 관심과 호기심은 성장 후 적성과 연관되고 적성은 직업과 연관된다. 그러므로 어린이의 관심거리를 찾아내어 개발해 주는 일은 장래 어린이의 인생에 아주 중요한 영향을 미친다. 어린이의 관심거리를 찾아내려면 지속적

---

[2] 상게서 p.24.

이고 세심한 관찰이 필요하다. 어린이를 신뢰하고 대화를 자주 해야 한다. 오래 가지고 놀거나 자주 이야기하는 주제와 내용들이 있는지 살펴 볼 필요가 있다. 여러 번의 관찰로 찾아낸 것이 있다면 바로 그것이 어린이들의 흥미와 관심거리이다. 관심거리를 찾았다면 그 주제에 맞는 책을 권해 보자.

③ 쉬운 책부터 읽게 하자.[3]

일반적으로 책을 좋아하는 어린이들도 오랜 시간 독서를 하다 보면 싫증을 느낀다. 싫어하는 어린이에게 아무리 책을 읽어보라고 해도 '쇠귀에 경 읽기'다. 그럴수록 짧고 단순한 책부터 읽게 해야 한다. 음식도 억지로 먹으면 살로 가지 않는다. 책과 친숙해지고 이해력이 향상되었을 때 좀 더 어렵고 긴 내용의 책으로 바꾸는 것이 좋다.

④ 책을 다 읽으면 보상을 하자.[4]

어른들은 어떤 일을 할 때 자기 나름대로의 동기나 이유가 있다. 그러나 어린이들은 자신이 좋아하는 것 이외의 행동을 할 때 강한 동기가 없다. 그래서 어린이들이 어떠한 행동을 하도록 하기 위해서는 동기를 유발시켜야 한다. 어린이들의 동기를 유발시키는 좋은 방법 중 하나가 보상이다. 가정에서는 어린이가 책을 읽고 난 후 가벼운 선물이나 칭찬을 통해, 학교에서는 독서왕 시상, 독후감 대회, 독서 퀴즈 대회 등의 행사를 통해 어린이들의 보상심리를 채워줄 수 있다.

⑤ 스스로 찾는 법을 가르쳐 주자.

어린이들은 질문을 많이 한다. "비는 왜 와?", "왜 엄마는 여자야?" 어린이들은 수많은 질문을 통해 자신의 호기심을 해결하고 그들의 지적 능력을 높여가기도 한다. 그러나 부모는 만물박사가 아니다. 만물박사라 하더라도 어린이들이 스스로 책을 통해 자신의 궁금증을 해결하도록 하는 것이 탐구심을 기르거나 자신감, 성취감을 얻는데도 더욱 효과적이다. 백과사전을 읽는 것도 독서 행위의 일부이다. 학교에서의 숙제나 일상 생활 중에 발생하는 백과사전을 찾아 해결하는 습관이 생기면 다른 종류의 책 읽기에도 관심을 갖게 된다.

---

[3] 상게서 p.29.
[4] 상게서 p.32.

(2) 생각하기 과정

일단 어린이들의 흥미를 가지고 책을 읽으면 독서지도의 첫 간계가 진행되었다고 볼 수 있다. 그러나 어린이들이 책을 읽는 다고 모두 효과적인 독서를 하는 것은 아니다. 어린이들이 책을 읽었다고 해도 과연 그 책의 몇%나 이해했는지는 의문이다. 책을 아주 많이 읽는 어린이일지라도 독서가 주는 혜택 즉, 어휘력, 사고력을 비롯한 학습 능력 등이 발달되지 못한 경우가 있는데 그 이유가 바로 효과적인 독서 학습이 이뤄지지 않았기 때문이라 할 수 있다. 특히 오늘날 7차 교육과정의 교과 내용과 대학 입시출제 경향이 사고력 향상에 초점이 맞춰져 있는 현실에서 독서지도에 있어 생각하기 과정은 특히 중요하다고 하지 않을 수 없다.

이 단계의 독서지도에서 염두에 두어야 할 사항이 있다. 어린이들의 사고를 향상시키기 위한 발문 제시와 토론이다. 이것은 모든 독서지도의 기본이라 할 수 있다.

① 발문

㉮ 발문의 정의

어린이들은 책을 읽고 난 후 어떤 문제에 대해 여러 측면에서 많이 생각할수록 사고력이 길러지고 풍부한 지식을 습득할 수 있다.5) 줄거리 흐름이 어떻게 전개되는가, 핵심 내용이 무엇인가, 교훈은 무엇인가, 그것이 다음 상황에 어떠한 도움이 되는가, 책으로부터 얻은 지식을 어떻게 활용할 수 있는가, 주인공은 어떤 사람인가, 주인공의 행동은 과연 옳았는가, 내가 주인공이라면 어떻게 행동했을까? 등의 많은 질문을 해 보고 그 질문에 대한 대답을 해 보아야 한다. 물론 어린이들 스스로 이런 질문을 생각하기 어렵기 때문에 독서지도 담당자가 어린이들의 사고력을 증진시킬 수 있는 다양한 발문을 만들어야 한다.

발문이란 독서지도 수업을 진행할 때 독서할 내용에 대한 정신적 활동이나 사고수준을 자극하기 위해 어린이들에게 던지는 질문을 말한다.6) 질문과 발문의 차이점은, 질문은 정확한 해답이 있는 문제를 뜻하고 발문은 정확한 해답이 없이 여러 가지로 답을 도출해 볼 수 있는 문제를 의미한다. 독자의 생각을 이끌어 내는 여러 가지 문제들은 해답이 한가지로 국한되어 있는 것이 아니다. 사람에 따라 각자 다른 생각과 해답을 가지고 있을 수 있으므로 독서지도에 있어 어린이들에게 제시되는 문제들은 질문보다는 발문의 성격에 더 가깝다고 할 수 있다.

---

5) 상게서, p119.

6) 초경화, "독서지도의 개념과 실제", 한우리독서지도자교육집(서울 : 사단법인 한우리독서운동문화본부, 2001), p.21.

㉯ 발문 만들기

발문을 만드는 데는 여러 가지 방법이 있으나 필자는 Bloom의 교육 이론을 참고로 하여 설명해 보고자 한다. Bloom은 인간의 뇌가 인지하는 영역을 지식, 이해, 적용, 분석, 종합, 평가의 6단계로 구분하였다. Bloom에 의해 체계화된 6단계의 인지적 사고는 교육 현장에서 기능적으로 이용할 수 있는 하나의 체계로서 독서지도 시에 발문 만들기에 활용할 수 있다. 그가 말한 여섯 가지 영역을 발문과 연결시키면 다음과 같다.

㉠ 지식

이미 관찰했거나 학습한 정보를 그대로 기억해서 재생하고 반복하는 기능을 요구하는 사고 과정을 말한다. 주로 단편적인 사실이나 정보에 대한 지식을 요구하는 것으로 무엇? 언제? 어디? 어느 것? 누구? 등의 질문이 여기에 해당한다.

㉡ 이해

이미 배운 내용의 의미를 파악하는 능력을 요구하는 문제로 설명, 비교, 대조, 해석, 요약, 예언, 예시, 추론, 논평 등이 해당한다.

㉢ 적용

이미 학습한 지식이나 수집한 정보를 새롭고 구체적인 상황에 적용하는 능력으로 응용, 해결, 변화, 분류, 구정, 검사, 선택, 극화 등이 해당한다.

㉣ 분석

대상 자료나 사태를 형성한 요소를 살펴 그 요소들은 무엇이며, 그것들이 서로 어떻게 관련되어 있고, 그것들이 결합하면 어떻게 되는지 확인하기 위해 주어진 자료의 구성 및 내용을 분석하는 능력으로 분석, 분류, 비교, 대비, 추론, 입증, 도표화, 지적, 결정, 관련짓기, 구별, 인정 등과 관련된 발문이다.

㉤ 종합

대상이나 자료의 여러 요소나 부분을 모아 새로운 체계를 형성할 수 있는 능력으로 창의적 사고를 필요로 한다. 창조, 계획, 말하기, 글쓰기, 조직, 생산, 제안, 개선, 결론 도출 등의 발문이 해당된다.

㉥ 평가

작품, 사상, 자료 등에 대하여 가치 판단을 내릴 수 있는 능력으로 논리적, 합리적 사고를 요구하며 한층 적절하고 주의 깊은 판단을 하도록 유도한다. 평가, 판단, 검증, 비평, 비교, 방어, 요약, 지지, 결론, 정당화 등의 발문을 만들 수 있다.

이상에서 Bloom의 이론에 근거하여 '발문을 만드는 원칙'을 설명해 보았다. 설명에 대한 이해를 도모하기 위해 작품에 따른 발문을 예시해 보면 아래와 같다.

㉰ 발문의 예
- 발문예시 1
    - 대상 : 초등학생
    - 독서자료 : 〈흥부전〉
        - 흥부의 가족은 모두 몇 명인가요? (지식 영역의 발문)
        - 흥부전의 줄거리를 요약해 보세요. / 흥부의 가정 형편을 설명해 보세요. / 제비는 왜 놀부에게는 나쁜 박씨를 가져다주었을까요? (이해영역)
        - 흥부가 부자였다면 제비가 흥부에게 금은보화가 가득 든 박씨를 갖다 주었을까요? / 주변에서 다친 동물이나 친구를 보았다면 어떻게 하는 것이 좋을까요? (적용영역)
        - 흥부와 놀부의 성격을 비교, 설명해 보세요. / 흥부와 놀부의 가족관계를 도표로 그려보세요. (분석영역)
        - 흥부전의 뒷이야기를 꾸며 보세요. / 가난한 흥부가 놀부의 성격을 가졌고, 부자인 놀부가 흥부처럼 착한 성격을 가졌다면 이야기가 어떻게 전개되었을지 상상하여 말해보세요 (또는 써보세요). (종합영역)
        - 흥부가 찢어지게 가난하면서도 가장으로서 열심히 일할 생각을 하지 않고 형에게 구걸만하는 행위에 대해 어떻게 생각하나요? / 현대적 관점에서 생각해 볼 때 흥부와 놀부 중 어느 쪽이 더 바람직한 가장의 모습인지 판단해 보세요. (평가영역)
        - 흥부전의 내용을 4컷의 그림(또는 만화)으로 그려보세요. (표현하기-부가적 활동)
- 발문예시 2
    - 대상 : 중학생 이상
    - 독서자료 : 〈벙어리 삼룡이〉
        - 벙어리 삼룡이의 시대적 배경에 대해 설명해 보세요. / 벙어리 삼룡이의 신분은 무엇인가요? 등 (지식)
        - 작품의 내용을 소설의 구성 단계인 기, 승, 전, 결로 나눠서 요약해 보세요. / 삼룡, 새아씨, 새서방 3자의 관계에서 처음 갈등이 발생하게 된 계기는 무엇인가요? 등 (이해)
        - 삼룡, 새아씨, 새서방의 갈등 구조를 해결할 방법을 생각해 보세요. 내가 삼룡이었다면 주인집에서 쫓겨난 후 어떻게 했을까 생각해 보세요. 등 (적용)
        - 등장인물의 성격을 분석해 보세요. / 작품에서 삼룡과 새서방은 서로 대조적

인물로 갈등 관계를 형성하고 있습니다. 두 인물의 대비를 통해 작가가 그리고자 한두 가지 인간형을 각각 40자 내외로 설명해 보세요. / 작품에서 삼룡이 성격이 어떻게 변해 가는지 상황은 제시하며 이야기 해 보세요. 등 (분석)

- 내가 작가라면 결말을 어떻게 맺을지 생각해 보세요. / 인간 사회에 존재하는 신분상의 차별 문제에 대해 자신의 의견을 써 보세요. (종합)
- 삼룡이 신분상의 차이와 신체적 불구를 초월하여 새아씨에게 연정을 느낀 점에 대해 어떻게 생각하나요? / 새서방이 삼룡을 학대할 때 주인 영감이 방관한 일이 옳은 행위였는지 평가해 보세요. 등 (평가)

지금까지 제시한 발문은 독서지도에 있어 학생들의 사고력을 개발시킬 수 있는 방안으로 활용될 수 있는 것들이다. 제시한 문제들 외에도 유사한 형식으로 발문을 더 첨가해도 좋고, 반대로 모두 다 선택 할 필요도 없다. 대상 어린이의 연령, 이해력 등에 따라 문제를 증감하기도 하고, 문제의 수준도 조절할 수 있다. 또한 문제를 만들면서 '어떤 문제를 먼저 물어 볼 것인가?'와 같은 문제 배열의 순서에 대해 의문을 가질 수 있다. 문제의 배열 순서에 있어서는 전술한 여섯 가지 영역을 차례로 나열할 필요는 없다. 문제 배열은 기본적으로 전체적인 책의 분석을 기초로 시작해서 책 내용과 관련된 단편적인 지식(지식 영역)을 먼저 물어 보고, 다음으로 내용을 제대로 이해했는가를 파악하기 위한 이해, 분석, 적용과 같은 영역의 발문을 적당히 혼합해서 제시하는 것이 좋다. 이해를 위한 문제 다음으로는 어린이들로 하여금 교훈이나 문제 거리를 찾아보고, 쓰기 등의 정리를 통해 창의적 영역을 경험하게 하는 것이 사고를 종합화하는데 도움이 된다.

독서지도에 있어 발문과 함께 토론 역시 어린이들의 사고력 증진에 큰 효과를 줄 수 있다. 독서지도에 활용하기 위한 토론의 의의와 방법, 토론의 준비를 위한 논제 찾기 등에 대해 설명해 보고자 한다.

① 토론하기

㉮ 토론의 의의

토론이란 책을 읽고 나서 그것에 대한 생각을 서로 말하여 보는 활동을 말하는 것으로, 지식을 더욱 확고히 하고 논리적 사고력과 분석력을 길러 줄 수 있는 종합적인 지식 활용과정이라 할 수 있다. 토론을 통해 얻을 수 있는 장점은 다양한 원인과 가능성 등을 분석할 수 있는 능력, 자신의 생각을 타인의 생각과 비교하고 새로운 가능성을 창조할 수 있는 능력 등 지적, 정신적, 종합적 능력을 배양할 수 있다는 점이다. 선진국의 교육

과정이 토론식교육을 중시하는 이유가 여기에 있다. 가정에서도 가족끼리, 또는 자녀들의 친구들을 모이게 해서 토론과정이나 방법을 시도해 볼 수 있다.

㉯ 토론의 조건

토론의 조건은 다음과 같다.
- 토론에 참가할 인원이 3~5명 정도 있는 것이 좋다. 다양한 의견을 듣고 사고를 확장할 수 있기 때문이다.
- 토론자는 확실한 증거와 주장이 있어야 하는 동시에 대립점을 분명히 파악하여야 한다. 장이 모호하거나 주장에 대한 뒷받침 근거가 부족하면 상대를 설득시킬 수 없기 때문 이다. 또 발언하는 사람이 대립점을 찾지 못하면 자신의 주장과 상대방의 주장을 구분하지 못하고 일관성 없는 주장을 하게 된다.
- 토론할 분위기를 형성하고 토론을 효율적으로 진행시키는 역할을 하는 토론의 주도자가 있어야 한다. 주도자가 없으면 토론의 방향이 초점을 잃고 우왕좌왕 할 수도 있고 서로 사적인 감정에 치우친 격론에 휘말릴 우려가 발생한다.
- 논제는 주제와 연관된 것으로 명백하게 문제시되거나 쟁점화 될 수 있는 것으로 선정해 야 한다. 논제가 명백하게 쟁점화 되지 않은 것일 경우 논란거리가 모호해져서 토론이 제대로 진행되기 어렵다.
- 토론의 규칙으로서 토론 참가자들은 발언 시간, 순서, 판정, 전체 시간 등을 지켜야 한 다. 자신의 발언을 정당화하는데 급급해서 발언 시간이나 순서를 지키지 않으면 토론의 질서가 무너지고 민주적인 토론을 진행할 수 없다.
- 토론 후에는 종합적 결론을 끌어내야 종합적 사고 능력을 키울 수 있다. 최종 결론을 도출하지 않은 상태로 흐지부지 토론이 끝나버리면 토론을 통해서 얻게 된 지식이나 생각이 소멸될 수 있고 생각을 종합화하는 능력을 키울 수 없다.

㉰ 토론을 위한 주제(논제) 선정

독서 토론의 성패를 결정짓는 데 있어 '토론의 주제가 무엇인가'는 매우 중요한 요인으로 작용한다. 토론할 주제, 즉 논제를 만드는 일이 그리 쉬운 것만은 아니다. 일반적으로 책 주인공의 성격이나 행위에 대한 옳고 그름에 관한 문제, 책 내용에서 나타난 문제 거리에 대한 찬반 의견, 또 기타 첨예하게 대립될 만한 주제를 찾아 논제로 선정할 수 있다.

아래에 제시한 '독서자료에서 선정한 논제'의 예를 참조하면 논제 선정에 대한 이해에 도움이 될 것이다.

■ 토론예시1
　　－토론대상 도서 : 〈아낌없이 주는 나무〉
　　－내용 : 나무와 소년은 어릴 때부터 서로 어울려 친밀하게 지낸다. 소년은 나무에게 자신이 필요한 것만 빼앗아가고 나무는 그런 소년에게 불평 한마디 없이 희생적으로 자신의 모든 것을 바친다.
　　－논제 : • 무조건적인 희생을 진정한 사랑이라 할 수 있는가?
　　　　　　• 무조건적인 희생은 과연 옳은 일인가?

■ 토론예시2
　　－토론대상 도서 : 〈나의 라임 오렌지 나무〉
　　－내용 : 감수성이 예민한 다섯 살 소년 제제는 장난이 너무 심해 가정과 마을에서 문제아 취급을 받는다. 가족들로부터 심한 멸시와 매를 맞으며 살아가는 제제는 뒤뜰에 있는 라임나무오렌지 나무와 대화하며 외로움을 달래고 위안을 얻는다. 어느 날 뽀르뚜가라는 아저씨를 친구로 삼게 된다. 제제의 동심을 진정으로 이해해주고 믿어주는 유일한 사람 뽀르뚜가 앞에서 제제는 행복해 하며 모범적인 행동을 한다. 어느 날 사고로 뽀르뚜가를 잃게 된 제제는 충격과 실의에 빠져 심한 병에 걸린다. 그동안 냉대하던 가족과 동네 사람들이 제제에게 찾아와 진심으로 제제의 병을 염려하고 쾌유를 빈다. 주위의 관심과 사랑을 확인한 제제는 다시 건강을 되찾고, 오렌지 나무(동심?)를 잘라낸다.

■ 토론예시3
　　－토론대상 도서 : 〈벙어리 삼룡이〉
　　－내용 : 생략
　　－논제 : • 인간 사회에 신분상의 차별이 존재하는가?
　　　　　　• 약자는 무시의 대상인가?

저술한 구체적 독서자료와 관련된 논제 외에도 주제별 도서나 신문 기사와 관련된 논제를 몇 가지만 사례로 제시해 보았다.

■ 환경관련도서
　　－예 : 〈아이들의 섬〉〈바다의 섬〉〈최열 아저씨의 환경이야기〉〈보거를 찾아 떠난 7일 간의 특별한 여행〉 등
　　－논제 : • 자연은 인간의 소유물인가? (또는 인간은 자연을 파괴할 권리를 갖고 있는가?)
　　　　　　• 과학기술의 발전은 역사의 발전과 비례하는가?

- 학교 폭력 등의 폭력관련 도서나 기사
    - 예 : 〈꼬마 독재자〉〈우리들의 일그러진 영웅〉 등
    - 논제 : • 인간의 본성은 악한가?
            • 폭력은 강자의 유일한 무기인가?

- 복제인간, 게놈프로젝트 등의 유전공학 관련 도서
    - 예 : 영화-〈가타카〉 책-〈어떻게 양을 복제할까?〉 등
    - 논제 : • 과학(또는 의학)기술의 발달은 인류에게 유익함만 주는가?
            • 유전혁명은 인류의 장밋빛 축복인가?

(3) 표현(정리)하기 과정

독서의 목적을 충분히 달성하기 위해 표현 및 정리하는 일 역시 매우 중요하다. 읽고 생각하고 토론한 것들을 기초로 하여 글이나 기타 방법으로 기록하거나 표현하는 과정을 거침으로써 자신이 책을 읽고 느낀 저이나 알게 된 지식을 오래 보존하고 지적인 능력을 종합적으로 완성하는 효과를 가질 수 있다.

독서지도의 표현하기 과정에서 그동안 글쓰기, 특히 독후감 쓰기가 가장 많이 활용되어 왔다. 그러나 독후감 쓰기와 같은 글쓰기 교육은 많은 어린이들에게 부담감을 주고 있고 심지어 책 읽기를 기피하는 문제를 발생하기까지 한다. 오늘날 열린 교육이 강조되고 있는 것과 때를 같이하여 글쓰기 교육의 문제와 한계를 극복하기 위한 여러 가지 방안이 대두되고 있다. 독서지도의 표현하기 방법에는 다양한 방법이 있다.

① 독후감 쓰기

좋은 독후감은 형식에 너무 치우치지 않으면서 느낌이나 생각, 의도가 논리적으로 잘 표현된 글이 좋은 글이다. 또 글쓰기를 할 때 너무 완벽한 글을 요구해서는 안 된다. 자신의 느낌이나 생각을 적은 양이라도 써 보게 하여 쓰는 부담을 없애야 한다.

독후감을 비롯한 다양한 장르의 글쓰기를 잘 하기 위한 조건으로 충분한 토의 및 토론을 들 수 있다. 책을 읽고, 관련된 다양한 질문에 대해 생각해 보고 충분한 토론과정을 거친 후 그것을 바탕으로 쓰게 한다면 쓰는 일이 훨씬 쉬워지고 어린이들도 부담을 덜 느낀다.

② 작품 주인공에게 편지 쓰기

'주인공에게 편지쓰기'는 '독후감 쓰기'에 부담을 갖고 있는 어린이들에게 대안으로 활

용할 수 있는 좋은 정리 방법이다. 편지는 독후감과 달리 작품 속에서 주인공에게 궁금했던 상황이나 안타까웠던 일들, 격려해주고 싶은 내용, 하고 싶은 말 등을 대화하듯이 편안히게 쓸 수 있기 때문이다.

③ 작가에게 편지쓰기

책을 쓰게 된 동기, 주인공의 상황을 그렇게 설정한 이유, 특별히 감동 받은 부분, 좋았던 일, 아쉬웠던 일, 내가 작가였다면 이야기를 어떻게 엮었을 것인가, 작가에게 부탁하고 싶은 말 등을 편지 형식이나 자연스런 문체로 쓰게 해 본다. 이 방법은 어린이들의 작품에 대한 이해력을 높일 수 있고, 작가가 되는 것이 꿈인 어린이들에게 스토리 구성에 대한 감각도 개발시켜 줄 수 있다.

④ 뒷이야기 꾸며보기

작품의 내용에 덧붙여 뒷이야기를 자유롭게 꾸며보게 한다. 이것은 어린이들의 상상력과 문장력, 스토리 구성 능력 등을 개발시킬 수 있을 뿐만 아니라 어린이들에게 작품에 대한 흥미를 제공해 주기도 한다.

⑤ 주인공과 인터뷰하기

주인공에 대한 궁금한 사항이나 그밖에 묻고 싶은 사항들을 자신이 기자가 되어 주인공과 인터뷰한다고 가정하고 인터뷰 기사를 작성하게 해 본다.

⑥ 독후감상화 그리기

- 책을 읽고 느낀 점을 그림으로 표현하게 한다. 읽은 내용 중에서 가장 인상 깊었던 장면이 나 내용을 그리게 하다.
- 등장인물 중 특정 인물의 사건 당시 표정이나 마음의 상태를 색으로 표현하게 한다.
- 내용에 따라 한 칸으로 그리기(가장 인상 깊은 부분을 그리기), 두 칸으로 그리기(동화의 원인과 결과를 함께 이야기한 뒤 그리기), 네 칸으로 그리기(동화의 내용을 기승전결에 따라 넷으로 나누어 그리기) 등을 한다.
- 얼굴 표정을 그리게 한다. 주인공의 얼굴을 그려보면 그의 내면의 변화와 동화의 흐름을 자연스럽게 읽을 수 있다.

⑦ 책소개

책의 서지사항, 줄거리, 느낀 점, 소개 이유, 소개하고 싶은 대상 등을 기록한다.

⑧ 독서기록장

책의 서지사항, 줄거리, 인상 깊었던 내용, 느낀 점, 나의 각오 등을 기록한다.

⑨ 책달력

한 달 동안 읽은 책을 그 달의 달력에 날짜에 맞춰 기록하고 읽은 책 중 가장 인상 깊었거나 감동적이었던 책을 사진(또는 그림) 난에 그려 넣고 개요를 기록한다. 자신의 생각과 느낌, 감명 깊은 구절, 다음 달의 독서 계획 등을 기록한다.

⑩ 마인드 맵

책을 읽고 생각나는 것을 생각 그물을 이용해 마음껏 펼치도록 한다. 마인드 맵은 내용을 형상화하고, 요약, 정리하여 이해력을 높이는데 있어 매우 좋은 방법이다. 따라서 마인드 맵은 어린이들에게 부담을 주지 않으면서 책 내용을 이해, 정리하게 하는 좋은 방법이 될 수 있으며 학과 공부의 이해 및 암기에도 효과적으로 활용되어 학습 효과를 높일 수 있다.

지금까지 소개한 독후 정리 방법들은 독서 지도 현자에서 주로 사용되는 몇 가지 방법만 제시한 것이다. 이들 여러 가지 방법들을 어린이들의 연령과 수준에 맞춰 적절하게 독서 후 활동으로 진행할 경우 어린이들의 사고와 지식을 종합화하는데 많은 도움이 된다. 초등학교 저학년의 경우는 독후감 쓰기보다는 그리기, 만들기 위주로 진행하고 초등학교 고학년이나 중학생의 경우는 쓰기와 함께 위에 제시한 다양한 방법들을 병행해서 지도하면 별 무리 없이 표현하기 과정을 마칠 수 있다.

3. 독서지도안 사례

아래에 예시한 독서 지도안은 초등학교 5, 5학년 정도의 어린이들을 대상으로 작성된 것이다. 필자가 제시한 3단계 독서지도 방법을 기초로 하여 Bloom이 체계화한 6단계의 사고과정을 활용하여 발문을 작성했다.

나의 라임 오렌지 나무

(바스콘셀로스)

■ 줄거리를 말해 보세요.

이 글의 주요 등장인물들의 성격과 서로의 관계를 알아봅시다.

이 글에서 지은이가 우리에게 이야기하고 싶어하는 것이 무엇일까요? (중심 생각 알기)

■ 생각하기

① 제제는 어떤 아이인가? (나쁜 아이인가 좋은 아이인가에 대한 자신의 생각)
② 제제가 가장 행복했던 순간과 가장 슬펐을 때가 언제였나요?
③ 제제가 뽀르뚜기를 만난 뒤에 어떻게 변했나요? 그 이유는 뭘까요?
④ 뽀르뚜기의 죽음은 제제에게 어떤 영향을 주었나요?
⑤ 마지막 부분에서 제제가 '밍기뉴 나무를 잘라냈다'고 한 말은 무엇을 뜻하는 것일까요?
⑥ 제제와 뽀르뚜기처럼 아이와 어른이 진정한 친구가 될 수 있을까요?
⑦ 어른들이 아이들의 동심을 해치지 않으려면 어떻게 해야 할지 자신의 생각을 말해 보세요.

■ 토론하기

논제 : 어린이들의 교육에 있어 체벌이 꼭 필요한가?

■ 표현 및 정리하기

다음 중 한가지를 선택하여 써 보세요
① 토론한 내용을 정리해서 써 보기
② 아빠, 엄마, 그 밖의 어른들께 하고 싶은 말 터놓고 편지로 쓰기
③ 제제를 친구로 생각하고 편지 쓰기

■ 낱말공부

퇴직자   혼혈아   송장   동심

■ 퀴즈

① 브라질의 크리스마스는 어느 계절인가요?
② "또스땅"이 뭘까요?

4. 맺음말

오늘날 정보화 시대를 맞아 모든 것이 급변하면서 하루가 다르게 새로운 것들이 생산되고 있다. 새롭게, 그리고 불확실하게 다가온 현대사회를 살아가는 사람들은 시대 상황에 적응하기 위해서 끊임없이 새로운 것을 찾아 읽고, 배우고, 깨달아가며 자기 실현을 추구해야 한다. 특히 자신의 미래가 아직 결정되지 않은 청소년들은 이러한 사회에 대처하고 적응해 나가야 하는 더욱 절박한 과제를 안고 있다. 교육 과정의 혁신적 변화와 함께 대폭 변경된 대학 입시 제도와 초, 중, 고등학생의 수업 방식의 변화 등은 학생들로 하여금 이러한 복잡한 시대적 상황을 유연하게 대처해 나가게 하기 위한 필수 불가결한 대응력이라고 할 수 있다.

교육 개혁의 물결 속에서 바뀐 교육과정을 효과적으로 수행하기 위해서는 무엇보다도 독서력이 우선 된다는 사실은 모두가 공감하는 바이다. 이와 때를 같이하여 교육계에서는 독서교육에 대한 관심이 고조되고 있고, 바람직한 독서지도 방안을 강구하기 위해 많은 노력을 기울이고 있다.

그러나 기존의 독후감 쓰기 위주였던 주입식 독서지도는 어린이들에게 많은 부작용을 초래했던 것이 사실이다. 그것은 '독서에 대한 흥미 상실과 거부 반응'이라는 역기능이 '작품 내용에 대한 이해력과 문장력의 향상'이라는 순기능을 압도할 정도로 많은 문제를 발생하게 하였다. 뿐만 아니라 어린이들의 사고력 개발 측면에 있어서도 생각하기 과정이 빠진 기존의 독서지도 방법은 결코 효과적이라고 할 수 없다. 따라서 새로운 시대에 잘 적응하기 위해서, 또 변화된 새 교육과정을 잘 이행하기 위해서는 좀 더 참신하면서도 효율적인 독서지도 방안이 마련되어야 한다.

효과적인 독서지도를 위해서 우선 읽기 과정으로서 독서 흥미를 유발할 수 있는 과정이 필요하다. 다음으로 생각하기 과정을 거치면서 토론 수업을 진행하는 것이 학생들의 사고력 향상을 위해 매우 유익하다고 할 수 있다. 마지막으로 읽은 책의 내용을 지식화, 종합화하기 위해 학습한 내용을 바탕으로 정리 및 표현해 보는 과정이 필요하다. 이러한 단계를 완전히 이행했을 때 학생들은 책의 내용을 충분히 이해할 수 있고, 나아가 그것을 더욱 효과적으로 종합화하여 그것을 실생활에 적응할 수 있을 것이다. 이러한 방법으로 어린이들에게 독서지도를 시행한다면 독서지도가 끝난 후에도 어린이들 스스로 흥미를 가지고 자발적으로 독서활동을 전개함과 동시에 스스로 자신의 사고력과 창의력을 개발시켜나가는 힘을 얻게 될 것이다.

※참고문헌은 각주로 대신함.

책 읽기를 도와주는 창(窓) '독서이력서'

신희정, 임성관

목차 ▶
1. 머리말
2. 도서실 운용현황 및 독서이력서의 예
3. 독서지도안 사례
4. 맺음말

1. 머리말

　독서이력서는 초등학교 졸업생을 대상으로 시행한 프로그램으로, 고천초등학교에서는 '독서기록부'라는 명칭으로, 도장초등학교에서는 '독서이력서'라는 명칭으로 사용되었다. (이하 독서이력서라고 통일한다.) 이것은 학교도서실이 전산화 된 이후 도서실에서 대출했던 기록을 출력하여 학생 개개인의 독서능력을 진단하고, 앞으로의 독서방향에 대해 조언을 해 주는 프로그램이다. 이 프로그램은 독서생활의 활성화와 올바른 독서습관의 형성 및 개개인에 맞는 독서수준의 향상을 기하기 위해 기획한 것이다.

　현재 각 학급마다 학년 초부터 독서록을 권장하여, 자신이 읽은 책을 기록하도록 지도하고 있지만, 학생들의 자율성에 의존하다 보니 불완전한 기록으로 남는 경우가 많고,

독서감상문에 대한 부담 대문에 몇몇 학생들만이 성실하게 기록하는 형편이다. 학생들 입장에서는 독서록에 평서 감명 깊게 읽을 책을 기록하여 자신의 독서습관을 스스로 진단하는 기회로 삼는 것이 아니라, 책을 읽으면 의례 감상문을 적어야 한다는 부담감으로 인식하고 있어 기피하는 실정이다. 대부분의 학급에서는 독서록에 기재된 감상문 편수에 따라 독서장제 시상을 하는 경우가 많으나 감상문 내용에 대한 첨삭지도나 독서경향에 대한 수준 지도가 이루어지는 경우는 드물다.

독서이력서는 성인들의 학력, 경력, 자격사항을 기재함으로써 자신을 대외에 알릴 수 있는 객관적인 자료로 사용되는 이력서에서 착안한 프로그램으로, 독서이력서 역시 학생 개개인의 졸업하기 전까지 읽은 책을 기록함으로써 자신의 독서습관이나 독서형태를 진단해 볼 수 있도록 했다. 과연 나는 몇 권의 책을 읽었는지, 어떤 분야의 책을 열심히 읽었는지 등을 점검함으로써 올바른 독서습관을 가질 수 있고, 누적된 기록을 보면서 성취감을 느낄 수 있어 독서에 대한 관심과 동기를 유지 및 부여하는 견인차 역할을 할 수 있다.

하지만 독서이력서가 도서실에서 대출했던 기록에만 한정되어 있다는 것인 크게 아쉬운 점이다. 도서실에서 열람한 책 기록도 남을 수 있다면 더욱 정확한 개별 학생의 독서습관이나 독서형태에 대해 지도할 수 있을 것이기 때문이다. 또한 학교에서 읽은 기록인 독서이력서와 방과 후의 기록인 독서록을 합쳐서 스스로 독서습관을 진단하거나 부모님께서 학생의 진로지도 자료로 삼는다면 더 좋은 결과를 얻을 수 있을 것이다.

2. 독서이력서의 예

도장초등학교와 고천초등학교에서 올해 실시한 독서이력서 결과물을 살펴보면 다음과 같다.

독 서 이 력 서

이 내용은 여러분들이 도장초등학교 도서실에서 대출했던 책의 기록을 바탕으로 하여 작성되어졌습니다.

도서실이 전산화 된 이후의 기록만이 확인 가능하여 5학년부터 6학년까지만 기록하였습니다.

여러분들이 중학교, 고등학교, 어린이 된 뒤에도 계속해서 독서이력서를 작성한다면, 소중한 기록이 될 것입니다.

(전산상의 오류로 대출기록에 약간의 착오가 있을 수 있습니다.)

학 반	6-1	이름	0 0 0
이용기간	2001. 5 - 2002. 1	총권수	권

독서경향

〔실례〕

00야! "만화 도라몽은 재미있게 읽었니? 얼핏 보기엔 유치한 만화 같지만, 사실 너도 읽었으니 알겠지만, 많은 상식이 들어 있는 책이란다. 사실 만화책 중에도 좋은 책이 많단다.

00는 과학을 좋아하는 것 같은데, 과학책 중에는 딱딱하거나 지루하게 구성된 책이 많지? 그중 "도라몽 시리즈"나, "신기한 스쿨버스"같은 과학책은 보기에도 재미있고, 유익한 내용도 많은 책이란다. 00가 다음에는 "앗, 이렇게..." 시리즈도 접해보았으면 좋겠구나.

학교도서실에는 책이 그리 많지 않았지만, 중학생이 되어 시립도서관을 이용하게 되면 00가 좋아하는 주제의 책꽂이에 가서 좋은 책을 골라 보렴. 그리고 재미있게 본 책의 저자와 출판사를 기억해 두었다가 같은 저자의 다른 책이나 같은 출판사의 다른 책을 찾아보렴. 이렇게 하는 것도 재미난 책을 골라 읽는 방법중의 하나란다. 책을 골라 읽는 방법에도 여러 가지가 있단다. 00가 조금씩 더 많은 방법을 찾아 나갔으면 하는구나.

00가 책과 친구가 되길 바라며....

2002. 2. 19

도장초등학교 도서실 (사서 신희정)

※ 그 뒷면에는 대출기록을 첨부해 줌

<그림1> 도장초등학교 도서실의 독서이력서

고천초등학교 독서기록부

작성자 : 고천초등학교 사서교사 임성관

학년반 (도서대출ID)	6학년 4반 (S196199)	생년월일	89. 08. 22
		이름	윤일섭 (남)
도서실 이용기간	6학년 2학기 전입		
총 대출권수 (도서열람도 포함)	2권		

분류번호별 대출권수	000 총류 (백과 사전 컴퓨터)	100 철학 (철학 동화 논리 논술)	200 종교 (종교 동화 믿음 사랑)	300 사회 과학 (교육 동화 전래 동화)	400 순수 과학 (과학 동화 동물 식물)	500 기술 과학 (과학 동화 우주 지구)	600 예술 (예술 동화 음악 미술)	700 어학 (우리 말 외국어)	800 문학 (세계 명작 창작 동화)	900 역사 (위인 전기 역사 여행)
	0	0	0	0	0	0	0	1	0	1

사서교사가 들려주는 이야기	일섭이는 2학기에 전학을 와서 도서실 이용할 기회가 많지 않았답니다. 그래서 대출권수도 2권에 그치는 등, 어떤 분석을 해주기에는 부족한 감이 많습니다. 대출된 책의 면을 살펴봐도 한 번은 수업에 활용하기 위한 사전이었고, 또 한 번은 독서록 작성을 위한 위인전이라고 생각이 됩니다. 다만 필요성에 의해 이용한 셈입니다. 하지만 가장 중요한 것을 깨달았을 수도 있겠다는 생각을 했습니다. 필요할 때에 도서실이 그곳에 있었기 때문입니다. 어떤 일이든 자신의 필요에 의해 그것이 이루어 졌을 때, 그 소중함을 더욱 절실하게 깨닫는다고 생각합니다. 중학교에 들어가서는 그 필요성에 의해서라도 도서실을 더욱 자주 이용했으면 하는 바람입니다.

※ 그 뒷면에는 책꽂이 프로그램을 이용한 대출기록을 첨부해 줌.

<그림2> 고천초등학교 도서실의 독서기록부

3. 도서실 이용현황

도장초등학교와 고천초등학교 도서실 운영 및 이용현황은 다음과 같다

<표1> 도장초등학교와 고천초등학교의 도서실 운영현황

학교명	도장초등학교	고천초등학교
전체 학급수	29학급	25학급
6학년 학급수	4학급	4학급
2002년 졸업자수	169명	178명
적용기간[1]	1년 6개월	1년 6개월
독서이력서 시행횟수	첫 번째	두 번째
도서실리프로그램	MAE 6.0	책꽂이 S/A
대출기간 및 권수	1주일간 2권까지	1주일간 2권까지
도서실의 위치	도서실-3층(2001년 11월에 이동), 6학년 교실-5층	도서실-4층, 6학년 교실-4층(6-4반은 3층)

<표2> 도장초등학교 6학년 학생의 도서실 이용현황

학반	6-1	6-2	6-3	6-4	총계
재학생수	40명	42명	42명	45명	169명
독서자수	20명(50%)	25명(60%)	22명(52%)	42명(93%)	109명(64%)
독서권수	294권	190권	133권	603권	1,220권
개별평균	15권	8권	6권	14권	11권
최다독자	53권	45권	51권	54권	54권

<표3> 고천초등학교 6학년 학생의 도서실 이용현황

학반	6-1	6-2	6-3	6-4	총계
재학생수	44명	47명	44명	43명	178명
독서자수	41명(93%)	44명(93%)	43명(97%)	42명(97%)	170명(95%)
독서권수	2,217권	4,474권	4,338권	2,870권	13,899권
개별평균	15권	95권	101권	68권	82권
최다독자	415권	306권	754권	330권	754권

---

[1] 적용기간이란 사서교사가 근무하면서 도서실이 전산화되고 난 이후 학생들이 실질적으로 도서실을 이용한 기간을 말한다.

4. 맺음말

도장초등학교는 2002년 2월 28일 현재 장서는 총 4,641종이며 평균 도서실 이용률은 10% 남짓이었고, 고천초등학교의 장서는 총 6,153종이며 평균 도서실 이용률은 95% 남짓이었다. 특히 고천초등학교는 2001년 2월에 그 당시 6개월 간 도서실을 이용한 2001학년도 졸업생들에게 처음으로 독서이력서를 발급하고, 올해 두 번째로 시행한 곳이다. 두 학교의 장서구성이나 도서실 이용률에서 많은 차이를 보이고 있으나, 공통된 결과 값을 추론해 보았을 때 다음과 같은 결론을 얻을 수 있었다.

첫째, "도서실의 근접거리에 따라 독서권수에 영향을 미친다."

도장초등학교와 고천초등학교의 이용권수 차이와, 고천초등학교의 학급 간 이용률 차이를 이로써 설명할 수 있다. 도장초등학교의 경우 전산화 당시는 1층에 위치하여 상층에 위치한 고학년들과 그만큼 거리가 멀었다가, 2001년 11월에서야 3층으로 이전하면서 그나마 5층에 위치한 6학년들과 가까워졌다. 결국 6학년들이 도서실과 조금이나마 가까워진 것은 2개월 간의 기간이었고, 대출시기도 11~12월에 몰려 있는 것으로 보아 여러 가지 요인들도 있겠지만, 도서실과의 근접거리가 도서실 이용에 상당한 영향력을 미치는 것으로 보인다. 이에 비해 고천초등학교는 도서실과 6학년의 위치가 같은 층에 위치하고 있어 도장초등학교와는 비교할 수 없을 정도의 이용권수를 보인다. 하지만 고천초등학교의 6학년 교실도 4반은 다른 반과 달리 3층에 위치하고 있고, 1반은 가장 먼 거리에 위치하고 있어, 학급과 도서실과의 근접거리에 따라 이용률의 차이가 나타남을 단편적으로 알 수 있다. 따라서 조금이라도 도서실이 학생들과 가까워야만 이용률을 높일 수 있다는 결론은 얻을 수 있다.

둘째, "1년 6개월간의 독서환경 조성은 아직 충분한 독서습관을 형성시키기에는 미흡하다."

도장초등학교와 고천초등학교의 주된 이용 도서를 살펴보면 남학생들과 여학생들 간에 뚜렷한 차이를 보이고 있는데, 남학생들은 역사와 과학 분야의 도서에 대출이 집중되어 있는 반면, 여학생들은 사춘기 소녀의 우정이나 감성적인 소설, 수필에 몰려 있음을 발견할 수 있었다. 또한 『만화 도라몽 시리즈/국민서관』이나 『만화로 보는 우리(세계)고전 시리즈/능인』 등이 인기도서인 것을 발견할 수 있었는데, 이는 6학년의 학생들이 읽기에는 너무 쉬운 내용이다. 그러나 사서교사의 입장에서는 고학년들이 이러한 책을 요구하더라도 권장하고 있다. 6학년이라고 하지만, 그 어린이가 적정 독서수준을 가지고 있지 못함에도 불구하고 무리하게 6학년 수준의 책만을 권장한다면, 이는 그 어린이로 하여금 책을 멀리하게 만드는 결과를 가져올 것이다. 조금 늦더라도 독서단계는 한 단계씩 오를 수밖에 없기 때문이다. 이 때 주위에서 바라보는 어른들이 그 어린이의 독서수준이 적정수준에 도달할 때까지 기다리지 못하고, 어린이에게 "넌 유아도 아닌데 그런 책을 읽고 있니." "만화는 제발 그만 보고, 세계 고전 좀 읽어라."라는 식의 강요는 안 된다. 그렇기 때문에 독서이력서에 쓰여진 평가란(사서교사가 들려주는 이야기)에는 학부모들에게 이런 점을 주지시키고, 학생들을 격려하는 면에 치중하고 있다.

 독서이력서를 준비하면서 가장 크게 깨달은 점이라면, 아이들이 독서습관을 형성하기 위해서는 많은 시간이 걸린다는 것이다. 하지만 각 학교마다 학교도서실이 있어 아이들이 조금 더 편하고 가깝게 느낄 수 있는 환경이 주어진다면 독서습관의 형성은 그리 어려운 일로만 느껴지지 않았다. 초등학교 시절 단 1권의 책이라도 도서실에서 빌려 읽어 본 아이들은 도서실이란 존재를 알고, 이러한 경험을 토대로 중학교, 고등학교, 대학교, 사회인이 되어서도 학교도서실이나 대학도서실, 공공도서실을 이용하는 밑거름으로 삼을 것이다. 또한 평생학습사회로 전이되는 현대에 있어 가장 큰 힘을 심어 주는 계기도 마련해 주리라 믿는다.

신바람 나는 독서 활동을 통한 독서력 신장

남해초등학교 교사 하남칠

I. 신바람 독서활동을 위해

아동들에게 책읽기에 대한 안내나 과제를 내면 가장 많이 하는 질문 중의 하나가 항상 독후감 쓰기에 관한 것이다.
"선생님, 독후감 써야 하나요?"
"독후감 쓰기는 어떻게 합니까?"
학생들은 독후감 쓰기를 꺼려했다. 독후감 쓰기가 독서 지도의 중요한 방법이기는 하지만 독서 지도의 성패를 독후감 쓰기에 매달리는 현상은 결코 옳은 일이 아니라고 생각한다. 지금까지 학교 교육의 폐해 가운데 하나가 독후감 쓰기를 독서 지도의 전부처럼 강요한 것이라고 말하고 싶다. 독후감 쓰기 자체를 반대하는 것은 아니다. 다만 교사는 아동들에게 책 읽는데 흥미를 붙이게 하고, 스스로 책을 찾아서 골라 읽고, 책을 읽으면서 느끼고 생각한 것을 여러 가지 방법으로 표현하고, 책을 통해 깨달은 것을 내면화하는데 도움을 주는 것이 중요한 임무다.

따라서 독후감 쓰기가 책읽는 자체보다 앞서서는 안 될 것이기에 신바람 나는 독서지도 자료를 제작과 창의적인 독후 활동을 통하여 독서력을 신장시키고자 하였다.

II. 신바람 독서 활동의 운영 방향

1. 독서 환경 조성으로 독서 기회 확대
    가. 독서 분위기 환경 조성
    나. 친구들과 책 돌려 읽기
    다. 독서 관련 사이버 세계 소개

2. 의도적인 독서 지도로 독서 의식 고취
    가. 독서 시간 상설 운영
    나. 독서 카드 기록
    다. 독서 방법 지도 자료 개발 보급

3. 신바람 독서 활동의 기회 제공

　가. 독서 그림, 만화 그리기
　나. 독서 명언 암송 대회
　다. 인물에게 별명 붙이기
　라. 노랫말 바꿔 부르기
　마. 문화 지도 만들기
　바. 독서 신문 발행
　사. 독서 감상문 쓰기

Ⅲ. 신바람 독서 운영의 실제

1. 독서 환경 조성으로 독서 기회 확대

가. 독서 분위기 환경 조성

　독서에 대한 관심과 흥미를 끌기 위하여 교실 후면 중앙에 신바람 독서 코너를 설치하여 독후활동 결과물 우수작, 독서명언, 권하고 싶은 책, 독서 지도 방법 등을 소개하였다. 교실 좌우에 책꽂이를 배치하여 아동들이 독서 활동을 할 때 접근이 용이하도록 하였다. 교실 후면 우측에는 코너를 설치하여 독서신문, 조사보고서를 게시하여 독서 분위기를 조성하였다.

나. 친구들과 책 돌려 읽기

　학급 문고 정리를 통하여 맞춤법 개정 이전의 도서들은 과감히 정리하고 나자 도서가 부족하여 보완 대책으로 처음에는 책 돌려 읽기를 권장하였으나 나중에는 아동들의 심리가 다른 친구들이 읽고 재미있다고 권하는 책을 우선적으로 읽기를 원하는 것을 알고, 좋은 책 돌려 읽기 운동으로 바꾸어 전개하였다. 그 결과 많은 아동들이 스스로 친구들의 독서 활동 상태를 파악하고 친구들이 권하는 책을 돌려 읽기를 원하여 활발히 전개되었다.

다. 독서 관련 사이버 세계 소개

　많은 아동들이 컴퓨터를 접하고 컴퓨터와 지내는 시간이 많아짐에 따라 인터넷상에서 독서 관련 자료를 찾고 책을 가까이할 수 있도록 독서 관련 자료가 있는 인터넷 주소를 소개하여 아동들이 활용할 수 있도록 하였다. 모든 아동들에게 E-mail 주소를 가지게 하여 독서 관련 활동의 결과물을 메일로 전송하도록 하여 우수작은 보상하였다. 그리고 Daum-net에 카페를 개설하여 활용하였는데 카페 이름은 '영원한 빛나리' 이다. 이 곳에서 독서 관련 과제나 활동 자료 등을 게시판과 자료실에 올려 아동들이 다운을 받아 활용할 수 있도록 하였다. 사이버 독서 토론 마당도 진행 중이고 현재 등록하여 활동하고 있는 회원의 수가 65명에 이르고 있다.

> 카페 주소 : http://cafe3.daum.net/binnari

2. 의도적인 독서 지도로 독서 의식 고취

가. 독서 시간 상설 운영

　아동들의 독서 부진은 독서시간 확보와 습관 형성이 이루어지지 않는데 있다고 분석하여 독서 시간을 확보하고 독서 방법 및 독서 습관 형성을 위하여 상설 독서시간을 운영하였다. 매일 아침 8시 30분부터 9시까지로 운영하였다. 이 시간에는 월요일부터 목요일까지는 주로 필독 도서를 읽는 시간으로 활용하였고, 금요일과 토요일 아침에는 창의적인 독후 활동시간으로 운영하였다. 창의적인 독후활동은 인터넷에서 수집한 자료와 본교 연구부에서 제공한 자료를 편집하여 활용하고 있다.

나. 독서 카드 기록

　처음 독서 지도를 시작할 무렵에는 단순히 책을 읽는 수준에 그쳤다. 얼마만큼의 책을 읽었는지도 알 수 없었고 책읽기에 대한 관심도 크지 않았다. 따라서 보완책으로 아동들이 책을 한 권 선정하여 다 읽고 난 뒤 책 제목, 지은이, 출판사, 읽은 기간, 간단한 느낌이나 내용을 기록하도록 하였다. 이 기록을 근거로 하여 '마음의 양식을 쌓고'란 표를 만들어 독서 스티커를 붙여 주었다. 독서 기록카드와 스티커의 양은 월별 학급 독서왕 선발 근거 자료로 활용하였다. 그 결과 독서에 대한 관심도가 월등히 높아졌고 경쟁적으로 독서 활동에 참여하였다. 독서 카드 양식은 다음과 같다.

순	책이름	읽은 기간	지은이	내용이나 느낌을 간단히
1		월 일 ~ 월 일		
2		월 일 ~ 월 일		
3		월 일 ~ 월 일		
4		월 일 ~ 월 일		
5		월 일 ~ 월 일		
6		월 일 ~ 월 일		
7		월 일 ~ 월 일		
8		월 일 ~ 월 일		

내가 읽은 책 (독서 카드)
학년 반 번 이름:

다. 독서방법 지도자료 개발 보급

　단순히 책읽기에 그치지 않고 체계적이고 의도적인 독서활동을 위하여 독서방법 지도자료를 개발하였다. 인터넷을 통하여 각종 독서 관련 시범학교 우수한 자료들과 독서 관련 홈페이지를 방문하여 독서 지도 자료를 다운 받아 아동들 수준에 맞게 편집하여 자료로 활용하였다.

주요 내용으로

1) 책은 왜 읽어야 하는가?
2) 책의 선택
3) 독서 위생
4) 도서실 사용 방법
5) 독서 방법
6) 독서 기록 방법
7) 가족 독서 방법 등을 소개하였다.

자료는 A4 용지에 프린터 하여 신바람 독서 코너에 게시하고 여가 시간을 활용하여 주제별로 지도하였다. 결과 독서에 대한 관심이 더욱 높아졌다.

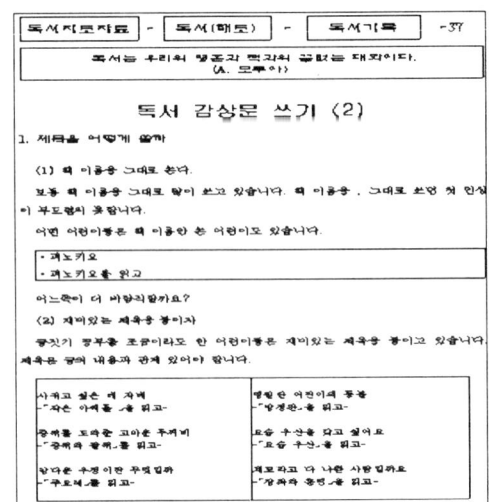

3. 신바람 독서 활동의 기회 제공

가. 독서그림, 만화 그리기

1) 가장 기억에 남는 장면 그리기

책을 다 읽고 덮었을 때 제일 또렷하게 생각나는 장면 그리기로 극적인 장면이 있거나 옛날이야기, 동화, 우화, 위인전 등을 대상으로 실시하였다.

2) 중심장면 그리기

아동들이 읽은 책 속에서 가장 중심이 되는 장면을 그리는 활동으로 '마지막 잎새'를 읽고 자신이 생각한 중심장면이, 노인이 비 오는 날 밤 마지막 잎새를 그리는 장면이나 소녀가 병실에서 마지막 잎새를 보며 자신의 삶에 대한 희망을 가지는 장면을 그리는 등 다양한 그림들이 나왔다.

3) 만화 그리기

아동들이 읽은 책의 느낀점이나 기억에 남는 장면들을 만화로 나타내는데 한 컷 짜리 카툰 형태, 세 칸, 네 칸, 여러 칸 만화로 나타내게 하였다. 세 칸 만화는 발단, 절정, 끝맺음의 세 부분으로 나눌 수 있는 이야기를 선택하여 실시하였고, 네 칸 만화는 발단, 전개, 절정, 끝맺음 형식이 뚜렷한 이야기를 선택하여 실시하였다. 대부분 동화는 기승전결로 나눌 수 있어 활용하기에 좋았다.

4) 이야기가 끝나고 이어질 이야기 만들어 그림으로 그리기

　뒷이야기 쓰기는 두 가지 관점에서 실시하였다. 하나는 문제 해결 방법에 대한 창조성을 발휘하게 하기 위함이고, 다른 하나는 원문 속에 담겨 있는 잘못된 가치관을 뒤집어 보는 연습으로 일반적인 가치관에서 벗어나 독자들에게 가치관의 혼란을 주게 되는 요소들을 독자가 작가의 입장이 되어 의도대로 전개해 나감으로써 독소를 해소하기 위함이었다. 먼저 이어질 이야기를 '나도 작가'라는 이름으로 창의적인 독후 활동 학습지에 이야기를 꾸미고 난 뒤 활동을 하니 더욱 효과가 있었다.

5) 주인공 마음 그리기

　주인공은 어떤 마음이었을까? 그 마음을 우리 생활 속에서 볼 수 있는 풍경, 우리가 겪을 수 있는 상황으로 그리는 활동이었다.

6) 주인공이 아닌 등장인물 그리기

　주인공이 부정적인 인물이고 다른 등장인물이 긍정적인 인물일 때는 긍정적인 인물 마음 그리기를 하였다. '우리들의 일그러진 영웅'에서 담임선생님 두 분 중에서 젊은 담임선생님이 학생들의 입장에서는 존경받는 인물이었다. 그래서 주인공 엄석대나 한병태보다 젊은 담임선생님을 그렸다.

7) 배경이나 소재 그리기

　황순원의 '소나기'처럼 주로 냇가를 배경으로 전개되는 이야기에서 맑은 냇물이 흐르는 냇가를 배경으로 소년과 소녀가 즐거운 시간을 보내는 모습을 그림으로 나타내었다.

8) 독후 감상 협동작품 만들기

　독서를 한 후 책 내용을 5~6장면으로 구분한다. 그리고 각 모둠별로 분량을 주고 그 내용을 대표하는 그림을 그리도록 하여 맨 나중에 모든 모둠을 합치면 멋진 독후 감상화가 된다.

나. 독서 명언 암송 대회

　독서 활동과 관련된 독서 명언을 수집하여 아동들에게 독서가 왜 필요하며 독서활동이 삶에 어떤 영향을 끼치는가를 깨닫게 하는 프로그램으로, 독서 명언은 기존의 시범학교 보고회 자료나 인터넷에서 찾아 150여개를 확보하여 아침 조회 시간에 들려주어 암송하게 하고 그 의미를 생각하게 하였다. 또한 교실의 독서 코너에 게시하여 아동들이 수시로 보고 암송하도록 하여 월말에 암송대회를 열어 가장 많이 암송하는 아동에게 상장을 수여하였다. 독서 명언을 암송하게 함으로써 독서가 왜 필요한가, 올바른 독서란 무엇인가를 알게 하였고, 독서의 필요성을 스스로 느끼게 하여 독서 분위기를 조성하였다.

다. 인물에게 별명 붙이기

　아동들이 독서활동을 통해 읽은 소설이나 동화, 위인전 등에서 간단하게 활용할 수 있는 프로그램으로 주인공이나 기타 등장인물에 대해 별명을 붙여줌으로서 어렵고 무섭게 느끼는 독후 활동을 한층 더 가볍게 접근할 수 있다는 장점이 있었다. 그리고 많은 시간을 할애하지 않아도 되므로 쉬는 시간이나 아침 여가 활동시간에 활용하기 좋은 프로그램이었다. 아동들의 상상력과 창의력을 기를 수 있었다. 책의 내용에서 단순히 처리되고 있는 등장인물도 아동들에게는 의미 있게 받아들여짐을 알 수 있었다.

라. 노랫말 바꿔 부르기

　이야기 내용을 '한국을 빛낸 백 명의 위인들'이나 '독도는 우리 땅'과 같은 노래 가사로 바꾸는 방법이다. 대중가요나 학교에서 배운 노래는 물론 가곡, CF광고 노래, 만화영화 주제곡에 이르기까지 다양한 원곡을 적용하여 노랫말을 바꾸어 부르게 하였다. 노래 가사로 바꾸기 좋은 내용은 등장인물의 성격이 또렷하면서 사건이 풍부한 장면이나 역사성이 있는 것이 좋다.

마. 문화 지도 만들기

　서점 지도, 도서관 지도, 우리 학교 도서관에 있는 책 지도, 책을 정해주고 학교 도서관에 가서 가장 짧은 동선으로 찾기 지도 등을 아이들이 직접 그리고 만들게 하여 독서 흥미를 유발하였다.

바. 독서 신문

　독서 신문은 3월 초 학급 신문 제작에 대한 회의를 열어 신문 제목을 학급 아동 전체를 대상으로 공모하여 당선된 '나의 사랑 나의 학급'이란 제목으로 발간하였다. 편집 위원을 두고 학급 활동 속에서 발생하는 각종 결과물 중에서 선별하여 매월 발간하였다. 그 속에는 주로 국어 시간에 나온 결과물들이 많았고 각종 학예 행사에서 나온 결과물들과 신바람 독서 활동의 결과물들을 모아 특집으로 발간하기도 했다. 독서신문에는 독서 퀴즈를 게재하여 정답을 응모한 아동들을 추첨하여 연필 세트를 비롯한 각종 상품을 지급하였다.

사. 독서 감상문

독후감은 곧 독서 감상문이라고 말할 수 있다. 감상문이란 곧 느낌 중심의 글이기 때문이다.

독서 감상문을 쓰는 이유는 여러 가지가 있겠지만 첫째, 읽은 책의 내용과 느낌을 오래 잊지 않기 위해, 둘째, 책을 읽을 때 책의 내용을 주의 깊게 읽게 되고, 느낀 점이나 줄거리로 다시 되살려 보는 기회를 갖게 하고, 셋째, 이야기의 줄거리를 간략하게 요약할 수 있는 힘을 기르고, 넷째, 이야기에서 느낀 점이나 본받을 점을 가려서 쓸 수 있는 글짓기 능력을 향상시키고, 다섯째, 책에 대한 비평을 하게 되어 좋은 책과 그렇지 못한 책을 가려 낼 수 있는 힘을 기르게 한다고 판단하여 독서 감상문 쓰는 요령을 다음과 같이 지도하였다.

■ 재미있는 제목 붙이기

보통 책이름을 그대로 많이 쓰고 있었다. 책 이름을 그대로 쓰면 첫 인상이 부드럽지 못하다. 글짓기 공부를 조금이라도 한 어린이들은 재미있는 제목을 붙이고 있었다. 제목은 반드시 글의 내용과 관계있어야 하는데 다음과 같은 표현들이 좋다.
- 사귀고 싶은 네 자매(「작은 아씨들」을 읽고),
- 콩쥐를 도와준 고마운 두꺼비(「콩쥐와 팥쥐」를 읽고),
- 영원한 어린이의 등불(「방정환」을 읽고)

■ 첫머리를 어떻게 시작할까?

자기의 독서 습관이나 책을 읽게 된 동기, 읽은 책의 중심 내용을 먼저 소개하는 방법 또는 여러 가지 사건을 설명하는 방법으로 시작하게 하였다. 이렇게 함으로써 아동들이 독서 감상문의 시작을 쉽게 할 수 있었다.

■ 생각과 느낌을 어떻게 담을까?

처음 시작이 잘 되었지만 가장 중요한 전개 부분에서 어렵게 생각하고 감상문 쓰기가 진행되지 않았다. 그래서 여러 가지 방법을 제시하여 아동들이 스스로 쉽다고 생각하는 방법을 택하여 적용하도록 하였다. 아동들에게 제시한 방법은 다음과 같다. 중심 이야기에 느낌 넣기, 주인공의 훌륭한 점을 나의 행동과 비교하기, 하나의 이야기 중심으로 쓰기, 글의 내용을 비판해 보기, 주인공의 행동, 등장인물의 행동, 가장 감동이 깊은 이야기, 주인공이 살고 있는 시대, 안타깝고 슬픈 일, 사건의 해결이 잘못된 일, 실패, 성공의 원인, 가장 재미있는 이야기에 생각을 넣기, 주인공이 되었을 때를 상상해 보기 등의 방법을 제시하였다.

아동들은 여러 가지 방법 중에서 주로 중심 이야기에 느낌 쓰는 방법을 많이 활용했고, 다음으로는 가장 감동이 깊은 이야기 쓰기, 하나의 이야기 중심으로 쓰기 등이었다.

■ 끝맺음은 어떻게 할까?

항상 끝맺음이 중요하듯이 독서 감상문 쓰기에서도 끝맺음이 중요하다. 시작과 전개가 잘 진행되어도 끝맺음이 제대로 되지 않으면 좋은 독서 감상문이라 할 수 없다. 독서 감상문의 끝맺음 방법을 다음과 같이 지도하였다.

자기 생각을 정리하기, 자기 결심을 밝히기, 나의 생활에서 실천할 수 있는 내용을 쓰기, 미래의 일보다는 지금의 일을 쓰기, 글의 내용과 관계 있는 내용을 쓰기, 남의 이야기보다는 나의 이야기 쓰기, 상상한 내용보다는 겪은 일 쓰기, 책을 읽고 깨달은 점 쓰기 등의 방법을 활용하여 독서 감상문의 끝맺음을 하도록 지도를 하자 아동들이 독서 감상문 쓰기의 두려움에서 많이 벗어나는 분위기였다.

4. 신바람 독서 활동을 마치며

책을 읽고 쓸 수 있는 글은 감상문 형식의 독후감만 있는 것이 아님에도 대부분 책 특성이나 아동들의 능력과는 관계없이 독후감을 쓰도록 강요했다. 요즘은 책을 읽고 쓰는 글도 여러 가지 종류의 글로 넓혀지고 있다. 가장 중요한 것은 글을 쓰는 아동들의 능력과 흥미를 파악해서 능력에 알맞은 수준이나 흥미를 돋울 수 있는 방법을 찾아서 아동들에게 제시하는 것이 독서지도 성패의 열쇠라고 본다. 그러기 위해서는 담임교사가 아동들이 어떤 책을 어느 정도 읽고 있는지 알고 있어야 하고, 많은 동화를 읽고 동화와 아동책에 대한 정보를 가지고 있어야 한다.

오늘 아침에도 일찍 등교하여 책과 함께 조용히 자리를 하고 있는 믿음직한 반 아동들을 보며 신바람 나는 독서 활동을 통해 습득한 '좋은 책은 좋은 친구와 같다'는 독서 명언을 떠올리며, 아동들에게 좋은 친구를 소개 시켜준다는 생각으로 독서에 대한 많은 정보를 습득하여 좋은 책을 권하는 데 노력해야겠다.

다양한 독서 활동을 통한 독서 지도 방안

성명초등학교 교사 이선애

I. 들어가며

요즘의 아이들은 책보다도 더 재미있고 흥미로운 것들이 많은 세상에 살고 있다. TV, 인터넷, 게임 등 동시에 보고, 듣고, 느끼는 재미있는 매체들을 주위에서 쉽게 접할 수 있다. 이러한 요즘의 아이들에게 독서는 어떤 의미일까? 독서는 강요의 대상이 아니라 스스로 흥미를 가지고 자기 주도적으로 이루어져야 한다.

특히 초등 독서 교육에 있어서는 낚시하는 방법만을 가르치는 것이 중요한 것이 아니라 그 순간에도 낚시를 해서 물고기를 계속 낚아야 한다는 것이다. 즉, 책읽는 방법을 가르치는 것도 중요하지만 그 시기에 필요한 책을 읽는 것도 중요하다는 것이다.

여기서 우리는 몇 가지 교육사항과 해결해야할 문제들을 뽑아낼 수 있다. 어린이에게는 우선 책 읽을 기회, 여건 자체를 마련해주는 것이 무엇보다 우선되어야 할 것이다. 그것을 기반으로 책을 보다 효율적으로 읽을 수 있는 독서방법을 교육하는 것이 더 올바르다고 생각한다.

그렇다면 어린이들에게 언제, 무슨 책을 읽게 할 것인가? 그리고, 어떤 방식으로 아이들에게 도움을 줄 것인가?

첫째, 초등학생에게 필요하고도, 알맞은 좋은 책을 읽을 수 있는 여건을 만들어 주는 것이다.

둘째, 이를 통해 독서에 대한 긍정적 태도를 갖고, 글에 친숙해지며, 습관을 형성시키는 것이다.

셋째, 책의 종류별 특성을 알고, 책에 따라 효과적으로 독서하는 법을 아는 것이다.

넷째, 책을 통해 의미를 획득하는 방법, 사고하는 방법, 문제해결에 이용하는 방법을 배움으로써 자기 주도의 학습방법을 아는 것이다.

마지막으로 책을 매개로 한 다양한 활동을 하여 책을 통해 얻은 것을 더욱 강화하는 것이다.

이에 따라 본교에서는 다양한 독서 활동을 통해서 올바른 독서 습관을 기르고자 노력하고 있다.

II. 펼치며

1. 같이 읽기

아이들은 만화를 보고, 컴퓨터 게임을 하고 이야기하기를 좋아한다. 혹시 만화를 보지 않았다면, 컴퓨터 게임을 해 보지 못했다면 그 대화에서 소외된다. 소외된 아동은 기분이 좋지 않을 것이고 기회가 된다면 그 만화를 보고, 그 게임을 하게 될 것이다.

독서도 마찬가지이다. 하나의 책을 정하여 교사와 아동이 같이 읽고 학급에서 공통된 책 내용으로 이야기하는 기회를 가졌다. 그리고 독서퀴즈 문제로 풀어보도록 하였다. 고학년의 수준에 맞게 위인전을 중심으로 2주정도 시간을 주고 읽도록 하였다.

아침시간을 이용하여 간단한 내용을 이야기 한 다음 독서퀴즈 대회를 하였다.

◆ 같이 읽기 책 목록

순	책 이 름
1	노 벨
2	라이트 형제
3	링 컨
4	퀴리부인
5	에디슨
6	헬렌켈러
7	파브르
8	슈바이처
9	나이팅게일
10	안데르센

순	책이름
11	신사임당
12	율곡 이이
13	정약용
14	주시경
15	최무선
16	안중근
17	이성계
18	장보고
19	안창호
20	허 준

2. 추리해 봅시다.

글을 읽고 어떤 사건이 일어났을 때 거기에 있었던 등장인물들의 기분이 어떠했을까? 또는 왜 그렇게 행동했는지 상황이나 인물의 행동을 보고 추리를 해봄으로써 상상력과 창의력을 신장시킬 수 있다. 또한 자신이라면 어떻게 행동했을지 생각해 보게 하였다.

3. 독서 시간 반성하기

아침 시간은 독서 활동하기에 좋은 시간이다. 교사가 함께 할 수 있다면 더욱 좋다. 바른 자세로 앉아 독서를 하는지 하지 않는지를 지도하기 위함이 아니라 교사도 같이 읽는다면 더할 나위 없이 좋다.

그런데 학교 현실이 그것을 허락하지 않을 때가 종종 있다. 수업 준비해야 하고 직원 조회해야 하고……. 따라서 교사가 교실을 비우더라도 스스로 독서하는 분위기를 만들기 위해 자기 반성판을 이용하였다.

매일의 독서시간을 반성하여 '독서시간을 알차게?' 판을 활용하여 스티커를 붙이게 하였다. 고학년이라 자기 평가는 가능하였다. 이것 역시 '이달의 독서왕'을 선정할 때 참고 자료로 삼았다.

◆ 자신의 독서시간을 스스로 평가해 봅시다.
　※ 아침 독서시간에 조용히 앉아 책을 읽었나요?
　※ 책 내용을 잘 살피며 읽었나요?
　※ 알게 된 점과 느낀점을 마음속으로 새겨 보았나요?

4. 이달의 독서왕

'독서왕' 하면 보통 책을 많이 읽은 아동을 생각하기 쉬운데 그렇게 된다면 같은 아동이 계속 선정될 것이다. 따라서 다음과 같이 다양한 기준을 마련하였다.

◆ 독서왕 선발 기준
　※ 독서시간을 잘 활용하였는가?
　　(자기 평가판 '독서시간을 알차게?' 판 이용)
　※ 독서태도가 좋은가?
　※ 책을 많이 읽었는가?
　　('내가 읽은 책'판 이용)
　※ 누구를 추천할 것인가? (아동들의 의견을 들어본다.)

'이달의 독서왕'으로 선정된 아동에게는 상장과 상품을 주었다. 상품은 처음에는 학용품 중 선택하였다. 2학기에는 동기를 더욱 북돋우기 위해 도서를 상품으로 주었다.

5. 독서 퀴즈 대회

같이 읽기를 통해 읽은 책으로 독서 퀴즈 대회를 실시하였다. 단순히 책에 있는 글자를 읽는 것으로 독서 활동이 이루어졌다고 할 수 없다. 누가 어떤 일을 하였는지, 중요한 사건이 무엇인지, 줄거리는 어떻게 되는지 주의를 기울이며 읽는 자세가 길러지도록 지도하였다.

고학년 수준에 맞는 위인전을 선정하여 읽게 하였다. 퀴즈의 방법도 여러 가지로 하였다. 단순히 문제지를 제시하는 것은 시험으로 인식될 수 있으므로 이 방법은 쓰지 않았다.

스피드 퀴즈(먼저 손 든 사람에게 기회를 부여), 조별로 의논하여 답 제시, 짝끼리 의논하여 답 적어들기 등이다.

교사가 같이 읽고 문제를 직접 제시하였다. 또 아동들로 하여금 문제를 직접 출제하게 하여 반영하기도 하였다. 또, 퀴즈 대회가 끝나면 책 내용을 정리하며 간단한 느낌 등을 말하게 하였다.

재미있고 흥미 있는 책만을 골라 읽는 아이들에게 위인전을 읽도록 유도하는데 좋은 기회가 되었다.

6. 독서 달력 만들기

  책을 읽고 독서 감상문이나 감상화 그리기와 같은 활동은 아동들이 이미 많이 해본 것이라 이제는 더 이상 흥미를 느끼지 못하는 것 같아서 위 두 가지를 접목하여 독서 달력 만들기를 하였다. 이러한 활동은 우선 자신이 읽은 책을 다른 친구들에게도 소개를 하는 기회도 마련하며 실생활에서 활용도 가능하다. 그리고 독서 달력만이 아니라 동시 달력, 글짓기 달력 등 다양하게 활용할 수 있다.

성명초등학교 반 번 이름							
◈ 읽은 책에서 가장 감명 깊었던 장면을 그림으로 그려 봅시다.							
◈ 책제목 : ◈ 지은이 : ◈ 출판사 :				◈ 가장 가슴에 새기고 싶은 말을 찾아 써 봅시다.			
◈ 위의 장면을 설명하고, 자기 자신의 생각이나 느낌을 써 봅시다.							
일	월	화	수	목	금	토	

7. 독서만화 그리기

　쓰기 능력이 부속한 아동들에게 좋은 방법이다. 책 내용의 특정 장면을 만화로 그리게 하여 자기의 느낌을 표현하게 하였다.

　단순히 한 장면을 그려보는 활동에서부터 내용을 바꿔보기도 하고 주인공의 행동을 비판하는 만화까지 나타났다. 이것은 책을 읽는 과정에서 나름대로의 사고가 이루어졌다는 것을 의미한다고 하겠다.

　만화를 다른 아동에게 발표할 기회를 부여하여 자기의 느낌을 다시 정리할 수 있도록 하였다.

8. 독서 광고 만들기

　책을 읽고 다른 사람에게 읽어보도록 권하는 과정으로 광고를 만들어 보도록 하였다. 광고의 목적을 먼저 설명하고 어떻게 하면 다른 사람들이 그 책을 읽도록 할 것인가를 생각하게 하였다.

　책 내용을 안내하기도 해야 하고 호기심도 유발 시켜야 한다는 것은 어려운 일이었지만 아동 나름대로는 책을 읽고 소개하기 위해서 다시 책을 넘기기도 하였다.

　이러한 활동은 책 내용을 바르게 이해하고 자기 것으로 만들려는 행동이라고 할 수 있을 것이다.

9. 독서감상문 쓰기

　학년 초에 독서 감상문을 쓰게 한 결과 자기의 생각과 느낌을 전혀 나타내지 못한 채 줄거리 파악만 겨우 되는 수준이었다. 책을 많이 읽는 아동조차도 독서 감상문을 쓰는 것에는 어려움을 느끼고 있었다.

　체계적이고 지속적인 감상문 쓰기 지도가 필요함을 느끼고 지도하게 되었다. 먼저 독서 감상문 쓰는 방법부터 지도하였다.

(1) 독서 감상문을 쓰는 까닭
　1) 읽은 책의 내용을 되살려 다시 맛보기 위해 쓴다.
　2) 감동을 오래 간직하기 위해 쓴다.
　3) 책 읽는 보람을 얻기 위해 쓴다.
　4) 생각과 느낌을 정리하는 힘을 기르기 위해 쓴다.

(2) 책을 많이 읽고 독서 감상문을 계속 쓰면

첫째, 생각을 조리 있게 정리하는 논리력이 생긴다.
둘째, 자기의 생각과 느낌을 잘 나타낼 수 있는 표현력이 생긴다.
셋째, 깊이 생각하고 관찰하는 사고력과 관찰력이 생긴다.
넷째, 자기를 반성하고 옳고 그름을 판단하는 통찰력이 생긴다.
다섯째, 아름다움을 깨닫고 표현해내려는 문장력이 생긴다.

(3) 독서 감상문을 쓰는 방법

1) 제목 붙이기

① 1~3학년은 <책 이름> 뒤에 '읽고' 혹은 '읽고 나서'란 말을 붙인다.
  * 책이름이 『심청전』이면 독서 감상문 제목은 '심청전'을 읽고
② 4~6학년은 제목을 따로 붙이자

영원한 어린이의 친구 '방정환'을 읽고	김영일 지음 '밤톨 삼형제'를 읽고
알프스의 아름다운 천사 '알프스의 소녀'를 읽고	신비한 물고기들의 세계 '물고기의 비밀'을 읽고

2) 처음 부분 쓰기(머릿글)

① 책을 읽게 된 동기나 책을 처음 대했을 때의 느낌을 쓴다.

> 어제는 숙제가 없는 날이라서 학교 도서실에 들려 책을 한권 빌렸습니다. 많은 책들 중에서 '서울로 간 허수아비'라는 책이 눈에 띠었습니다. 허수아비는 농촌의 논에 있는 건데 왜 서울로 간 까닭을 생각하면서 책을 읽었다.
>   <이하 줄임>

② 생활 경험(자기 이야기)부터 쓴다.

> 나는 지금 아래 어금니가 거의 망가졌다. 단것을 많이 먹고 또 식사 후에 양치질을 제대로 하지 않아서 그렇게 되었다. 그래서 며칠 전에도 이가 아파 아무것도 못 먹고 치과에 다녀왔었다.
> 그런데 어제 학급 문고에 새로 들어온 책 중에서 엄기원 아저씨가 쓰신 '이상한 청진기'를 보고 호기심에 읽게 되었다.
> <이하 줄임>

③ 감동 받은 대목을 인용해 처음을 시작한다.

> **희망을 버린다는 것은 죄야!**
> **'노인과 바다'를 읽고**
>
> '희망을 버린다는 것은 어리석은 일이야. 어리석을 뿐 아니라 그건 죄야.'
> 노인이 애써 잡은 고기를 상어 떼가 습격해서……………
> <이하 줄임>

④ 책의 지은이나 주인공을 소개로 시작한다.

> 이 이야기는 프랑스의 르나르가 쓴 것이다. 이 책에는 못생기고 겁이 많고, 어머니 르피크 부인에게 구박만 받는 '홍당무'란 별명이 붙은 어린 한 소년의 이야기가 애달프게 그려져 있다.
> <이하 줄임>

3) 가운데 부분

① 자기의 생활과 견주어 쓴다.
② 주인공의 행동과 나의 행동을 비교해서 쓴다.
③ 주인공의 행동을 비판해서 쓴다.
④ 자신이 주인공이라 생각하고 쓴다.

4) 끝 부분

① 느낌이나 감동을 정리한다.
② 자신의 결심을 쓴다.

(4) 독서 감상문의 여러 형태

　독서 감상문은 줄거리, 내용, 느낌을 어느 부분에 두느냐에 따라 다음과 같이 나눠집니다.
　－책의 줄거리를 먼저 쓰고 느낌을 적는 형태(저학년) : 줄거리＋느낌
　－책의 내용 중간 중간에 느낌을 적는 형태(중학년)
　　: 내용(줄거리)＋느낌＋내용(줄거리)＋느낌
　－책의 줄거리나 내용을 쓰지 않고 느낌만 적는 형태(고학년)

(5) 독서 감상문을 잘 쓰려면
　1) 책을 읽으면서 느꼈던 느낌을 쓴다.
　2) 책의 읽고 가장 감동을 받았던 부분을 자신의 느낌과 함께 쓴다.
　3) 다른 사람이 쓴 '독서 감상문'을 자주 읽어 보고 자신의 느낌과 비교한다.
　4) 다른 사람의 '독서 감상문'을 보고 따라서 써본다. 그러다보면 자신만의 독특한 독서 감상문을 쓸 수 있게 된다.

(6) 독서 감상문의 형식

　독서 감상문은 한 가지 형식으로만 쓰는 것이 아니다.

　1) 느낌 중심의 독서 감상문
　2) 편지글 형식의 독서 감상문
　3) 일기 형식의 독서 감상문
　4) 시 형식의 독서 감상문
　5) 보고문 형식의 독서 감상문
　6) 기행문 형식의 독서 감상문
　7) 그림으로 나타내는 독후 감상화

☆느낌 중심(일반적인 형식)

- 가장 일반적인 형식으로 책의 줄거리와 자신의 생각이나 느낌을 쓰고 깨달은 점, 자신의 결심 등을 쓴다.

마음씨 좋은 매미
― '파브르 곤충기'를 읽고 ―

 파브르 곤충기를 읽기 전에는 매미가 모두 우는 줄 알았는데 사실은 수컷만 신나게 노래를 부르고, 암컷은 조용히 노래를 듣고만 있다는 것을 알았다.
 매미는 정말 마음씨가 좋은 곤충이다.
 먹이를 먹고 있다가도 다른 곤충이 오면 양보를 하고 다른 나무로 먹이를 찾아 떠난다. 특히 개미는 뻔뻔스러워 매미의 먹이를 사정 없이 빼앗아 먹어 버린다. 그래도 매미는 화내지 않는다.
 나는 이부분을 읽으면서 우리들도 매미처럼 착한 마음을 갖는다면 친구들과 싸우지도 않고 언제나 즐겁고 명랑하게 지낼 수 있을 거라고 생각해보았다.

 <이하 줄임>

☆ 편지 형식

  －등장 인물이나 지은이에게 편지를 쓰듯이 감상문을 쓴다.
  －친구나 선생님께 독서후 느낀 감동을 편지로 쓴다.

편지 형식 ①－주인공에게

알프스의 아름다운 천사
－ '알프스의 소녀'를 읽고 －

하이디야!

  나는 너를 알프스 산이 낳아 준 '아름다운 천사'라고 부르고 싶구나.
  네가 그렇게도 곱고 예쁜 마음씨를 갖게 된 것은 모두가 알프스 산의 자연 환경 때문이라고 생각했어.
  무뚝뚝한 알름 할아버지가 네가 온 후에 비단결 같은 성격으로 바뀌었을 때, 나는 네가 구세주 같은 느낌이 들었단다. 그뿐이겠니? 불쌍한 클라라, 페터, 페터의 할머니는 전부 너에게 도움을 받은 사람들이야.
  네가 클라라네 집에서 자꾸 야위어가고 몽유병까지 생겼을 때는 역시 환경이란 중요하다는 것을 절실히 느꼈어.

＜이하 줄임＞

2001년 5월 10일

한국 남해에서 영빈이가...

편지 형식 ② － 지은이에게

선 생 님 께
－ 은종이학을 읽고 －

  선생님 안녕하세요?
  어느덧 방학한 지가 열흘이 지났어요.
  날이 너무 더워 밖에 나가기가 싫어서 선생님이 쓰신 '은빛 종이학'을 다시 읽어 보았어요. 선생님, 책을 읽을 때마다 느끼는 건데요. 어떻게 같은 내용인데 읽을 때마다 느낌이 다를까요? 참 이상해요. 저는 선생님이 쓰신 책을 여러권 읽어 보았습니다. 특히 '바람 속을 달리는 아이'는 콧물 눈물까지 평평 쏟아가며 읽기도 했지요.
  그렇지만 오늘 읽은 '은빛 종이학'은 지원이의 마음을 모르고 선생님께서 손바닥을 때리실 때는 콧등이 찡해오는 것을 느꼈답니다. 아무리 선생님이 동화작가로서 아이들 마음을 귀신 같이 알아차린다 해도 이렇게 예쁜 지원이의 마음을 모르실 때도 있으시군요.
  선생님! 지원이가 왜 숙제를 안 해왔는지 또 국어 시간에 딴 짓을 해야 했는지 말
＜이하 줄임＞

2001. 8. 10.
－ 지혜 올림 －

☆ 일기 형식

> **8월 21일 맑음**
>
> 　다른 사람들은 여름 방학이라 바다로 산으로 가느라 야단이지만 나는 '충무공 이순신' 전기를 사흘째 읽고 있다.
>
> 　이순신 장군은 전라도 수군통제사가 되어 거북선을 만들며 왜군의 침략을 미리 짐작하고 있었다.
>
> 　드디어 1592년 임진왜란이 일어나자 장군은 여러 싸움에서 승리를 거두었다.
>
> 　나는 훌륭한 장군을 나쁜 사람이라고 임금님께 거짓말을 한 원균이 미웠다.
>
> 　그러나 이순신 장군은 안타깝게도 45세에 노량 앞바다 싸움에서 적의 총탄에 맞아 숨지고 말았다. 나는 너무 슬퍼서 눈물이 절로 나왔다.
>
> 　충남 아산의 현충사에 잠드신 장군의 고귀한 이름은 앞으로 언제까지나 우리 겨레와 함께 하실 것이다.

☆ 동시 형식

> **한글은 우리의 자랑**
> －'세종대왕'을 읽고－
>
> 　　　　　　　　　　　4학년 근면반
> 　　　　　　　　　　　류　경　예
>
> 우리나라 오천 년 역사 위에
> 가장 빛나는 임금님
> 세종 대왕님
>
> 한글을 만들어 주셨기에
> 지금 나는 한글로
> 이렇게 시를 쓰고 있어요.
>
> 국어책에서 배운
> 훈민정음 스물 여덟 글자
> 이 훌륭한 글자를 만드시느라
> 임금님은 눈병까지 앓으셨다지요?
>
> <이하 줄임>

Ⅲ. 마무리하며

흥미로운 독서를 위해 여러 가지 활동을 제시하여 실시한 결과 다음과 같은 성과를 얻었다.

1. 책을 즐겨 읽는 아동이 많아졌다. 월별로 평가하여 적절한 보상을 준 결과였다. 이제 교실에 있는 아동 모두가 책을 스스로 골라서 읽는 분위기가 되었다.
2. 줄거리 파악만으로 이루어지던 독서가 책 내용을 음미하며 읽는 독서가 되었다. 독서퀴즈 문제를 잘 알아맞히기 위해서, 독서만화를 그리기 위해, 독서광고를 만들기 위해, 독서편지를 쓰기 위해서 천천히, 자세하게 읽는 독서활동이 이루어졌다.
3. 독서 감상문 쓰는 능력이 향상되었다. 지속적인 지도가 이루어진 결과 모든 아동이 독서 감상문을 쓰는데 느꼈던 어려움을 감소시켰다. 하기 싫은 활동에서 해 볼만한 것으로 인식을 전환시켰다는 것만으로도 만족할 만한 일이 아닐까 생각한다.
4. 독서는 즐거운 활동이며 무엇인가를 얻을 수 있다는 인식을 갖게 되었다. 다양한 활동으로 이루어진 독서 활동에서 재미를 느끼고, 책을 읽으면 마음의 양식을 쌓을 수 있고 학습에도 도움을 준다는 생각을 가진 아동들이 생겨나게 되었다. 위인전으로 독서 퀴즈를 실시한 결과 훌륭한 사람들은 어릴 때 책을 가까이 했다는 사실도 아동 스스로 발견하게 되었다는 것은 바람직한 일이었다.

책 읽기를 강요하여 오히려 책과 멀어지게 해서는 안 된다. 책을 읽고 할 수 있는 여러 가지 활동을 하게 함으로써 독서를 즐거운 활동으로 만들 수 있도록 지도해야 한다. 중요한 것은 활동의 과정과 결과를 주의깊게 관찰하고 계속적인 지도가 이루어져야 한다는 것이다.

유명 인사가 되다

남해초등학교 6학년 2반 문미선

황금 벼들이 살며시 고개를 떨구는 가을입니다. 자라는 아이들에겐 식욕의 계절, 책을 사랑하는 어린이에겐 마음을 살찌우는 계절이기도 합니다.

안녕하십니까? 저는 남해초등학교 6학년2반 문미선 이라고 합니다. 지금부터 저의 독서 이야기를 들려 드리겠습니다.

우리 학교는 작년부터 독서 시범학교를 시작하여 학생과 선생님이 한마음이 되어서 학교를 이끌어가고 있습니다. 독서 명언 암송대회, 독서 골든벨 등 다양한 행사를 개최하여 많은 어린이들이 책을 사랑하는 학교, 책을 많이 읽는 학교, 그래서 재미있는 학교를 만들기 위해 노력을 기울이고 있습니다. 그 덕분에 책벌레도 많고 공부벌레도 많지요. 저도 그중 한사람이 되려고 노력하고 있습니다.

책은 마음의 양식이라는 말이 있습니다. 책을 통하여 지혜를 쌓는다는 뜻이라 생각합니다. 책을 읽고 마음에 감동을 받았을 때 배움의 기쁨과 깨달음의 기쁨을 느낄 수 있습니다.

제가 책벌레가 되고 퀴즈 박사가 될 수 있었던 것은 저희반 만의 독특한 독서 활동이 있었기 때문이기도 합니다. 먼저 독서 지도 방법과 독후 활동 방법을 익히고 그 다음에 책을 읽었습니다. 그리고 여가 시간을 활용한 낱말 퍼즐 게임 시간이 독서를 통해 상식을 넓혀야 한다는 동기를 주었습니다. 그래서 차츰 책을 읽으면서 재미를 느끼게 되었고 저는 집에서 읽던 책을 학교에 가지고 와서 친구들과 돌려 읽게 되었습니다.

책을 읽고 나서 독후 활동을 할 때 보통 '책 읽고 독후감 한 편 써 오세요.' 라고 합니다. 그러나 우리반은 다릅니다. 먼저 독후감을 쓸 때 '제목은 어떻게 붙이는 것이 좋은가? 처음 시작은 어떻게 하는 것이 좋은가? 독후감의 내용을 전개하는 방법, 마지막 부분의 끝맺음 방법' 등을 가르쳐 줌으로써 저를 비롯한 친구들은 독후감을 쓰는데 어려움을 겪지 않고 독서 감상문 쓰는데 재미를 붙이게 되었습니다. 그리고 책을 많이 읽은 덕분으로 상도 많이 받았습니다.

책을 읽고 틈틈이 쌓은 실력으로 전교생 독서 골든벨에서 최후의 승자가 되었습니다. 제가 거둔 뜻깊은 열매였습니다. 제가 울린 골든벨의 소리는 참으로 은은했습니다. 그

후 저는 유명 인사가 되었습니다.

지나갈 때마다

"야! 저 누나 골든벨 울린 누나 아니야?"

"맞아".

하는 소리가 너무 듣기 좋았습니다. 그 건 바로 많은 독서 덕분이라 생각합니다.

가장 중요한 것은 책을 읽고 그 책에 대한 생각을 어떻게 정리하느냐입니다. 책을 많이 읽고 정리를 잘 한 덕분으로 지난 종합학예대회 운문부문에서 금상을 받았습니다. 정말 기분이 좋았습니다.

저희 학급에서는 신문제작, 노래가사로 꾸미기, 책 속의 주인공 재판 및 토론하기, 나만의 책갈피 만들기, 뒷이야기 꾸미기, 만화 그림 그리기 등을 합니다. 모두가 흥미를 가지고 참여하는 활동이지만 특히 학급 신문제작과 주인공 재판 및 토론은 정말 관심이 많습니다. '우리들의 일그러진 영웅'을 읽고 주인공 엄석대와 한병태에 대한 재판을 할 때의 학급 분위기는 아직도 기억에 생생합니다. 얼마나 열띤 토론이었는지 모릅니다.

마지막으로 저의 독서습관을 말씀드리겠습니다. 전 틈만 나면 책을 잡습니다. 재미있는 책이 있으면 밤새도록 읽기도 합니다.

저는 시인이 되는 것이 꿈입니다. 물론 존경하는 인물도 윤동주 시인이지요.

시인이 되려면 더 많은 책을 읽어야 한다는 것을 알고 있기에 꾸준히 책을 읽고 있습니다.

저희 반에는 예명이 있습니다. 클 거, 뜻 지의 거지반입니다. 큰 뜻을 지닌 어린이들이 있는 반이란 뜻으로 지었습니다. 그래서 저 큰 세상으로 나아가 세상을 향해 우뚝 설 그 날까지 저는 큰 뜻을 품고 더욱 열심히 책을 읽겠습니다.

감사합니다.

독서와 함께 커가는 나의 꿈

해양초등학교 6학년 이진아

1. 책과 가까워지기까지

나의 꿈은 소설가이다. 언제부터인가 선생님이란 꿈 대신 소설가라는 거창한 꿈을 가지게 되었다. 그건 아마도 4학년 때부터일 것이다. 학교 문예부에 들면서부터 텔레비전 앞에 앉는 대신 책을 잡는 시간이 많아졌던 것 같다.

"좋은 글을 쓰기 위해선 많은 책을 읽어서 마음을 살찌워야 한단다. 그래야 말도 술술, 글도 술술 쓸 수가 있는 거란다."

선생님의 말씀에 나는 무작정 닥치는 대로 책을 읽기 시작하였다. 속마음 한켠엔 6학년 문예부 언니들처럼 각종 대회에 나가 상을 받아보고 싶다는 욕심도 컸다.

동기는 어떠했든 간에 책과 가까워질 수 있는 계기가 된 것이다. 다행히도 우리 집엔 읽을 책이 많은 편이었다. 그 이유는 바로 지금 3학년인 동생 진선이 때문이다. 진선이는 우리 학교가 다 아는 독서광이다. 신기하게도 진선이는 글을 깨치고 난 뒤부터 책하고만 노는 아이였다. 할머니를 비롯한 가족들은 언제나 책을 읽고 있는 동생만 귀여워한 것은 물론이었다.

"아이고, 우리 손녀 또 책 보냐? 나중에 커서 뭐가 될려누"

나는 가족들의 신임을 받고 있는 동생이 무척이나 부러웠지만 매일 책과 사는 동생 흉내를 내 보려다 지레 지친 적이 한 두 번이 아니었다.

"책이란 남이 읽는다고 따라 읽는 것이 아니란다. 다 자기가 읽고 싶어야 읽는 것이지."

엄마의 말씀에 자존심이 상하기도 했지만 억지로 동생의 독서열을 따라 할 수는 없었다. 그래도 동생과 말다툼이 있을 때마다 아이답지 않은 논리로 따지고 드는 동생에게 은근히 주눅이 드는 건 사실이었다.

그러던 내가 책을 읽고 있는 모습을 본 할머니와 엄마께서는

'우리 진아가 또 시작이군, 며칠이나 갈까?'

하고 별 대수롭지 않게 생각하셨다. 일주일 쯤 되었을까 평소 글쓰기에 관심이 많으셨던 엄마께서 '아침 풀잎은 눈부시다' 라는 책 한 권을 살며시 내미시는 것이었다. 텔레비전에서 보았던 가을동화와 비슷한 내용의 그 책을 아직도 나는 잊지 못한다.

"진아야, 이젠 너를 한 번 믿어보고 싶구나. 초등학교 때 읽은 책은 평생 가는 거란다.

엄마도 어렸을 때 책을 얼마나 좋아했는지 모른단다. 진선이가 엄마를 닮은 것 같다고 생각하고 있었단다. 그리고 그 때는 학교 도서실이 아니고선 책구경도 제대로 못했단다. 하지만 지금은 얼마나 좋니? 학교도서실, 서점, 남해도서관, 인터넷 등 어디서든 책을 구할 수 있잖니? 언니가 모범을 보이면 진선이도 널 무시하지 못할 거란다."

엄마의 말씀에 난 더욱 힘이 솟았다.

2. 쌓여 가는 마음의 양식

처음 손에 책을 쥐었을 때는 나도 가족들의 사랑을 받고 싶다는 시기와 질투심에 가득 차 있었지만 천천히 독서를 실천하다 보니 나에게 도움이 되는 것들이 너무나도 많았다. 날로 늘어가는 글짓기 실력, 조금씩 쌓여 가는 마음의 양식, 그리고 많은 지식들……

통일에 관한 글짓기를 해보라는 선생님의 말씀에 머릿속에 얼마 전 읽었던 잡지의 내용이 떠오른 것은 우연이 아닐 것이다. 남과 북의 어린이들이 모여서 '우리의 소원은 통일'이란 노래를 합창했다는 기사내용은 내 글 속에 훌륭한 재료가 되어 주었다. 나는 그 글짓기로 우수상을 받았다. 얼마나 기뻤는지 모른다. 원하던 상을 받게 되었으니 말이다. 하지만 상보다 더 중요한 것을 얻게 되었다는 걸 그때는 몰랐다. 나도 모르게 독서 습관이 몸에 배이게 된 상을 말이다. 글쓰기와 관련된 책, 통일과 관련된 책, 독후감을 쓰기 위해 읽은 동화책들, 심지어는 효행어린이 수기까지…….

그 이후로 나는 친구들로부터 동생 진선이 못지않는 책벌레로 통하게 되었다. 재미있는 책은 하루에 다 읽은 적도 많았다. 그리고 평균 이틀에 한 권 정도 책을 읽게 되었다. 책을 많이 읽으니 선생님의 말씀처럼 말도 술술 글도 술술 써졌다. 각종 문예대회에서 상을 휩쓸었으며, 교외 독후감 공모에선 네 번이나 상을 받았다. 며칠 전엔 그 동안의 예능분야의 활약으로 교육인적부장관님의 표창까지 받게 되는 영광을 안았다. 나는 이 모든 걸 독서의 힘으로 여기고 있다. 그리고 언제부터인가 친구들도 나 자신도 나를 소설가로 만들고 있었다. 훌륭한 소설가들의 사진을 보면 빽빽이 책들이 꽂힌 서재가 나온다. 그 많은 책들을 다 읽었으리라 생각하니 존경심마저 앞선다. 하지만 나도 언젠가는 저렇게 되겠지?

3. 나의 독서 친구들

요즘 내가 가장 즐겨 읽는 책들은 바로 내 친구 해진이가 읽고서 재미있다고 권해주는 책들이다. 그러고 보니 나에게는 독서친구가 많다. 정민이, 화연이도 좋은 친구들이다. 우리들은 서로 책을 읽어보고 재미있는 책은 꼭 권해준다. 친구들이 재밌다고 한 책은 내 흥미를 끈다. 2학기에 들어선 사회 숙제 때문에 위인전을 주로 읽는다. 해진이는 씨 없는 수박을 만든 우장춘박사를, 화연이는 철의 여인이라 불리우는 명성황후를 권해 주었다. 우장춘박사가 일본에서 혼자 외롭게 고아원에서 지낼 때 민들레를 보면서 희망을 가졌다는 얘기며, 그저 조선의 왕비로만 알았던 명성황후가 뛰어난 외교술과 놀라운 지혜를 가진 분이었다는 사실 등을 새롭게 알게 되었다. 나역시 친구들에게 퇴계 이황 선생의 위인전을 권해 주었다. 천원짜리 지폐에 나와 있어도 무슨 일을 하신 위인인지 잘 몰랐던 나는 위인전을 읽음으로써 요즘처럼 서로의 욕심과 이익만을 채우려는 사람들 앞에서 큰 본보기가 되어 주는 사람인걸 알게 되었다.

나와 정민이, 화연이, 교림이, 해진이, 혜지는 위인전을 돌려 읽고서 교내에서 열린 독후감 쓰기대회에 독후감을 발표하였다. 나와 교림이, 화연이, 해진이가 상을 받는 영광을 안았다. 그리고 문화원에서 주최하는 독후감공모에서 나는 '천원짜리 지폐에 새겨진 빛나는 생애, 퇴계이황을 읽고'라는 제목으로 최우수상을 받았다. 우리들은 요즘도 책을 돌려 읽고 있다. 지금 내 손엔 '장발장'이 들려져 있다. 혜지가 만화로 된 책이라 재미있고 빨리 읽는다고 해서 받았는데 하루만에 다 읽었다.

내가 살아가면서 좋은 친구들이 많이 있겠지만 책을 서로 돌려 읽는 친구야 말로 가장 지적이면서도 도움이 되는 친구들인 것 같다. 지난 1학기 때는 전교회장이란 직책을 맡느라 많이 못 읽는 책들을 2학기엔 더욱 열심히 읽고 있다.

4. 독서와 함께 커 가는 나의 꿈

얼마 전 나는 매스컴을 탔다. 남해신문에 나에 대한 기사가 난 것이다. '네 꿈을 펼쳐라' 코너에 미래의 소설가를 꿈꾸는 내용이 실렸다. 나는 모든 사람들에게 친구가 될 수 있는 소설가가 되고 싶다고 했다. 소설가가 되기 위해서는 무엇보다 아는 것이 많아야 한다는 점, 그리고 아는 것을 느끼고 새롭게 만들어서 사람들에게 꿈을 심어줄 수 있어야 하는 것이 제일 중요할 것 같다. 그러기 위해서는 책을 많이 읽어야겠지?

동생 진선이는 아직도 책상 앞에 앉아 책을 읽고 있다. 집에 있는 책을 읽고 또 읽어서 거의 외울 정도이다.

'독서사례발표회엔 내 동생이 나가야 하는데'

하는 생각도 들었지만 이제 나도 언니로써 부끄럽지 않은 책벌레니까……. 동생의 꿈은 동물학자. 얼마나 동물에 관한 책을 많이 읽었는지 텔레비전에 나오는 동물에 대해서는 모르는 게 없을 정도이다. 이미 동물박사가 되어버린 것이다. 꿈을 이루기 위해 열심히 독서하는 내 동생의 모습은 또 다른 나의 본보기이다.

그리고 나에게 항상 좋은 책들을 제공해주는 나의 독서 친구들, 그들 역시 나의 꿈을 이루는데 큰 역할을 해 줄 것이다. 책을 읽게 되면서부터 한 가지 느낀 점이 있다면 먼저 자기가 읽고 싶다는 호기심과 필요가 있어야하고 그러다 보면 습관이 되어 계속 꾸준히 읽게 된다는 점이다. 다른 친구들도 나와 같이 좋은 독서 친구들을 만들어 함께 꿈을 가꿔 갔으면 좋겠다.

어머니와 함께 한 독서 경험

남명초등학교 5학년 윤민경

좋은 음식은 하루를 배부르게 하지만, 좋은 책 한 권은 평생을 행복하게 만들어 준다고 하였다. 독서는 우리에게 꿈과 희망, 미래를 심어주는 마술사이다.
'하루라도 책을 읽지 않으면 입에 가시가 돋친다.'
라고 안중근 의사께서는 옥중에서 글을 썼다. 이 글을 시작하기 전 나는 안중근 의사의 말을 다시 한번 되새겨보면서 독서의 중요함을 느껴본다.

어릴 적부터 나의 어머니는 잠들기 전 잔잔한 목소리로 동화를 자주 읽어주셨다. 그래서 지금까지도 그 내용이 잘 기억난다. 그 덕분에 요즘에도 책을 읽지 않으면 밤에 잠이 안 올 정도로 되어 있다. 그래서 잘 때 읽는 책이 가장 머리에 들어온다. 이렇게 어머니께서 잘 인도해 주시고 아버지께서 잘 보살펴 주셔서 이만큼 어엿한 모습으로 자랄 수 있게 되었다.

독서를 하기 전 책의 선택은 먼 곳으로 여행을 가거나 볼 일을 보러 갈 때 가족과 함께 백화점이나 서점을 들려서 책을 고르곤 한다. 나는 책을 사는 순서가 있다. 처음으로는 인터넷이나 잡지, 광고, 신문 등에서 가끔 가다 좋은 내용을 보면서 고른다. 두번째로는 제목을 본다. 제목이 재미있는 책이라면 거의가 내용이 모두 재미있다. 이름도 특이하고 재미난 소설책을 나는 유난히도 좋아하기 때문이다. 세번째로는 책의 표지에 실려 있는 내용을 본다. 그 내용을 보아 나는 재미있고 재미없는 여러 가지를 구분할 수 있기 때문이다. 그리고 신간 도서책을 살펴보기 위해 군립도서관의 회원이 되어 읍에 나가면 반드시 들러보는 습관이 생겼다.

독서의 자세는 책을 읽되 또박또박 정성스럽게 읽는다. 만약 모르는 단어가 있다면 적어두고 나중에 책을 다 읽고 난 후에 어머니나 선생님들께 여쭈어 본다. 독서는 때와 장소를 가리지 않고 할 수가 있기 때문에 참 좋다. 대부분의 취미활동들은 때와 장소를 가려서 하게 된다. 예를 들면 탁구, 축구, 농구, 서예, 악기연주 등은 장소와 시간을 고려해서 해야 된다. 그러나 독서는 차를 마시면서도 할 수 있고 지하철에서 앉아서도 할 수가 있다. 어떤 사람은 화장실에 책을 쌓아두고 읽는다고 한다. 내 동생도 화장실에 가서 책을 읽는다. 그처럼 짧은 시간을 내어서도 할 수 있는 것이 독서이므로 언제나 부담스러워하지 않는다.

내가 좋아하는 책의 종류는 위인전이다. 아마 여러 나라 사람을 만날 수가 있기 때문이다. 단돈 몇 천원을 들고 서점이나 백화점에 가면 이분들과 만나 우리가 듣기 힘든 얘기도 들을 수 있고 그들의 아이디어를 바탕으로 상상의 나래를 마음껏 펼 수가 있기 때문이다. 그만큼 국경을 초월하여 내가 만나고 싶은 사람을 책에서 스스럼없이 대할 수가 있기 때문이다. 그리고 책을 통하여 여러 나라 소식을 많이 들을 수 있고 역사를 공부할 수도 있다. 하루는 친구의 책을 보았는데 큰 책으로 역사신문이라는 제목을 가진 책이었다. 별로 재미가 없을 듯 하였지만 한번 읽어보니 내가 모르는 것을 쉽게 알 수가 있었다. 옛날 소식들로 옛날 신문의 내용을 번역하여 만들어 놓았는데 거기서는 창의력을 발휘할 수 있는 내용이 아주 많았다.

　책을 읽고 난 후에는 독후감을 쓴다. 쓰기 전에는 다시 한번 내용을 차근차근 하나하나 생각해 본다. 만약 생각이 잘 나지 않는다면 한 번 더 읽어본다. 이렇게 한 결과 과학독서 감상문, 교내 독후감 발표, 충무공 이순신 장군 기념 행사, 한글날 기념행사 등의 대회에서 우수한 성적의 상을 받았다. 상을 받으면 그날은 왠지 기분이 좋아지고 부모님께 자랑도 하고 싶고 더 잘 할 각오도 생기게 되었다.

독서 퀴즈왕은 내가!

설천초등학교 6학년 윤미정

"안녕하세요?"
화창한 10월의 아침, 앞문을 열고 선생님께서 들어오셨다.
"교내 독서 발표회가 있답니다. 오늘 아침활동으로 평소 읽은 책 중 하나를 선택하고 또 어느 종목으로 발표회에 참가할지 좀 고민해 보는 게 좋겠네요."
"야! 잘 되었다"
독서 행사를 여러 번 치루면서 미리 준비해 두는 게 좋다는 생각이 들었기 때문이다. 이번 대회에서 내가 노리고 있는 분야는 독서 퀴즈대회였다. 선생님께서 정해주신 책은 '충, 효, 예' 라는 책이다. '충, 효, 예' 라는 책은 말 그대로 부모님께 효도하는 것과 나라에 충성하는 것, 내가 갖추어야 하는 기본예절에 대해서 나와 있는 책인데 처음에는 너무나도 지루해 보였다. 학급 문고에 자리 잡고 있는 책이었지만 날마다 읽기 싫어 미루기만 하던 책이었다. 하지만 읽다보니 점점 책 속에 빠져들어 내가 책 속의 주인공이 된 것 같았다. 읽으면 읽을수록 내가 착해지는 것 같았다. 그 이유는 '충, 효, 예' 라는 책에는 내가 배우고 본받을 점이 아주 많았기 때문이다. 그리고 매일 부모님께 짜증만 내고 예절을 지키지 않았던 나였기에 이 책을 읽으며 부끄러움이 생겼다. 퀴즈대회를 준비하는 책이어서인지 책의 내용이 머리 속에 쏙쏙 들어왔다.
첫째시간이다. 선생님께서 독서 퀴즈 문제지를 나누어 주셨다. 쉬울 줄만 알았던 문제가 막상 보니 많이 어려웠다. 좀 더 신경 써서 책을 읽을 걸 하는 생각이 간절했다.
'미정아 잘해라'
속으로 이렇게 외치며 한 문제 한 문제 풀기 시작하였다. 퀴즈를 풀고 책의 내용을 확인해 보니 틀린 것이 거의 없는 것 같았다. 선생님께서는 나의 답안지를 보시고는
"너 답안지를 보고 한 것 같은데……."
순간, 기분이 너무나도 좋았다.
독서 퀴즈 대회서 혹시 1등을 못하더라도 괜찮다는 생각이 들었다. 왜냐하면 나는 좋은 책을 한 권 야무지게 읽었다는 생각이 들었기 때문이다.
오늘 퀴즈대회를 통해 많은 것을 배운 것 같다.

그래서 책이 너무나도 고마운 마음이 들었다. 얼마 전 가졌던 교내 독서대회에서는 여러 많은 종목을 하였는데 난 그 중에서 독서만화와 독후감을 썼다. 내가 그림 솜씨가 없어서 처음에는 자신이 없었지만 친구들과 함께 저녁까지 열심히 이야기하고 그리고 꾸미서 좋은 성적을 거두었다. 독후감은 비록 뽑히지 못했지만 나는 독서 행사를 통해 많은 재능을 꽃 피웠고 독서에 대해 자신감을 가지게 되었다.

또한 우리 교실 한 쪽에는 열띠게 토론하여 쓴 독서 토론 결과물이 있다. 그 때는 모두들 머리를 굴리며 열심히 신중하게 토론을 하여서 다른 친구들의 생각과 의견을 많이 알 수 있었다.

아침 활동 시간, 쉬는 시간, 그리고 방과 후의 시간들마다 읽었던 책들, 책을 읽고 난 후 느낀점을 바탕으로 썼던 독후감, 내가 만든 독서 엽서 등이 파일에 하나하나 모일 때마다 앞으로 독서를 더 열심히 하고 싶다는 생각이 든다. 만약 내가 이렇게 흔적을 남겨 두지 않았다면 무슨 책을 읽었는지도 모르고 또 중요한 내용을 잊고 살수도 있지 않은가. 또, 국회의원들은 저리가라 할 정도로 친구들과 신중히 토론했던 독서 토론! 그림을 못 그리던 나였기에 그림 솜씨도 키울 수 있고 창의력과 상상력을 한번에 키울 수 있었던 독서 만화까지 독서 퀴즈대회에서 1등을 할 수 있었던 밑거름이 되었던 것 같다.

다음에도 독서 퀴즈왕을 꿈꿔본다.

참고문헌

- 그림책을 보고 크는 아이들, 이상금, 사계절, 2003
- 우리 동화 바로 알기, 이재복, 한길사, 1995
- 우리 글 바로 쓰기, 이오덕, 한길사, 2001
- 아동문학 입문, 이원수, 소년한길, 2003
- 동화, 이렇게 보세요, 어린이도서연구회 엮음, 웅진닷컴, 2001
- 옛이야기 들려주기, 서정오, 보리, 2003
- www.ok-tutor.co.kr　　　오케이 투터
- www.mymei.pe.kr　　　강백향의 책읽어주는 선생님
- www.childweb.co.kr　　　오른발 왼발
- www.cyberjubu.com　　　아동문학강의, 글쓰기지도
- 생각을 키우는 독서여행, 대방초등학교, 2000
- 제3회 독서교육 실천사례 발표대회 자료집, 2002
- 현행 한글 맞춤법(1988)
- 어린이 독서지도론, 양재한 외, 태일사, 2003
- 논술이 보여요, 강영임 외, 천재교육, 2002

◆ 이노국

▶ 현 대림대학 문헌정보과 교수
▶ 현 대림대학 부설 사회교육원 「어린이 독서지도사」 양성과정 책임교수
▶ 문학박사
▶ 독서지도사
▶ 「경기도 좋은학교도서관만들기 협의회」 자문위원
▶ 안양시 도서관 정책 자문위원
▶ 의왕시 정책 자문위원
▶ 경기도 시험위원

어린이
글쓰기 지도와 독서 지도법

정가 13,000원

2006년 2월 10일 인 쇄
2006년 2월 15일 발 행
지은이 : 이 노 국
발행인 : 조 동 선
발행처 : 골 드 닷 컴

GOLD.COM 골드닷컴

주소 : 서울특별시 관악구 신림1동 1627-15
전화 : 02)864-9886
팩스 : 02)862-9520
등록번호 : 제 302-2003-00062호

☞ 파본이나 낙장이 있는 책은 교환해 드립니다.